U0960950

GUOJIA PEICHANG BANAN ZHINAN

国家赔偿办案指南

2014年第4辑（总第10辑）

主编　陶凯元　柯汉民

法律出版社
LAW PRESS · CHINA

《国家赔偿办案指南》编辑委员会

顾　　问：应松年　姜明安　马怀德　郑淑娜
　　　　　郝赤勇　袁曙宏　许宏才
主　　任：陶凯元　柯汉民
副 主 任：武　增　宫　鸣　孙茂利　陈俊生
　　　　　许大华　李岳德　胡仕浩
委　　员：陈现杰　杜柏海　鲜铁可　赵　斌
　　　　　薛春喜　王克冰　赵振华　张玉娟
　　　　　王　沛　苏　戈　宋楚潇　马　滔
　　　　　王　永　赵建基　支　海　马志毅

执行编辑：何　君　徐　超　赵景川　李倩倩
本辑编务：赵振屏

《国家赔偿办案指南》特约编辑

（法院系统）

罗峥嵘（北京）	胡宛平（安徽）	戴洪斌（四川）
张　莉（天津）	陈伏发（福建）	杨进平（贵州）
邢金虎（河北）	万进福（江西）	赵光喜（云南）
刘栋梁（山西）	王　颖（山东）	成　蓉（西藏）
薛　敏（内蒙古）	王沙沙（河南）	张向阳（陕西）
邱成海（辽宁）	李为民（湖北）	杨　磊（甘肃）
刘晓鸣（吉林）	王小纯（湖南）	刘富梅（青海）
赵良宇（黑龙江）	李晓华（广东）	周国贵（宁夏）
邵春燕（上海）	宋玉杰（广西）	张　瑜（新疆）
李玉明（江苏）	王志刚（海南）	翟伟中（解放军）
管　征（浙江）	郭晓丽（重庆）	王建敏（兵团）

目　录

2014年第4辑(总第10辑)

【《国家赔偿法》实施二十周年座谈会】

《国家赔偿法》实施二十周年座谈会会议综述 …………………………… (001)

坚持法治原则　强化权利保障　在新的历史起点上全面推进国家赔偿法贯彻实施

——在《国家赔偿法》实施二十周年座谈会上的讲话 ………………… 王胜俊(006)

在《中华人民共和国国家赔偿法》实施二十周年座谈会上的讲话 …………………………………………………………………… 周　强(010)

在《中华人民共和国国家赔偿法》实施二十周年座谈会上的讲话 …………………………………………………………………… 曹建明(014)

在《中华人民共和国国家赔偿法》实施二十周年座谈会上的发言 …………………………………………………………………… 孟庆丰(017)

在《中华人民共和国国家赔偿法》实施二十周年座谈会上的发言 …………………………………………………………………… 张彦珍(020)

深入贯彻实施《国家赔偿法》　加快推进依法行政

——在《中华人民共和国国家赔偿法》实施二十周年座谈会上的发言 …… 甘藏春(023)

在《中华人民共和国国家赔偿法》实施二十周年座谈会上的发言 …………………………………………………………………… 应松年(026)

继往开来　实现国家赔偿工作的新发展

——最高人民法院陶凯元副院长访谈 ………………………………… (029)

充分认识贯彻实施《国家赔偿法》重大意义　切实做好检察环节国家赔偿各项工作

——柯汉民在《国家赔偿法》实施二十周年座谈会后答记者问 ………… (036)

【回望国家赔偿二十年专辑】

人民法院国家赔偿二十年大事记 …………………………………… (043)
《国家赔偿法》施行二十年重要讲话回顾 ………………………… (049)
人民法院国家赔偿工作二十年总体回顾 ………………………… (056)
全国法院国家赔偿工作近十年掠影 ……………………………… (063)
完善国家追偿制度　推进国家治理现代化…………………… 姜明安(074)
国家赔偿完善人权司法保障……………………………………… 杨小军(078)
充分发挥国家赔偿法功能　彰显法治社会公平正义
　　…………………………………………………… 余凌云　高刘杨(081)
区分国家赔偿中的几种责任……………………………………… 张　红(084)

【工作交流】

四川高院、四川省检联合召开《中华人民共和国国家赔偿法》实施
　　二十周年座谈会 ………………………………………………… (087)
甘肃高院开展纪念《中华人民共和国国家赔偿法》实施二十周年系
　　列活动 …………………………………………………………… (089)
湖南法院开展纪念《中华人民共和国国家赔偿法》实施二十周年系
　　列活动 …………………………………………………………… (091)
浙江高院:冤错案件赔偿以人为本 ……………………………… (093)
广西高院:创建联动机制合力赔偿 ……………………………… (097)
辽宁高院:审判白皮书倒逼公正司法 …………………………… (100)
湖南高院:多措并举攻克赔偿执行难 …………………………… (104)

【权威解读】

《最高人民法院关于人民法院赔偿委员会适用质证程序审理国家
　　赔偿案件的规定》的理解与适用
　　……………………… 杨临萍　胡仕浩　陈现杰　张玉娟　梁　清(107)
《最高人民法院关于人民法院赔偿委员会适用质证程序审理国家

赔偿案件的规定》条文精义 …………………………………… 梁　清(120)

【理论研究】

罚没收入作为国家赔偿费用来源的可行性分析 ……… 焦玉珍　安子明(145)
我国国家赔偿制度的地方司法实践………………………………… 杜仪方(156)
走向统一:国家赔偿中精神损害抚慰金的适用
——以精神损害抚慰金的司法现状为切入 ……………………… 李　斌(173)

【裁判文书选登】

狩猎电脑(娱乐)成都有限公司申请四川省高级人民法院错误执行
赔偿案 ………………………………………………………………… (184)
李洪斌申请辽宁省公安厅刑事赔偿案 …………………………… (189)
重庆市涪陵日兴房地产开发有限公司申请重庆市高级人民法院国
家赔偿案 ……………………………………………………………… (194)

【请示与答复】

人民法院因权属审查不当致错误执行案外人不动产的应当依法给
予国家赔偿
——关于广州市羊城房地产有限公司申请广东省茂名市中级人民法院错误执
行赔偿一案的请示与答复 ……………………………………… 徐　超(205)

【附　录】

征稿启事 ……………………………………………………………… (217)
写作体例说明 ………………………………………………………… (218)

【《国家赔偿法》实施二十周年座谈会】

《国家赔偿法》实施二十周年座谈会会议综述

2015年1月7日上午，最高人民法院和最高人民检察院在人民大会堂联合召开座谈会，隆重纪念《中华人民共和国国家赔偿法》实施二十周年。全国人大常委会副委员长王胜俊出席座谈会强调，要坚持法治原则，强化权利保障，在全面推进依法治国新的历史起点上，全面推进《国家赔偿法》贯彻实施。最高人民法院院长周强、最高人民检察院检察长曹建明出席座谈会并讲话。最高人民法院常务副院长沈德咏主持座谈会。公安部部长助理孟庆丰、司法部副部长张彦珍、国务院法制办副主任甘藏春、专家学者代表应松年在座谈会上发言。全国人大法律委员会副主任委员苏泽林、全国人大内司委副主任委员白景富、全国人大常委会法工委副主任郑淑娜、最高人民法院副院长陶凯元、最高人民检察院副检察长柯汉民、中央政法委副秘书长姜伟、民政部纪检组组长曲淑辉、财政部副部长胡静林、人力资源和社会保障部副部长杨志明以及专家学者代表孙文彬、杨小军、沈岿、姜明安、尹田、贾庆国出席座谈会，全国人大常委会、最高人民法院、最高人民检察院、公安部、国家安全部、民政部、司法部、财政部、人力资源和社会保障部、国务院法制办有关部门负责人，最高人民法院和最高人民检察院的法官、检察官代表以及新闻单位的代表共120余人参加座谈会。

王胜俊副委员长讲话指出，国家赔偿法颁布实施二十年来，国家赔偿工作取得了显著成绩。国家赔偿法的实施，保障了宪法相关规定的贯彻落实，促进了法治国家、法治政府建设；完善了人权司法保障制度，使一大批冤假错案的受害人依法获得了赔偿；形成了制约和监督公权力运行的倒逼机制，促进了公正廉洁执法司法；促进了中国特色社会主义法律体系发展完善，为国家赔偿工作的健康发展提供了法律依据。实践充分证明，国家赔偿法是一部符合中国国情、获得社会普遍认可、经得起历史检验的好法律。王胜俊副委员长强调，在全面推进依法治国新的历史起点上，要认真贯彻落实党的十八大、十八届三中、四中全会精神和习近平总书记系列重要讲话精神，以改革创新的精神推进国家赔偿法的贯彻实施，努力促进国家机关依法行使职权，切实保障公民、法人和其他组织的合法权益。要更加注重发挥立法的引领和推动作用，进一步完善国家赔偿法律规范体系，加强备案审查工作和对国家赔偿法实施情况的执法检查，确保法律的统一性和权威性；要更加注重严格执法、公正司法，坚持运用法治思维和法治方式对待每一起赔偿案件，促进源头治理，采取切实有力的措施预防冤假错案，促进国家赔偿矛盾纠纷的实质性化解，切实维护人民权益；要更加注重加强法治宣传教育和法学理论研究，增强人民群众依法维权意识和国家机关及其工作人员依法履职的自觉性，使更多人认识到国家赔偿法具有修复受损的国家公信、树立民众法治信心的特殊价值，为国家赔偿工作营造良好的环境氛围。

周强院长讲话指出，国家赔偿工作是人民法院审判工作的重要组成部分，二十年来，人民法院依法公正高效审理了一大批国家赔偿案件，制定了一批国家赔偿司法解释和规范性文件，积极发挥国家赔偿的监督制约功能，健全国家赔偿的便民利民措施，通过开展国家赔偿工作，切实保障公民、法人和其他组织依法获得国家赔偿的宪法权利，促进国家机关依法行使职权，为建设平安中国、法治中国作出了积极贡献。周强院长强调，各级人民法院要紧紧抓住中央进一步深化司法体制改革的大好机遇，认真贯彻落实国家赔偿法，全面提升国家赔偿审判能力和水平。要解放思想、更新观念，超越部门利益、地方利益、眼前利益，站在党和国家事业发展全局的高度，加强对国家赔偿审判的领导和保障，进一步充实力量、稳定队伍；要大力提升国家赔偿工作正规化、规范化、专业化水平，更好地发挥国家赔偿工作保障人权、匡扶正义、促进法治国家和法治政府建设的重要作用。周强院长强调，要始终坚持严格司法、公正司法，切实保护赔偿请求人的合法权益，促进国家机关依法行使职权。要及时立案并依法公正审理国家赔偿案件，同时进一步加大赔偿决定执行力度，确保赔偿金及时到位。要推进国家赔偿审判公开，严格执行国家赔偿案件证据规则和听证质证程序，确保办案结果体现实体公正、办案过程符合程序公正；要推动完善国家机关尊重并执行国家赔偿裁决制度，健全完善国家赔偿后依法追偿和追责机制，健全刑事冤错案件依法纠错、依法赔偿、依法补偿和社会救助衔接机制；要认真总结国家赔偿审判工作经验，科学评估《国家赔偿法》实施效果，完善相关司法解释和规范性文件，适时提出立法建议，努力促进国家赔偿法律体系发展完善。周强院长要求，要着力加强队伍建设，努力提升国家赔偿审判队伍的司法能力和整体素质，各级人民法院要加强理想信念教育，引导国家赔偿审判人员自觉践行社会主义核心价值观，牢固树立社会主义法治理念，坚定不移走中国特色社会主义法治道路；要加大教育培训力度，努力建设一支复合型的国家赔偿审判队伍；要加强党风廉政建设和反腐败工作，教育引导审判人员切实改进司法作风，恪守职业良知，确保公正廉洁司法。

曹建明检察长讲话强调，各级检察机关要牢固树立以人为本、依法赔偿理念，增强人权保障意识，坚持依法、公平、及时赔偿，保障和促进公民、法人和其他组织国家赔偿请求权的实现，努力让人民群众在每一个司法案件中感受到公平正义。要畅通权利救济渠道，认真受理和审查刑事赔偿申请，对符合赔偿条件的要应赔尽赔、当赔即赔。要探索建立赔偿权利告知制度，妥善做好赔偿协商工作，协调做好赔偿决定执行工作，进一步加强国家赔偿与司法救助的衔接，确保赔偿责任落到实处，努力实现案结事了人和。要忠实履行国家赔偿监督职责，严格依照法律规定的监督条件和范围，认真开展赔偿监督工作，依法纠正因赔偿决定不当对赔偿请求人造成二次侵权。要始终坚持严格公正司法。贯彻落实《国家赔偿法》，最根本的是要始终做到严格公正司法，杜绝侵犯公民、法人和其他组织合法权益行为的发生。检察机关要带头做到严格公正规范、理性平和文明司法，确保检察权始终在法治轨道上运行。要认真贯彻四中全会部署要求，积极探索完善对涉及公民人身、财产权益的行政强制措施的法律监督制度，加强对限制人身自由司法措施和侦查手段的法律监督，从源头上减少国家赔偿案件的发生。

座谈会上，与会领导和最高人民法院、最高人民检察院、公安部、司法部、国务院法制办以及有关专家学者代表全面回顾了《国家赔偿法》实施二十年来立法、执法、司法和法制宣传、法学研究等各个方面所取得的显著成绩，对进一步贯彻实施《国家赔偿法》、完善国家赔偿制度、加强人权司法保护、促进法治中国建设提出了有益建议。

公安部孟庆丰部长助理介绍了二十年来公安机关的国家赔偿工作情况,指出二十年来,公安机关的国家赔偿工作经历了一个从无到有、从不规范到逐步规范的过程。特别是2010年修改后的《国家赔偿法》颁布实施后,公安机关进一步健全国家赔偿工作机制,严密办案程序,不断提高办案能力和水平,依法履行国家赔偿职责,促进了执法行为的规范,维护了人民群众的合法权益。公安部在2014年印发了《公安机关办理国家赔偿案件程序规定》及配套法律文书式样,严格公安机关办理国家赔偿程序,全面提升执法能力;加强与检、法等机关的协调配合,统一办案标准,严格依法办案。为进一步贯彻实施《国家赔偿法》,提高国家赔偿工作水平,各级公安机关要进一步提高思想认识,始终坚持人民利益至上;进一步规范国家赔偿工作,切实提高赔偿案件质量;进一步建立健全工作机制,不断拓展深化办案效果;进一步加强队伍建设,努力提高办案能力和水平。

司法部张彦珍副部长介绍了司法系统贯彻国家赔偿法的基本情况,指出建立国家赔偿制度,是现代法治国家的本质要求,是国家法治化、民主化的重要标志。国家赔偿法施行以来,各级司法行政机关始终高度重视国家赔偿法的贯彻实施工作,通过广泛开展普法宣传、认真办理赔偿案件、切实加强法律服务和法律援助,有力推动了国家赔偿法的实施。一是加强宣传,扎实开展国家赔偿法普及教育。国家赔偿法颁布实施后,司法部、全国普法办及时将其纳入全民普法内容,每年通过全国普法依法治理工作要点作出部署,指导各地、各部门将其纳入年度法治宣传计划,认真组织学习宣传。二是突出重点,认真办理国家赔偿案件。在加强全社会国家赔偿法宣传普及的同时,各级司法行政机关积极履行涉司法行政国家赔偿义务机关的责任,以加强监狱国家赔偿工作为重点,认真做好涉司法行政国家赔偿工作。三是依法履责,积极开展国家赔偿法律服务和法律援助。各级司法行政机关充分履行法律服务和保障职能,对于诉讼中涉及国家赔偿事项的,及时引导当时人按照法定程序寻求救济,并积极提供法律服务,符合法律援助条件的及时提供法律援助服务。未来,司法部将认真贯彻落实党的十八大和十八届三中、四中全会精神,认真贯彻落实这次座谈会精神,进一步加大国家赔偿法的贯彻实施力度。

国务院法制办甘藏春副主任全面回顾了国家赔偿法的发展历程和国务院贯彻落实国家赔偿法的积极努力，指出国家赔偿法诞生于20世纪90年代中期，正值党中央作出建立社会主义市场经济体制的重大决策后不久，是继行政诉讼制度、行政复议制度之后规范和约束政府行为的又一项重要制度，对保障公民法人和其他组织享有依法取得国家赔偿的权利、促进行政机关及其工作人员依法行使职权、加强廉政建设、维护社会安定、密切政府与人民群众的关系，都有重大意义。随着我国法治建设的深入推进，以及依法治国、国家尊重和保障人权相继写入宪法，国家赔偿法于2010年进行了一次全面修正，从赔偿事项范围的扩大，到赔偿程序的细化，再到精神损害赔偿的确立，都成为引人瞩目的亮点。国务院对于全面、正确地实施国家赔偿法高度重视。1995年国家赔偿法施行伊始，国务院及时出台了《国家赔偿费用管理办法》，2011年又作了修改完善，出台了《国家赔偿费用管理条例》，明确了国家赔偿费用的预算安排，加强各级财政部门对赔偿义务机关的监督，有效地保障了赔偿请求人权利的实现。国务院还持续深入地推进行政执法责任制建设，强化行政问责等，这为切实把国家赔偿法的有关规定落到实处发挥了积极作用。

中国政法大学终身教授、中国行政法学研究会名誉会长应松年教授作为学者代表发言，全面回顾了国家赔偿法的制定、修改的整个历程，介绍了立法研究重点、难点、主要争议问题以及未来亟待解决的问题，表示我国国家赔偿法已经走上了法制轨道，这是依法治国的重要组成部分。但我国建立赔偿制度毕竟只有二十年，今天集会纪念国家赔偿法实施二十周年，一方面，要看到已经取得的巨大成绩；另一方面，还要努力总结实践经验，深入理论研究，把富有中国特色的赔偿制度建设得更加全面、更加完善，也为世界赔偿制度的完善作出贡献。

坚持法治原则　强化权利保障
在新的历史起点上全面推进国家赔偿法贯彻实施

——在《国家赔偿法》实施二十周年座谈会上的讲话

全国人大常委会副委员长　王胜俊

(2015 年 1 月 7 日)

第八届全国人大常委会第七次会议审议通过的《中华人民共和国国家赔偿法》,自 1995 年 1 月 1 日起施行,迄今已经二十年。今天,最高人民法院、最高人民检察院联合召开座谈会,总结《国家赔偿法》颁布实施以来的成绩和经验,研究进一步做好新形势下国家赔偿法的贯彻实施工作,具有重要意义。刚才,大家作了很好的发言,听后很受启发。

国家赔偿法颁布实施二十年来,在各级党委领导和立法、司法、行政机关以及社会各界共同努力下,国家赔偿工作取得显著成绩:依法处理了大量国家赔偿案件,妥善化解了大量国家赔偿纠纷;不断健全完善工作机构,形成了专业的执法办案队伍;加强配套立法和法律解释工作,完善了法律适用规范体系;健全办案程序和工作机制,积累了许多保障人权、规范公权力行使的经验;等等。实践充分证明,制定国家赔偿法、建立国家赔偿制度具有重大的政治意义和法治意义,是社会文明进步的重要标志。同时,实践也充分证明,我国《国家赔偿法》是一部符合中国国情、获得社会普遍认可、经得起历史检验的好法律。

国家赔偿法的实施,保障了宪法相关规定的贯彻落实,促进了法治国家、法治政府建设。国家赔偿法是中国特色社会主义法律体系中的一个重要部门法，在立法体例上归属于宪法之下的国家法范畴，是通过保障人权、规范公权力行使而直接保障宪法实施的宪法相关法。1982 年宪法明确规定，由于国家机关和国家工作人员侵犯公民权利而受到损失的人，有依照法律规定取得赔偿的权利。1986 年民法通则规定了国家机关职务侵权的民事赔偿责任；1989 年行政诉讼法就行政赔偿责任作出专门规定；1994 年国家赔偿法就行政赔偿、司法赔偿的范围、标准、程序以及赔偿金的支付等作了全面系统的规定。国家赔偿法的颁布实施，使"民告官"制度有了更强大的生命力和执行力，揭开了法治国家、法治政府建设的新篇章。

国家赔偿法的实施，完善了人权司法保障制度，使一大批冤假错案的受害人依法获得了赔偿。实事求是、有错必纠，是我们党自革命战争年代以来一直坚持的优良传统。国家赔偿法颁布实施二十年来，各级司法机关、行政机关依法处理了大量国家赔偿纠纷，人民法院共审理国家赔偿案件13.4万件；人民检察院处理刑事赔偿案件 1.3 万件；公安机关、监狱管理机关也依法办理了大量国家赔偿案件。佘祥林、赵作海、张辉、张高平以及呼格吉勒图的亲属等一批刑事冤错案件的受害人依法获得赔偿，这对切实保障当事人合法权益、维护社会公平正义发挥了重要作用。

国家赔偿法的实施，形成了制约和监督公权力运行的倒逼机制，促进了公正廉洁执法、司法。国家赔偿法开宗明义，将"促进国家机关依法行使职权"作为立法宗旨，并通过明确侵权范围和责任范围，规定追偿追责制度，形成了制约和监督行政权、司法权的有效机制。二十年来，许多司法机关发布了行政审判白皮书、国家赔偿白皮书和司法建议书，对办案中发现的问题进行分析反馈，一些国家机关落实了责任倒查、追偿追责措施，在救济权利的同时，制裁违法行使职权的行为，警示了那些漠视宪法法律、罔顾群众利益、玩忽职守、徇私舞弊的国家机关工作人员，促进了公正廉洁执法司法，维护了宪法和法律权威。

国家赔偿法的实施，促进了中国特色社会主义法律体系发展完善，为国家赔偿工作的健康发展提供了法律依据。二十年来，根据实际需要，全国人大常委会对国家赔偿法进行了两次修订。各级立法、司法、行政机关为进一步贯彻实施国家赔偿法制定了一系列法律规范，国务院制定了《国家赔偿费用管理条例》,最高人民法院和最高人民检察院分别或联合制定司法解释20多件,对具体案件适用法律作出批复、答复160多件,公安部制定了《公安机关办理国家赔偿案件程序规定》,司法部制定了《司法行政机关行政赔偿刑事赔偿办法》,一些省(自治区、直辖市)人大、政府制定了实施国家赔偿法的具体办法。这些行政法规、地方立法、司法解释、部委规章及其他规范性文件,有力地促进了国家赔偿法律制度的发展完善。

在看到国家赔偿工作成绩和进展的同时,我们也要清醒地看到存在的问题和困难,主要是:一些机关对国家赔偿工作的重要性认识不足,投入赔偿工作的人员力量不足,不愿赔偿、害怕赔偿的情况仍然存在,"求偿难"、"隐性赔偿"等现象突出,赔偿金支付、追偿追责等制度有待完善,等等。对这些问题,我们必须从立法、执法、司法各环节共同努力,切实加以解决。

在全面推进依法治国新的历史起点上,我们要认真贯彻落实党的十八大和十八届三中、四中全会精神和习近平总书记系列重要讲话精神,以改革创新的精神,全面推进国家赔偿法的贯彻实施,努力促进国家机关依法行使职权,切实保障公民、法人和其他组织的合法权益。

一要更加注重发挥立法的引领和推动作用。法律是治国之重器,良法是善治之前提。根据党的十八届四中全会部署,形成完备的法律规范体系是建设中国特色社会主义法治体系的重要组成部分。要发挥立法的引领和推动作用,坚持立、改、废、释并举,加强重点领域立法。《国家赔偿法》与党的十八届四中全会提出的保障公民权利、保护产权和经营自主权、遏制和预防腐败等重点立法领域有密切关系,国家赔偿法律规范体系是否完善,事关中国特色社会主义法治体系的发展完善。立法机关要根据党的十八届四中全会的部署和执法司法实践需求,加强对《国家赔偿法》重要条款的配套立法和解释工作,进一步完善国家赔偿法律规范体系,增强法律的针对性和有效性。要在支持有关机关根据实际情况起草制定司法解释和规范性文件的同时,加强备案审查工作,确保法律的统一性和权威性。要加强对《国家赔偿法》实施情况的执法检查,及时发现法律实施中存在的问题,为完善国家赔偿法律规范体系提供实践依据。

二要更加注重严格执法、公正司法。法律的生命力在于实施,法律的权威也在于实施。新形势下,全面推进国家赔偿法贯彻实施,关键在于结合当前存在的突出问题和全面推进依法治国的新要求,进一步推进严格规范公正文明执法和依法独立公正司法,充分发挥国家赔偿的作用,促进源头治理,采取切实有力的措施预防冤假错案。对作为赔偿义务机关的各级行政、司法机关而言,当务之急是要转变思维方式和工作作风,把理赔工作、预防工作和责任追究有机结合起来,坚持运用法治思维和法治方式对待每一起赔偿案件,将所有工作环节纳入法治轨道,平等对待每一位赔偿请求人。人民法院要进一步加强国家赔偿立案工作,加大赔偿请求权保护力度,加强国家赔偿法律文书释法说理,构建“开放、动态、透明、便民”的阳光司法机制,让人民群众在每一个赔偿案件中感受到公平正义。人民检察院要积极履职,加强监督,确保国家赔偿案件得到公正处理。各级国家机关都要加强便民利民、联动互动等工作,完善赔偿、补偿和善后救济工作机制,形成强大合力,促进国家赔偿矛盾纠纷的实质性化解,切实维护人民权益。

三要更加注重加强法治宣传教育和法学理论研究。法律的权威源自人民的内心拥护和真诚信仰。要大力宣传国家赔偿理念,增强人民群众依法维权意识和国家机关及其工作人员依法履职的自觉性。要加强对国家赔偿功能的宣传,使更多人认识到《国家赔偿法》具有修复受损的国家公信、树立民众法治信心的特殊价值,为国家赔偿工作营造良好的环境氛围。要按照党的十八届四中全会提出的国家机关“谁执法,谁普法”的要求,全面、持续、广泛、深入地开展法治宣传教育,引导群众自觉守法、遇事找法、解决问题靠法。要加强理论研究,组织开展国家赔偿法律制度方面的研究探索,为国家赔偿工作改革发展提供智力支持。

同志们,在推进法治中国、平安中国建设中,国家赔偿工作肩负着光荣而艰巨的使命。让我们紧密团结在以习近平同志为总书记的党中央周围,紧紧围绕全面建成小康社会、全面深化改革、全面推进依法治国、全面从严治党“四个全面”的战略部署,坚持法治原则,强化权利保障,全面推进国家赔偿法的贯彻实施,为实现“两个一百年”奋斗目标和中华民族伟大复兴的中国梦作出新的更大贡献!

在《中华人民共和国国家赔偿法》实施二十周年座谈会上的讲话

最高人民法院院长　周　强

(2015年1月7日)

在《国家赔偿法》实施二十周年之际,我们在这里召开座谈会,共同回顾二十年来国家赔偿法的贯彻实施情况,深入分析国家赔偿工作面临的形势任务,研究部署当前和今后一个时期加强国家赔偿工作的措施,这是深入贯彻落实党的十八届四中全会精神的重要举措,对于充分发挥国家赔偿工作职能,尊重和保障人权,促进法治国家、法治政府建设,具有重要的意义。全国人大常委会历来高度重视、大力支持国家赔偿工作,王胜俊副委员长对国家赔偿审判工作十分关心关注,今天亲自出席会议并将发表重要讲话,各级人民法院要深入学习领会,认真贯彻落实。

国家赔偿工作是人民法院审判工作的重要组成部分。自1995年1月1日国家赔偿法施行以来,全国各级人民法院忠实履行宪法、法律赋予的职责,依法设立赔偿委员会等审判组织和办案机构,充实审判力量,加强制度建设,深化司法公开,做了大量的工作。二十年来,国家赔偿审判工作从无到有、从小到大,目前已经发展成为人民法院的一个重要审判领域。各级法院通过开展国家赔偿工作,切实保障公民、法人和其他组织依法获得国家赔偿的宪法权利,促进国家机关依法行使职权,为确保国家赔偿法正确有效实施,为建设平安中国、法治中国作出了积极贡献。

一是依法公正高效审理了一大批国家赔偿案件。自1995年至2014年

11 月底，全国法院共受理国家赔偿案件 13.4 万件，审结 12.5 万件，结案率 92.93%。2013 年与 1995 年相比，国家赔偿案件的受理数量增长了 4.8 倍，赔偿金额增长了 2.4 倍。人民法院通过依法受理和妥善处理国家赔偿案件，为人民群众理性表达诉求畅通了渠道，使合法权益受到损害的当事人及时得到救济。湖北佘祥林，河南赵作海，浙江张辉、张高平以及最近的内蒙古呼格吉勒图等一批重大冤错案件的受害人依法获得赔偿，对于维护社会公平正义、提高司法公信力起到了积极作用。

二是制定了一批国家赔偿司法解释和规范性文件。为保证国家赔偿法的有效实施和审判工作的顺利开展，最高人民法院先后制定 20 多个司法解释，发布 100 多个司法指导意见，涵盖了刑事赔偿、行政赔偿和其他司法赔偿工作，包括案件的立案、审理、质证等各环节的程序规定以及实体裁判规则、裁量标准、文书样式，等等。这些司法解释和规范性文件，深入贯彻落实国家赔偿法的立法精神和基本原则，统一了国家赔偿法律适用标准，完善了国家赔偿审判工作机制，丰富和发展了国家赔偿法律制度体系。

三是发挥了国家赔偿的监督制约功能。各级人民法院在国家赔偿审判工作中，始终坚持法律面前人人平等原则，对国家机关及其工作人员的职权行为侵犯公民、法人和其他组织合法权益造成损害的，依法裁决赔偿，严格做到当赔即赔、应赔尽赔。通过法治手段规范和约束公权力行使，努力促进国家机关依法办事，倒逼提高执法、司法水平。司法实践中，人民法院还通过提出司法建议、发布行政审判白皮书、国家赔偿白皮书等方式，进一步发挥了国家赔偿审判的功能作用。

四是健全了国家赔偿的便民利民措施。各级人民法院将司法为民贯穿国家赔偿审判工作的各个环节，通过建立权利告知制度、扩大司法公开、加强法律援助、做好善后安抚等工作，不断提升国家赔偿审判的司法便民水平，满足人民群众的多元司法需求。除对行政赔偿案件做到依法公开审理外，还推进司法赔偿案件的公开质证，引进人民陪审员参审，加强与政府部门的沟通，积极帮助赔偿案件受害人解决补发工资、工作安置、恢复生产、养老医疗、困难救助等问题，促进了矛盾纠纷的实质性化解。

二十年来，国家赔偿审判工作取得的进步，是党中央坚强领导、全国人大有力监督的结果，是中央有关部门和地方各级党委、人大、政府、政协及各方面关心支持的结果,是全国法院国家赔偿审判队伍勤奋工作、努力拼搏的结果。借此机会,我代表最高人民法院,向一直关心支持国家赔偿工作的各级、各部门和社会各界表示衷心的感谢,向从事国家赔偿工作的广大干警致以亲切的问候!

当前,我国已经进入全面建成小康社会、全面深化改革、全面推进依法治国、全面从严治党的新阶段。党中央高度重视法治建设,坚持法治国家、法治政府、法治社会一体建设,对国家赔偿审判工作提出了新的更高的要求。党的十八届三中、四中全会对加强人权司法保障、强化权力运行的制约监督作出了全面部署;习近平总书记关于"受到侵害的权利一定会得到保护和救济"的重要指示,进一步明确了国家赔偿工作的重要使命;司法体制改革的不断深化,为人民法院依法独立公正审理国家赔偿案件创造了良好条件。面对新形势、新任务、新要求,各级人民法院要认真贯彻落实党的十八大和十八届三中、四中全会精神,认真贯彻落实习近平总书记系列重要讲话精神,紧紧围绕"让人民群众在每一个司法案件中感受到公平正义"的目标,牢牢把握司法为民、公正司法工作主线,以改革为动力,全面提升国家赔偿审判能力和水平,不断推动国家赔偿审判工作取得新进展。

一要进一步提高认识,认真贯彻落实《国家赔偿法》,切实加强国家赔偿审判工作。国家赔偿审判工作的政治性、法律性和实践性都很强。各级人民法院要充分认识国家赔偿审判工作的重要作用,切实增强责任感、使命感,紧紧抓住中央进一步深化司法体制改革的重大机遇,认真贯彻落实国家赔偿法,大力加强国家赔偿审判工作。要解放思想、更新观念,超越部门利益、地方利益、眼前利益,站在党和国家事业发展全局的高度,加强对国家赔偿审判的领导和保障,健全国家赔偿审判机构,进一步充实力量、稳定队伍。要大力提升国家赔偿工作正规化、规范化、专业化水平,更好地发挥国家赔偿工作保障人权、匡扶正义、促进法治国家和法治政府建设的重要作用。

二要始终坚持严格司法、公正司法,切实保护赔偿请求人的合法权益,促进国家机关依法行使职权。对于人民法院依法应当受理的国家赔偿案件,要及时立案,坚决破除"告状难"、"求偿难"问题。要依法公正审理国家赔偿案件,对于应当支持的诉求,要公平、公正作出赔偿决定,同时进一步加大赔偿决定执行力度,确保赔偿金及时到位。要推进国家赔偿审判公开,严格执行国家赔偿案件证据规则和听证质证程序，借助司法公开倒逼提升办案水平，确保办案结果体现实体公正、办案过程符合程序公正。推动完善国家机关尊重并执行国家赔偿裁决制度，共同维护司法权威。健全完善国家赔偿后依法追偿和追责机制，切实发挥追偿追责的惩戒作用。健全刑事冤错案件依法纠错、依法赔偿、依法补偿和社会救助衔接机制，充分有效保障赔偿请求人的合法权益。认真总结国家赔偿审判工作经验，科学评估《国家赔偿法》实施效果，完善相关司法解释和规范性文件，适时提出立法建议，努力促进国家赔偿法律体系发展完善。

三要着力加强队伍建设，努力提升国家赔偿审判队伍的司法能力和整体素质。建设一支高素质的队伍是做好国家赔偿审判工作的根本保证。相对于其他审判领域，国家赔偿审判工作涉及面广，涵盖了各类行政执法和侦查、检察、审判、监狱管理等各方面业务，这对国家赔偿审判队伍的思想政治素质、职业道德素质和审判业务素质提出了更高的要求。各级人民法院要加强理想信念教育，引导国家赔偿审判人员自觉践行社会主义核心价值观，牢固树立社会主义法治理念，始终忠于党、忠于国家、忠于人民、忠于法律，坚定不移走中国特色社会主义法治道路。加大教育培训力度，通过开展职业培训，努力建设一支复合型的国家赔偿审判队伍，为正确实施国家赔偿法提供人才支持。加强党风廉政建设和反腐败工作，加大正风肃纪力度，教育引导审判人员切实改进司法作风，严守政治纪律、组织纪律和政治规矩，恪守职业良知，确保公正廉洁司法。

同志们，做好新形势下的国家赔偿审判工作责任重大、使命光荣。我们要紧密团结在以习近平同志为总书记的党中央周围，扎实工作，开拓进取，大力加强国家赔偿审判工作，为全面建成小康社会、全面深化改革、全面推进依法治国、全面从严治党，实现中华民族伟大复兴的中国梦作出新的更大的贡献！

在《中华人民共和国国家赔偿法》实施二十周年座谈会上的讲话

最高人民检察院检察长 曹建明

(2015年1月7日)

今天,最高人民法院和最高人民检察院联合召开座谈会,隆重纪念《国家赔偿法》实施二十周年,这对于深入推动《国家赔偿法》的学习宣传与贯彻落实,更好地尊重和保障人权,促进国家机关依法行使职权,加快推进依法治国进程,具有重要意义。

1995年1月1日正式实施的《国家赔偿法》,是新中国第一部全面规范国家赔偿活动的基本法律。它的颁布和实施,标志着国家赔偿工作步入了制度化、法治化的轨道,是我国社会主义民主政治的重大发展,也是中国特色社会主义法律体系建设,特别是人权保障法律制度建设的里程碑。二十年来,《国家赔偿法》伴随着我国法治建设和人权保障事业的发展,不断修改完善,为有效开展国家赔偿工作提供了有力的法律保障。实践充分证明,《国家赔偿法》是一部充分体现我们党以人为本、执政为民理念的重要法律,是一部符合我国国情、适应社会主义民主政治和法治建设需要的重要法律,也是一部有效保障权利、约束权力,维护人民权益和社会公平正义的重要法律。

根据《国家赔偿法》的规定,检察机关既是国家赔偿义务机关,也是国家赔偿监督机关。二十年来,各级检察机关认真贯彻执行《国家赔偿法》,全面履行赔偿义务和赔偿监督职责,为促进依法行政和公正司法作出了积极贡献。我们对于检察机关承担赔偿义务的案件，坚持有错必纠、有责必担，切实履行赔偿责任。1995 年至 2014 年 11 月，全国各级检察机关依法决定给予赔偿 1.3 万余件，支付赔偿金和返还财产 4.2 亿余元，有效维护了赔偿请求人的合法权益。我们认真落实修改后《国家赔偿法》赋予的赔偿监督职责，依法及时办结赔偿监督案件 260 余件，有效监督纠正了一批该赔不赔、违法赔偿的案件。我们坚持国家赔偿与司法救助相结合，积极开展刑事被害人救助工作，最大限度地化解社会矛盾、促进社会和谐。2010 年至 2014 年 11 月，全国检察机关实际救助刑事被害人 4.2 万余人，发放救助金 3 亿余元。我们针对国家赔偿法执行过程中出现的新情况、新问题，制定《人民检察院国家赔偿工作规定》，单独或会同最高人民法院出台司法解释，规范了《国家赔偿法》的适用，推动了国家赔偿制度发展完善。

党的十八届四中全会《决定》把保障人权和约束公权力作为法治建设的重要内容，不仅突出强调要"实现公民权利保障法治化，增强全社会尊重和保障人权意识，健全公民权利救济渠道和方式"，而且鲜明提出"必须以规范和约束公权力为重点，做到有权必有责、用权受监督、违法必追究"。全国检察机关要从全面推进依法治国的高度，充分认识贯彻实施《国家赔偿法》的重大意义，切实做好检察环节国家赔偿工作。

一是要牢固树立以人为本、依法赔偿理念，切实尊重和保障国家赔偿请求权。国家赔偿请求权是宪法和法律赋予公民、法人和其他组织的一项重要权利。检察机关无论是代位国家承担刑事赔偿责任，还是加强对国家赔偿的法律监督，都是践行以民为本、司法为民宗旨的必然要求。各级检察机关要增强人权保障意识，坚持依法、公平、及时赔偿，保障和促进公民、法人和其他组织国家赔偿请求权的实现，努力让人民群众在每一个司法案件中感受到公平正义。

二是要畅通权利救济渠道，依法承担国家赔偿责任。代表国家对自身侵权行为进行赔偿，是检察机关一项重要的法定义务，关系法律权威和司法公信。各级检察机关要认真受理和审查刑事赔偿申请，对符合赔偿条件的要应赔尽赔、当赔即赔，坚决防止滥用免责条款规避赔偿责任、拖延履行赔偿义务。要改进办理刑事赔偿案件方式方法，探索建立赔偿权利告知制度，妥善做好赔偿协商工作，协调做好赔偿决定执行工作，将赔偿责任落到实处。要进一步加强国家赔偿与司法救助的衔接,对存在特殊困难的赔偿请求人和刑事被害人,主动协调有关部门做好社会救济等工作,努力实现案结事了人和。

三是要忠实履行国家赔偿监督职责,保障《国家赔偿法》统一正确实施。对人民法院赔偿委员会的赔偿决定进行监督,是《国家赔偿法》赋予检察机关的重要职责。各级检察机关要严格依照法律规定的监督条件和范围,积极开展赔偿监督工作,坚决纠正因赔偿决定不当对赔偿请求人造成二次侵权。要把维护赔偿请求人合法权益与维护司法权威有机结合起来,在依法监督纠正错误赔偿决定的同时,积极做好对正确决定的息诉工作。特别是对于人民法院赔偿委员会决定检察机关赔偿的案件,要认真执行赔偿决定,不得滥用监督权以规避赔偿或拖延执行。

四是要始终坚持严格公正司法,从源头上防止国家赔偿案件的发生。贯彻落实《国家赔偿法》,最根本的是要始终做到严格公正司法,杜绝侵犯公民、法人和其他组织合法权益行为的发生。检察机关作为国家法律监督机关,要带头做到严格公正规范、理性平和文明司法,按照法律规定的权限和程序履行职责,规范司法行为,确保检察权始终在法治轨道上运行。同时,要认真履行对司法活动和行政执法的监督职责,特别是要认真贯彻四中全会《决定》要求,积极探索完善对涉及公民人身、财产权益的行政强制措施的法律监督制度,加强对限制人身自由司法措施和侦查手段的法律监督,从源头上减少国家赔偿案件的发生。

同志们,贯彻实施《国家赔偿法》,检察机关责任重大,使命光荣。我们将深入学习党的十八届四中全会精神,以《国家赔偿法》颁布实施二十周年为契机,全面深入贯彻落实《国家赔偿法》,为全面推进依法治国、建设社会主义法治国家作出新的更大的贡献。

在《中华人民共和国国家赔偿法》实施二十周年座谈会上的发言

公安部党委委员、部长助理　孟庆丰

（2015 年 1 月 7 日）

今天是《国家赔偿法》颁布实施二十周年纪念日。《国家赔偿法》是根据宪法制定的一部重要法律，对于维护人民群众合法权益、化解矛盾纠纷、维护社会和谐稳定具有积极作用。二十年来，公安机关的国家赔偿工作经历了一个从无到有、从不规范到逐步规范的过程。特别是 2010 年修改后的《国家赔偿法》颁布实施后，公安机关进一步健全国家赔偿工作机制，严密办案程序，不断提高办案能力和水平，依法履行国家赔偿职责，促进了执法行为的规范，维护了人民群众的合法权益。

一、狠抓法律执行，严格依法办案

1995 年《国家赔偿法》颁布实施和 2010 年修改后的《国家赔偿法》颁布实施后，我部即印发通知，对公安机关正确树立国家赔偿意识、严格依法办案、切实保障当事人依法取得国家赔偿的权利等提出了明确要求。为贯彻执行好法律规定，我部制定和修改了公安赔偿法律文书式样，满足了公安机关办理国家赔偿案件的需要。各级公安机关以实现“定分止争、案结事了”为目标，加强与检、法等机关的协调配合，统一办案标准，坚持依法办理国家赔偿案件，严格纠错，努力实现政治效果、法律效果与社会效果的统一。

二、严密办案程序，提升执法能力

修改后的《国家赔偿法》施行一段时间后，针对一些地方国家赔偿工作不规范的问题,2014年上半年,我部印发施行了《公安机关办理国家赔偿案件程序规定》及配套法律文书式样,对公安机关办理国家赔偿案件程序作出了全面规范,细化了赔偿申请和受理制度,明确了案件审查重点和处理方式,明确了对隐形赔偿、违法办案等行为的责任追究。各级公安机关积极采取措施,加强教育培训,增强民警的国家赔偿意识和办案能力。办案程序的逐步严密,执法能力的不断提升,有效地规范了国家赔偿案件办理工作。

三、深化办案效果,促进规范执法

在依法办案的同时,各级公安机关注重拓展深化办案效果。对办理赔偿案件中发现的执法问题,通过下发意见书、核查函等形式,责成相关单位采取措施整改;对存在的普遍性执法问题,认真剖析汇总,提出改进意见建议供领导决策参考,研究完善相关执法制度机制,预防和减少相同问题再次发生。此外,选取典型案例进行点评剖析,充分发挥国家赔偿的警示教育作用,促进公安机关规范执法。

二十年的实践,让我们深切体会到,做好国家赔偿工作,是依宪治国的题中之义,是全面推进依法治国的必然要求,是积极回应人民群众关切的有效举措。当前,我国已经进入全面建设小康社会的关键时期,影响社会稳定的不确定因素增多,充分发挥国家赔偿的法治功能比以往更为迫切。中央《关于全面推进依法治国若干重大问题的决定》提出,要构建对维护群众利益具有重大作用的制度体系,建立健全社会矛盾预警机制、利益表达机制、协商沟通机制、救济救助机制,畅通群众利益协调、权益保障法律渠道。这为做好新时期的国家赔偿工作指明了方向。公安机关的国家赔偿工作虽然取得了一些成效,但是距离党和人民的期望还有很大差距。各级公安机关要以党的十八大和十八届三中全会、四中全会精神为指导,切实增强对国家赔偿工作重要性的认识,正确贯彻实施修改后的《国家赔偿法》,进一步提高国家赔偿工作的水平。

一是进一步提高思想认识,始终坚持人民利益至上。国家赔偿工作是全面推进依法治国的重要组成部分,是构建法治信仰的重要环节。国家赔偿案件虽然数量有限,但是每一起案件都是检验能否以法治思维和法治方式处理矛盾纠纷、是否尊重和保障人民群众合法权益的“试金石”。各级公安机关要牢固树立执法为民思想,充分发挥国家赔偿对当事人的救济、抚慰功能，不断拓宽申请赔偿渠道，保护当事人的请求权和获偿权，切实维护人民群众的合法权益，努力让人民群众在每一起案件中感受到公平正义。

二是进一步规范国家赔偿工作，切实提高赔偿案件质量。各级公安机关要进一步规范国家赔偿受案环节，收到赔偿申请及时审查，对不属于国家赔偿范围但可能存在执法问题的，也要认真核查处理。要进一步规范完善案件审查方式，综合运用书面审查和实地调查等手段，查明案情、明确责任。要严格按照法律规定作出赔偿决定，该赔偿的必须依法赔偿，坚决杜绝有法不依、私了案件、搞“体外循环”等问题发生。要进一步规范国家赔偿法律文书的适用，提高文书制作质量，增强文书的说服力，并逐步推动国家赔偿法律文书向社会公开，以公开促公正。

三是进一步建立健全工作机制，不断拓展深化办案效果。各级公安机关要建立健全国家赔偿工作机制，抓好国家赔偿的入口和出口。在入口环节，要抓好国家赔偿与信访工作的衔接，对通过信访渠道发现符合国家赔偿情形的，要依法导入国家赔偿法定程序处理。在出口环节，除依法作出赔偿决定外，要分析总结办案中发现的突出问题，研究解决对策，落实改进措施，及时完善制度，堵塞执法漏洞。要完善国家赔偿追偿制度，对于符合法定条件的，依法追偿并追究执法过错责任。

四是进一步加强队伍建设，努力提高办案能力和水平。国家赔偿工作对法律水平、政策水平的要求较高。各级公安机关要根据工作需要，配齐配强国家赔偿工作人员，为开展国家赔偿工作提供必要的条件和保障。要结合国家赔偿工作的特点和规律，加大教育培训力度，不断提高国家赔偿工作人员的政治素质、法律素养和执法能力。主管国家赔偿工作的法制部门及民警要树立正确的执法理念，坚持秉公执法、敢于纠错，严格依法履行国家赔偿职责；要善于谋划、开拓创新，为推动国家赔偿工作的发展进步作出新的更大贡献。

在《中华人民共和国国家赔偿法》实施二十周年座谈会上的发言

司法部副部长、政治部主任、全国普法办副主任　张彦珍

(2015年1月7日)

1994年5月12日第八届全国人大常委会第七次会议通过、1995年1月1日正式施行的《国家赔偿法》,至今已实施20周年。今天,最高人民法院、最高人民检察院召集有关部门专门举办纪念座谈会,很有必要,很有意义。建立国家赔偿制度,是现代法治国家的本质要求,是国家法治化、民主化的重要标志,各级司法行政机关始终高度重视《国家赔偿法》的贯彻实施工作,通过广泛开展普法宣传、认真办理赔偿案件、切实加强法律服务和法律援助,有力地推动了《国家赔偿法》的实施。下面,我就司法行政系统贯彻实施《国家赔偿法》情况作简单介绍。

1. 加强宣传,扎实开展《国家赔偿法》普及教育。《国家赔偿法》颁布实施后,司法部、全国普法办及时将其纳入全民普法内容,每年通过全国普法依法治理工作要点作出部署,指导各地、各部门将其纳入年度法治宣传计划,认真组织学习宣传。一方面,重点加大领导干部和国家工作人员的学习宣传力度。通过开展专题培训、法治讲座、结合业务工作开展研讨、以案说法等方式,加深各级领导干部和国家工作人员对国家赔偿制度的理解,增强贯彻实施《国家赔偿法》的自觉性和主动性。另一方面,面向群众开展《国家赔偿法》宣传普及。坚持日常宣传与集中宣传有机结合,依托"法律六进"活动,利用"12.4"全国法制宣传日、《国家赔偿法》颁布实施日等时间节点,广

泛利用传统媒体和新兴媒体，通过在广播、电视、报刊、网络等媒体开办法治宣传栏目、节目，通过在微博、微信、移动客户端开展专题宣传，通过开展群众性的法治文化活动，以群众喜闻乐见的形式，广泛宣传普及国家赔偿法律知识，为《国家赔偿法》的贯彻实施营造了良好的社会氛围。

2. 突出重点，认真办理国家赔偿案件。在加强全社会《国家赔偿法》宣传普及的同时，各级司法行政机关积极履行涉司法行政国家赔偿义务机关的责任，以加强监狱国家赔偿工作为重点，认真做好涉司法行政国家赔偿工作。一是强化监狱内部管理，健全完善刑罚执行法律法规，加强执法规范化建设和执法监督，努力减少因执法过错引起的国家赔偿责任。二是进一步明确赔偿义务机关的归责原则、赔偿范围和程序、举证原则和赔偿标准等问题，确保《国家赔偿法》在监狱管理领域得到有效实施。三是在狱政管理、罪犯生活卫生、罪犯伤残鉴定、减刑假释保外就医办理等各项工作中，进一步规范监狱执法文书档案，形成音像资料，固定工作证据，便于赔偿案件及时依法办理。总的来看，《国家赔偿法》实施以来，司法行政系统的国家赔偿案件数量不大，自 2006 年以来，全国司法行政机关共办理国家赔偿案件 56 件，主要集中在监狱刑罚执行领域，其中，司法部机关办理的国家赔偿案件有 4 件。为了确保《国家赔偿法》在司法行政系统更具有可操作性，2013 年 1 月 1 日，新修订的《国家赔偿法》实施以后，我部正加快修改《司法行政机关行政赔偿、刑事赔偿办法》，以期实现与修订后的《国家赔偿法》有效衔接，确保新修订的《国家赔偿法》在司法行政领域有效执行。

3. 依法履责，积极开展国家赔偿法律服务和法律援助。各级司法行政机关充分履行法律服务和保障职能，对于诉讼中涉及国家赔偿事项的，及时引导当时人按照法定程序寻求救济，并积极提供法律服务，符合法律援助条件的及时提供法律援助服务。各地法律援助机构不断加大国家赔偿法律援助工作力度，一是切实加强国家赔偿法律援助宣传，提高公众对国家赔偿法律援助相关知识的知晓率。二是畅通申请渠道，充分发挥“12348”法律服务热线和基层法律援助工作站点在解答咨询、转交申请等方面的作用，许多地方还在人民法院设立法律援助工作站，方便困难群众依法及时获得法律援助。三是根据国家赔偿案件特点，确定专门承办人员，在做好会见、阅卷、调查取证等工作的同时，积极做好解疑释惑工作，并运用案件质量评估、案卷检查评比、回访赔偿请求人等方式开展质量监管,督促法律援助人员依法依规办案,提高国家赔偿法律援助案件办理质量和效果。四是加强与人民法院工作衔接,健全完善工作衔接机制,及时与人民法院沟通国家赔偿法律援助工作开展情况,促进国家赔偿法律援助案件办理顺畅。五是加强制度建设,2014年,司法部联合最高人民法院下发了《关于加强国家赔偿法律援助工作的意见》,为困难群众依法行使国家赔偿请求权提供了有力保障。

深入贯彻实施《国家赔偿法》,认真实行国家赔偿制度,是社会文明进步的重要标志,是维护社会公平正义的必然要求。下一步,我们将认真贯彻落实党的十八大和十八届三中、四中全会精神,深入贯彻习近平总书记系列重要讲话和对司法行政工作重要指示精神,认真贯彻落实这次座谈会精神,进一步加大《国家赔偿法》的贯彻实施力度。一是以今年的"六五"普法总结验收和"七五"普法规划研究制定为契机,加强《国家赔偿法》宣传普及的监督检查,并继续将其纳入"七五"普法规划内容。二是以领导干部和国家工作人员为重点,通过组织开展专题宣传,进一步增强他们的国家赔偿法治意识,进一步牢固树立依法行使权力的观念。三是努力创新宣传形式,广泛利用各种载体和途径,尤其要充分发挥新媒体阵地的作用,加大《国家赔偿法》的宣传力度,使国家赔偿制度家喻户晓,深入人心,切实增强宣传实效。四是继续加强涉司法行政国家赔偿工作,同时,进一步加强国家赔偿案件的法律服务和法律援助,为《国家赔偿法》的贯彻实施作出新的更大的贡献。

深入贯彻实施《国家赔偿法》加快推进依法行政

——在《中华人民共和国国家赔偿法》实施二十周年座谈会上的发言

国务院法制办副主任　甘藏春

（2015年1月7日）

在《国家赔偿法》实施二十周年之际，回顾和总结这部重要法律实施的成效和经验、探讨今后如何更好地做好贯彻实施工作，很有意义。《国家赔偿法》诞生于20世纪90年代中期，正值党中央作出建立社会主义市场经济体制的重大决策后不久。《国家赔偿法》根据《宪法》关于“由于国家机关和国家工作人员侵犯公民权利而受到损失的人，有依照法律规定取得赔偿的权利”的规定，在《行政诉讼法》有关行政赔偿的规定的基础上，对行政赔偿范围、赔偿程序、赔偿标准作了具体规定，并且增加了刑事赔偿的内容，从而以法律的形式确立了比较完备的国家赔偿制度。这是继行政诉讼制度、行政复议制度之后规范和约束政府行为的又一项重要制度，对保障公民法人和其他组织享有依法取得国家赔偿的权利、促进行政机关及其工作人员依法行使职权、加强廉政建设、维护社会安定、密切政府与人民群众的关系，都有重大意义。随着我国法治建设的深入推进，以及依法治国、国家尊重和保障人权相继写入《宪法》，《国家赔偿法》于2010年进行了一次全面修正，从赔偿事项范围的扩大，到赔偿程序的细化，再到精神损害赔偿的确立，都成为引人瞩目的亮点。

国务院对于全面、正确地实施《国家赔偿法》高度重视。1994年12月《国家赔偿法》施行前夕,国务院办公厅发出了《关于实施〈中华人民共和国国家赔偿法〉的通知》,对各级政府和政府各部门切实做好《国家赔偿法》实施工作提出明确部署和要求。与此同时,抓紧《国家赔偿法》的配套制度建设。1995年《国家赔偿法》施行伊始,国务院及时出台了《国家赔偿费用管理办法》;2011年又作了修改完善,出台了《国家赔偿费用管理条例》,明确了国家赔偿费用的预算安排,加强各级财政部门对赔偿义务机关的监督,有效地保障了赔偿请求人权利的实现。国务院还持续深入地推进行政执法责任制建设,强化行政问责等,这些都为切实把《国家赔偿法》的有关规定落到实处发挥了积极作用。

《国家赔偿法》实施以来的二十年,也是依法行政、建设法治政府这一历史征程启动、推进并取得重大成就的二十年。这一时期,《行政复议条例》上升为《行政复议法》,《行政诉讼法》进一步修改完善,为强化对行政机关依法行使职权的监督提供了更有效的法律保障。国务院印发了《全面推进依法行政实施纲要》,确立了建设法治政府的目标,明确了全面推进依法行政的指导思想和具体目标以及主要任务和措施。二十年来,行政复议工作质量和效率不断提升,在化解行政纠纷、加强层级监督、维护社会和谐稳定中发挥了重要作用。法规、规章备案机制不断完善,基本做到了有件必备,建立了日常审查与重点审查相结合、内部审查与外部协助审查相结合的备案审查工作机制,备案审查处理力度进一步加大。行政执法监督不断强化,“有权必有责,用权受监督,失职要问责,违法要追究”已成共识,滥用职权乱执法、消极怠慢不执法等情况逐步减少,执法行为日益规范,执法水平不断提升。

党的十八届四中全会作出了全面推进依法治国的重大决策部署,进一步明确提出要增强全社会尊重和保障人权意识,健全公民权利救济渠道;全面落实行政执法责任制,惩治执法腐败现象;强化对行政权力的制约和监督,增强监督合力和实效。这对进一步深入贯彻《国家赔偿法》既提供了更有利的背景和环境,也提出了新的更高的要求。站在新的历史起点上,我们要认真总结实践经验,把贯彻实施《国家赔偿法》持续不断引向深入,为保障人权、加快推进依法行政发挥更加积极的作用。从国务院法制办的角度看，当前要加强对法治政府建设的总体谋划和顶层设计，抓紧制定《法治政府建设实施规划》；抓住行政复议法修订的时机，加快推动完善行政复议体制、健全行政复议案件审理机制；进一步完善法规、规章备案审查制度，建立法规、规章定期清理制度，加大解决"依法打架"问题的工作力度。

在《中华人民共和国国家赔偿法》实施二十周年座谈会上的发言

中国政法大学终身教授、中国行政法学研究会名誉会长　应松年

(2015年1月7日)

1995年1月1日起施行的《中华人民共和国国家赔偿法》是新中国在保护人权征程中一块重要的里程碑。《国家赔偿法》的立法宗旨和规定内容,就是当公民的人身权、财产权在受到公权力侵犯并造成损害时,要予以保护和救助。我听说王汉斌同志出国时,有外国记者问他,中国有保护人权的法律吗?汉斌同志回答:"当然有,如我国的《国家赔偿法》!"这是说得十分准确的。同时,《国家赔偿法》也是新中国在国家赔偿方面从落实政策向依靠法治的重要转变。

在《国家赔偿法》实施以前,我们并不是没有赔偿,但赔偿的原则、范围、数额、程序等都视情况而定,没有法律的规定,还没有形成为国家制度。《国家赔偿法》在1995年实施,又经过2010年的修改,我国的国家赔偿走上了法制轨道,已经形成了一整套有中国特色的国家赔偿制度。当然,在前进的道路上也还需要不断研究和完善。

《国家赔偿法》是1995年实施的。实际上,1990年施行的《行政诉讼法》中已经有了专章规定,即"侵权赔偿责任"。当时讨论的意见是:行政机关的行为侵犯了公民的权益,造成损害,总不能只说一句"对不起"了事,应该给予赔偿。但当时《国家赔偿法》尚未制定,因而决定在《行政诉讼法》中增加一章,专门规定行政赔偿。同时又考虑到在诉讼法中不宜规定过多,因

而只从原则上(主要是程序方面)规定了几条,能使受损公民可以提起赔偿请求。同时加紧制定《国家赔偿法》。

在制定《国家赔偿法》过程中,曾经对世界各国的赔偿制度进行了调查和考察。很多国家制定国家赔偿法时,由于此前大都已经制定了冤狱赔偿法,因而国家赔偿法一般只规定行政赔偿的内容。但我国尚未有冤狱赔偿法,因此,在制定《国家赔偿法》时,就考虑应该把刑事赔偿也包括在内,因为二者都是国家赔偿。这样,我国的《国家赔偿法》就包括刑事赔偿和行政赔偿两个部分。这与其他各国的赔偿法是有很大不同的。

归责原则是立法时研究的重点之一。当时研究各国赔偿法的归责原则:英国是过错原则;美国是非法加过错原则,世界上很多国家都采用这一原则。但是,由于过错带有主观性,要受损害人提供证据显然比较困难,因此我们都同意违法原则,即只要客观上是违法行为造成的损害,就应该赔偿。这在当时是有利于保护公民权利的先进的归责原则。但后来在实践中却产生了这种情况:由于是违法原则,只要发生了赔偿案件,国家财政支出了赔偿金,就说明相关工作人员和该机关有违法行为,考核时极为不利。因此,有些国家机关在发生应该赔偿的案件时,能不赔的尽量不赔,实在无法推卸的,就不用财政的钱赔,使赔偿变得十分困难。2010年《国家赔偿法》修改时,将作为一般归责原则的违法原则改为多元归责原则,即在刑事赔偿领域引入结果归责原则。

赔偿困难,可能也和我们对国家赔偿中追偿制度的理解有关。从世界范围来看,国家赔偿法的发展历史是:在确定公民受到公权力侵害后,有取得赔偿的权利的原则下,谁来给予赔偿,开始时谁做的事谁负责,由作出侵权行为的工作人员自己负责。时间一长,工作人员谁也不敢负责地工作了。于是改变负责制度,由国家承担全部赔偿责任。但这样一来,使工作人员又敢于“胡作非为”了。于是最后改变为国家先赔偿,赔偿后再在内部进行检查,对有故意或者重大过失的工作人员,按照不同情况进行追偿,以示惩戒。这里特别加上了必须符合故意或者重大过失的条件,不包括一般过失。使工作人员既能负责任地履行职责,又不敢胡作非为。目前世界各国都采用这一制度。我们认为这一制度既为合理,也是必要,故在制定《国家赔偿法》时也采用这一制度。

但从我国目前的实际情况来看,正确理解和适用追偿制度仍是十分必要的。

1995年在制定《国家赔偿法》时,也曾经讨论过精神损害抚慰金的问题。但是当时考虑到国家财政困难,难以承受,所以没有规定。到2010年修改时,就明确规定了精神损害抚慰金的问题,但具体赔偿标准和数额仍需做出进一步的细化规定。

有一个问题是一直没有明确的。这就是赔偿与补偿的关系问题。从一般的理论来讲,公权力违法行为给公民造成损害的,应予赔偿;而公权力合法行为给公民造成损失的,应该补偿。这是从造成损害、损失的原因上来说的。但是造成损失后的赔偿与补偿到底有没有区别呢?如果没有区别,都是要填平实际损失,那还有什么必要分为赔偿和补偿呢?如果有区别,又当如何区别?违法行为造成损害显然要比合法行为造成损失在"情节"上更为严重。那么,赔偿是否应该在数额上比补偿高?有些国家的赔偿数额相对比较高,是不是这个原因?西方国家还有所谓惩罚性赔偿,是不是也根源于此?我觉得这是一个值得研究的问题。我国目前关于补偿的规定,大都出于单行法,有些很不相同。将来在修改《国家赔偿法》时,是否应该做一些必要的统一规定。

我国《国家赔偿法》已经走上了法制轨道,这是依法治国的重要组成部分。但我国建立赔偿制度毕竟只有二十年,今天集会纪念《国家赔偿法》实施二十周年,一方面,要看到已经取得的巨大成绩;另一方面,也还要努力总结实践经验,深入理论研究,把富有中国特色的赔偿制度建设得更加全面、更加完善,也为世界赔偿制度的完善作出贡献!

继往开来　实现国家赔偿工作的新发展

——最高人民法院陶凯元副院长访谈

问：请您简要回顾并评价20年来人民法院的国家赔偿工作。

答：自1995年1月1日《国家赔偿法》施行，国家赔偿工作已经走过20年的历程。20年来，人民法院国家赔偿工作从无到有、从小到大，已经发展成为人民法院审判工作的重要组成部分，对切实保障公民、法人和其他组织的合法权益，促进国家机关依法行使权力，发挥了重要作用。

一是国家赔偿审判执行工作取得显著成绩。20年来，全国法院审结国家赔偿案件12.5万余件。其中受社会舆论高度关注的佘祥林、赵作海、张氏叔侄、呼格吉勒图亲属等都依法获得赔偿和救济，社会公平正义得到恢复。

二是国家赔偿工作规范化、制度化建设取得重大进展。20年来，最高人民法院先后制定国家赔偿审判司法解释20余件，司法政策、批复、答复、指导意见等160多件，涵盖了国家赔偿案件的立案、案由、自赔、质证、赔偿委员会审理程序、精神损害赔偿法律适用、法律文书样式等，在确保裁判标准统一、法律适用规范、审判工作透明等方面起到了重要作用。

三是人民法院国家赔偿倒逼机制和监督制约功能得以有效发挥。各级人民法院在国家赔偿工作中始终坚持办案理赔、错案预防、追偿追责三位一体的方针，注重"防为上、救次之，戒为下"的赔偿工作理念，通过案件评查、文书评比、司法建议书、国家赔偿白皮书等方式，推动预防冤假错案的源头治理。

四是人民法院便民高效的国家赔偿工作机制得以初步建立。为回应人民群众对于国家赔偿的新要求、新期待，最高人民法院发布了《关于进一步加强国家赔偿司法公开工作的若干意见》、《关于进一步加强国家赔偿司法便民工作的若干意见》,很多法院创设了由立法、司法、人事、民政、财政等部门共同参与的国家赔偿联动工作机制,对法定赔偿之外的受害人工作安置、恢复生产经营、补发工资以及建立社保等问题积极寻求解决之道,使人民群众的合法诉求、合理期待都在具体的案件处理中得到安置,促使矛盾得到化解、民心得到温暖。

问:如何界定国家赔偿在法治中国建设中的地位?

答:国家赔偿法在社会主义法律体系中占据特殊地位,属于宪法的相关法。国家赔偿法的制定和实施,改写了几千年封建社会"民不告官"、"官无悔判"的传统,开启了"官赔民"的新制度,标志着保护人权的宪法基本原则得到了庄严兑现,揭开了法治国家、法治政府建设的新篇章。

从20年来国家赔偿事业的发展来看,国家赔偿工作担当了宪法和法律赋予的神圣使命。依法赔偿,不仅能有效化解职务侵权行为造成的社会矛盾,最大限度地增加社会和谐因素,也是回应人民群众的司法需求、恢复和重塑司法公信、沟通人民群众与公权力机关的重要桥梁。我国民主法治建设不断深入,人民群众的权利意识、法治意识不断增强,国家赔偿工作从赔偿看问题,以赔偿促规范,通过倒逼机制、监督机制将执法机关和执法人员的公权力"关进笼子里"、"晒在阳光下",对消除官民矛盾、化解官民积怨、维护司法公信力,推进法治中国建设具有重要意义。

20年来,国家赔偿法两次修改,最高人民法院制定的司法解释、司法规范性文件以及具体案件适用法律问题的批复解答等多达180多件,行政机关、地方立法机关、政府部门也就国家赔偿工作制定了相关法律规范,国家赔偿法律规范体系逐渐完善,丰富了以宪法为核心的中国特色社会主义法律体系。20年来,最高人民法院通过组织机构设置、办案程序规范、司法公开和司法便民制度建设,不断推进国家赔偿法律实施体系完善,以适应人民群众对国家赔偿工作不断提出的新期待,以满足法治国家对国家赔偿工作规范化、制度化不断提升的新要求,是健全社会主义法治、建设社会主义政治文明的重要标志和重要成果。

问:20年来国家赔偿工作有哪些成功的经验?

答:20年来,在党中央的坚强领导、全国人大的有力监督下,在中央有关部门和地方各级党委、人大、政府、政协及各方面的关心支持下，人民法院国家赔偿工作取得了长足进步，总结和积累了许多宝贵的经验。

一是坚持实体公正和程序公正相统一。司法公正不仅包括实体公正，也包括了程序公正，并且程序公正直接影响实体公正。国家赔偿工作注重加强程序规范意识，提高工作规范化水平，实现实体和程序的内在统一。人民法院通过扩大听证、质证中的适用范围，在法律精神所允许的范围内，更多地在国家赔偿案件审理中注入裁判者中立、诉争双方平等、第三方有序参与、程序公开透明、公众意见合理表达等正当性要素，使赔偿请求人与赔偿义务机关平等地参与审判，让社会各界在“阳光赔偿”中凝聚法治共识。

二是坚持法律效果和社会效果相统一。我国正处于经济高速发展的机遇期，同时也是社会矛盾高发期。国家赔偿案件中的赔偿请求人多属弱势群体，身陷经济困难和法律知识缺乏双重困境，极易产生心态失衡和对抗社会的心理，给社会发展带来不稳定因素。国家赔偿工作始终坚持在不损害法律效果的同时力求社会效果的最大化，在法度之外、情理之中保障困难群体的基本人权，切实帮助困难群众实现自己的合法权益，从而最大限度地维护和实现社会公平正义。

三是坚持权利救济和权力监督相统一。国家赔偿工作是以法治思维和法治方式处理“官”民矛盾、调和公权力与私权利冲突的法律途径，是评价法治国家建设水平和国家治理现代化程度的重要砝码。因此，国家赔偿工作，既是加强人权司法保障、落实司法为民公正司法使命所需，也是完善权力运行机制、加强和规范对司法活动法律监督的内在要义。人民法院通过正确处理权与法、权利与权力的关系，积极回应赔偿请求人的合理诉求，保障人民群众的合法权益，规范和促进公权力的依法行使，实现权利保护与权力约束的动态和谐。

问：目前人民法院国家赔偿工作面临的主要问题和困难？

答：人民法院国家赔偿工作起步较晚，基础较弱，加之在保护人权、监督公权方面无论是体制机制还是思想观念上都还有一定的阻力和困难，主要是：

一是国家赔偿的法律规范供给有待完善。国家赔偿法只有 42 个条文，规定较为原则；既要调整行政、刑事、非刑事三类赔偿法律关系，又要适用行政赔偿和刑事赔偿(司法赔偿)两种程序,每种程序还设置了不同环节;既涵盖行政职权行为,又涵盖从侦查到刑罚执行全过程的刑事司法行为,还涵盖民事、行政诉讼全过程的强制措施、保全措施和具体执行行为。因此,实现国家赔偿工作的科学发展,必须加快完善国家赔偿司法规范体系,必须紧密联系当前国家赔偿工作的实际需要,注重回应人民群众依法维权的新期待和新要求,增强司法解释、司法政策起草修订的针对性、科学性和可操作性,确保国家赔偿各项制度机制之间衔接和统一,确保国家赔偿工作良性运行。

二是对国家赔偿的理性认识有待提高。国家赔偿法制定的首要目的是权利救济,使因公权力行为受到特别损害的人得到利益填补,部分国家赔偿案件适用结果责任就是这一精神的体现。国家赔偿法并非立足于"评价"功能,不是单纯的惩戒法。个别地方存在认为国家赔偿是"自曝家丑"、"自找麻烦"的错误观念,造成"求偿难"、"隐性赔偿"现象突出。与此同时,社会公众对国家赔偿的理解仍然多停留在对办案机关和人员的否定性评价,忽视国家赔偿是法治建设中的必要成本和代价,认为最终结果错误就意味着办案人员存在违法或过错。

三是国家赔偿机构和队伍建设有待加强。按照法律规定,国家赔偿工作地位重要、作用特殊,但实践中,由于地方法院国家赔偿案件数量不多,还有近一半高院和大多数中院的赔偿机构未独立设置,造成机构不健全,人员不稳定。此外,国家赔偿工作既涉及行政、司法各职能部门,也涉及侦查、检察、审判、执行、监狱管理等多项职权,且由于属于最终的司法救济渠道,案件往往牵涉多个程序和环节,矛盾纠纷往往更为尖锐复杂,处理难度往往更大。相较国家赔偿工作涉及面宽、专业度高、政策性强、工作难度大的特点而言,现有的国家赔偿审判队伍还不能完全胜任国家赔偿工作发展的需要。

问:如何健全完善《国家赔偿法》中的依法追偿和追责机制?

答:追偿追责是我国国家赔偿法中的一项重要制度,也是国际通行的一项法律制度。国家赔偿法实施效果如何,公众的着眼点在两个方面:一是赔偿处理;二是冤错案件的追偿追责,很大程度上取决于国家赔偿与追偿追责两者之间是否能够达到一种平衡状态。完善国家赔偿追偿追责机制,强化对违法用权者的责任追究,既可以有效惩戒腐败和违法,提高违法用权的成本和风险,也可以为建立有效的权力运行机制提供科学依据。为全面贯彻

《国家赔偿法》,最高人民法院已着手开展人民法院国家赔偿追偿追责的专项调研,就追偿追责问题收集数据、案例和相关文件,展开实地调研,目前已经取得一定成果。在今后工作中健全和完善国家赔偿追偿追责机制,应主要做好以下几方面的工作:

一是加快规范制定,形成国家赔偿追偿追责的制度规范。国家赔偿法对于追偿追责的规定较为原则,是导致这一制度长期无法发挥效果的重要原因。结合调研情况,最高人民法院计划以适当方式出台追偿追责指导意见,解释、细化追偿追责法律规定,明确追偿追责情形、工作程序和实施部门等,确保制度的统一性和可操作性。

二是加强宏观指导,推动重大冤错案件追偿追责实践。重大冤错案件进入国家赔偿程序后,后续追偿追责往往成为舆论关注热点,也是引发争议的焦点所在。今后国家赔偿追偿追责机制应探索与重大冤错案件的联动工作机制,在赔偿程序中对于可能存在的追偿追责情形一并予以审查,提出司法建议,摸索形成一套切实可行的工作方法。

三是增进部门联系,形成相关部门的联动机制。国家赔偿追偿追责涉及党纪责任、行政责任、刑事责任、经济追偿多种责任方式,需要国家赔偿与审判管理、审判监督、纪检监察等部门形成联合工作机制,在国家赔偿工作中发现的违法审判情形,人民法院赔偿委员会和基层法院国家赔偿小组应当及时就案件提出司法建议,形成与纪检监察等部门的联动机制,确保追偿、追责制度发挥实效。

问:刑事冤错案件社会关注度高,如何做好相关国家赔偿工作?

答:坚持原则、坚守法律,对冤假错案坚决予以平反和赔偿,并进一步做好错案预防工作,是人民法院应有的法治思维和责任担当。近两年,我们把刑事冤错案件的依法赔偿和善后化解作为工作的重中之重,采取了以下措施:

一是部门联动,充分保障刑事冤错案件受害人权利。最高人民法院对下发布了指导性文件,明确要求国家赔偿工作及时与依法纠错相衔接,对再审宣告无罪的,及时告知刑事冤错案件受害人申请国家赔偿的权利,切实保障受害人的知情权和申请赔偿权。这一点在"呼格吉勒图案"宣告再审判决时,相关法院已经实际做到了。

二是及时审理,使受损害的权利获得及时救济。近两年纠正的多起刑事冤错案件,赔偿请求人在申请国家赔偿后,赔偿义务机关、赔偿委员会均在较短时间作出国家赔偿决定,并在法定时间内依法给予赔偿。比如,张氏叔侄、于英生、王本余、徐辉、呼格吉勒图等案件,均是如此。这就保证了权利人的合法权益及时得到救济。

三是规范标准,确保冤错赔偿的公平性与合理性。为规范精神损害抚慰金的赔偿标准,最高人民法院于2014年7月发布《关于人民法院赔偿委员会审理国家赔偿案件适用精神损害赔偿若干问题的意见》。除规定"确定精神损害抚慰金应当综合考虑受害人人身自由、生命健康受到侵害的情况,精神受损情况等因素",还规定了"原则上不超过依照《国家赔偿法》第33条、第34条所确定的人身自由赔偿金、生命健康赔偿金总额的35%,最低不少于1000元"的赔偿标准,促进赔偿决定的公平合理。

四是完善机制,推进刑事赔偿的制度化与规范化。最高人民法院于2013年5月31日对各高级人民法院印发了《关于加强刑事冤错案件国家赔偿工作的通知》,今年又印发了《关于进一步加强刑事冤错案件国家赔偿工作的意见》,并和最高人民检察院正抓紧联合起草刑事赔偿的司法解释。这些规定,对加强工作指导,共同做好冤错赔偿工作,将形成合力,增加实效。

五是追本溯源,充分发挥司法审查职能的延伸作用。国家赔偿是执法和司法活动的"晴雨表",各级法院通过司法审查报告和司法建议对冤错案件进行信息收集、原因分析、预测预警,提出对策建议,形成倒逼机制,有效推动相关执法和司法活动不断提升法治品质。

问:请介绍一下国家赔偿工作下一步的工作部署。

答:《中共中央关于全面推进依法治国若干重大问题的决定》中把保障人权和约束公权作为法治中国建设的重要内容,习近平总书记强调,"受到侵害的权利一定会得到保护和救济",要"努力让人民群众在每一个司法案件中感受到公平正义",国家赔偿工作的重要使命不言而喻。在新形势下,国家赔偿工作必须切实践行司法为民、大力加强司法公正、不断提高司法公信力,不负时代使命和人民重托。今后的工作重点要把握以下几个方面:

第一,坚持法治思维,推动国家赔偿工作理念科学化。要强化权利救济理念,切实坚持以法治思维和法治方式处理国家赔偿案件,发挥国家赔偿工作为民请命、平冤理直的正能量;要强化公正客观理念,建立合理的国家赔偿考评体系,切实解决国家赔偿中的“立案难、赔偿难、执行难”。

第二,实行多措并举,推动国家赔偿案件处理规范化。要积极受理精心审理国家赔偿案件,用扎实的措施和过硬的作风解决国家赔偿领域的“六难三案”。要大力加强协调和监督指导工作,综合运用说服教育、协调沟通等各种手段,促使国家赔偿纠纷得到实质性解决,避免程序空转;要深入推进国家赔偿决定执行工作,探索与相关部门联合协作,共同维护生效赔偿决定的权威。

第三,完善机制建设,推动国家赔偿工作制度化。要完善国家赔偿工作机构建设,进一步充实国家赔偿审判力量。要完善国家赔偿追偿追责机制建设,发挥国家赔偿司法建议和司法审查报告的功能,通过认真分析、梳理、总结形成错案的原因,充分发挥倒逼机制的效应。

第四,提升司法能力,推动国家赔偿审判队伍专业化。要提升国家赔偿法官政治素质和职业道德素质,提升法律方法的应用能力。国家赔偿法官必须正确适用文义解释、体系解释、价值补充、漏洞填补、类推适用、利益衡量等方法规则,正确选择不同方法之间的位阶关系。要提升听证质证活动的驾驭能力,提高国家赔偿程序的公正性和参与度。

第五,深化司法公开,推动国家赔偿工作运行透明化。要强化国家赔偿程序的正当性,注重以程序公正促进实体公正。推进国家赔偿裁判文书公开,以公开倒逼公信。要加强国家赔偿正面宣传和舆情回应,以符合时代特点的语言和形式,引导人民群众了解国家赔偿工作,共同建设法治社会。

第六,加强治理创新,推动国家赔偿工作效果多元化。要加强刑事赔偿、非刑事司法赔偿等实体方面司法解释和司法政策的制定,在侵权行为类型、违法过错判断标准、责任构成判定、责任形态划分、损害类型化和损失计算客观化等方面,为司法实践提供更充足、更精确、更具可操作性的裁判依据。要健全国家赔偿案例指导体系,将指导性案例和典型案例公布出来,对未决案件发挥指导、示范和参考作用。

在全面建设小康社会、全面深化改革、全面推进依法治国的时代背景下,国家赔偿工作将以崭新的姿态、饱满的热情不断谱写事业发展的新篇章!

充分认识贯彻实施《国家赔偿法》重大意义 切实做好检察环节国家赔偿各项工作

——柯汉民在《国家赔偿法》实施二十周年座谈会后答记者问

2015年1月7日,最高人民法院、最高人民检察院在北京人民大会堂联合举办《国家赔偿法》实施二十周年座谈会,总结国家赔偿立法和实施以来的成绩和经验,共商新形势下贯彻落实国家赔偿法、全面推进依法治国大计。会议结束时,最高检副检察长柯汉民就相关问题回答了记者的提问。

认真贯彻《国家赔偿法》,积极办理国家赔偿案件

记者:《国家赔偿法》自1995年1月1日开始生效实施,至今已经20年了。请您介绍一下20年来检察机关贯彻实施国家赔偿法的基本情况和主要成效。

柯汉民:1994年5月12日,第八届全国人大常委会第七次会议审议通过《国家赔偿法》,这部法律是继《行政诉讼法》规定行政赔偿后,全面规定和规范国家赔偿活动的基本法律。最高检高度重视,立即着手部署各级检察机关扎实做好法律实施的各项工作。最高检在控告申诉检察厅设立了刑事赔偿工作办公室,并配备相应的业务骨干,地方三级检察机关均陆续设立了赔偿工作机构,并配置人员,受理并办理国家赔偿案件,国家赔偿工作逐步开展起来。

20年来,检察机关认真贯彻落实《国家赔偿法》,积极办理国家赔偿案件。1995年至2014年11月,全国各级检察机关依法决定给予赔偿1.3万余件。检察机关作为赔偿义务机关的案件中,92.2%的案件在检察环节得以

解决，赔偿请求人不再向人民法院赔偿委员会提出要求检察机关赔偿的申请。特别是自2010年以来，全国各级检察机关共受理赔偿申请8038件，决定立案办理7202件，决定给予赔偿6237件，决定赔偿率86.6%，办案力度明显加大，办案质量显著提高，有效地维护了公民、法人和其他组织的合法权益，促进了社会和谐稳定。

记者：在执行《国家赔偿法》过程中，检察机关采取哪些措施保障《国家赔偿法》的规范适用和推动国家赔偿制度的发展完善？

柯汉民：为保障《国家赔偿法》的规范适用，最高检早在1994年12月2日即制定《人民检察院刑事赔偿工作办法（试行）》，并于1997年和2000年两次进行修订，有力推动了检察机关国家赔偿工作观念转变和规范发展；为促进确认案件的依法办理，2005年制定下发《关于人民检察院办理刑事赔偿确认案件拟作不予确认决定报上一级人民检察院批准的规定》，加强上级检察院对下级检察院赔偿确认工作的监督制约，该赔不赔状况明显改善；为统一执法标准，会同最高人民法院制发多个司法解释，批复个案请示20余个。针对未执行赔偿决定突出问题，两次开展集中清理专项行动，督导执行1021件、4700余万元。为解决执法不规范问题，开展“不予确认、不予立案、不予赔偿”三类案件专项检查活动，依法纠正了一批不予赔偿案件。一些地方还制定国家赔偿案件办案流程、执法细则等，有效推动了国家赔偿工作的规范深入开展。

为推动国家赔偿制度的发展完善，针对《国家赔偿法》在赔偿范围、赔偿标准、赔偿程序和经费保障等方面存在的突出问题，最高检2002年向全国人大常委会提交报告，建议修改完善《国家赔偿法》。2005年，《国家赔偿法》修改工作启动后，最高检全程深入参与，地方各级检察机关大力支持配合，有关强化法律监督、明确赔偿范围、取消共同赔偿、完善赔付程序等重要修改意见均得到立法吸收采纳。修改决定通过后，最高检及时下发学习贯彻通知，出台《人民检察院国家赔偿工作规定》等重要司法解释，多次组织召开全国检察机关学习贯彻修改后《国家赔偿法》工作会议，各地检察机关全面开展学习培训、及时清理积案等，有效保障了法律修改前后国家赔偿工作的平稳衔接。

记者：《国家赔偿法》实施20年来，检察机关积累了哪些经验？目前面临哪些亟待解决的突出问题?

柯汉民:回顾、总结《国家赔偿法》实施二十年来的历程,检察机关国家赔偿工作在服务大局、履职尽责中不断推进,在破解难题、改革创新中不断加强,探索和积累了许多宝贵经验。我们深切体会到:必须始终坚持把赔偿工作与服务党和国家工作大局、服务检察工作大局紧密结合起来,善于在大局中找准定位,充分发挥赔偿工作在化解矛盾纠纷、促进公正廉洁执法中的积极作用;必须始终坚持执法为民宗旨,把维护赔偿请求人合法权益作为赔偿工作的根本出发点和落脚点;必须始终坚持科学司法理念,理性看待、正确对待赔偿案件,切实为赔偿工作创造良好执法环境;必须始终坚持解放思想、转变观念,不断创新制度和工作机制,推动国家赔偿制度持续完善;必须始终坚持把赔偿义务机关主观能动性和上级检察院的监督指导作用紧密结合,努力把赔偿案件化解在首办环节;必须始终坚持依法办案与源头预防有机结合,最大限度地减少国家赔偿案件发生,不断提升检察机关整体执法水平;必须始终坚持依靠党的领导,自觉接受人大的监督和指导,这是开展好国家赔偿工作的根本保障。

我们也清醒地认识到,同全面推进依法治国要求相比,同人民群众期待相比,检察机关国家赔偿工作目前还存在不少困难和问题,主要表现为:有些检察人员,包括部分领导干部没有树立正确的国家赔偿执法理念,对国家赔偿工作重视不够,一些检察人员思想上有顾虑,担心赔偿案件影响检察机关公正执法形象;有的地方规避国家赔偿程序,走法外补偿或者救助渠道化解赔偿案件,存在一定比例的该赔未赔案件;国家赔偿工作机构和队伍素质与工作要求不适应;等等。对于这些问题,我们将认真研究解决。

对不予赔偿、当事双方反映强烈等案件重点监督

记者:《国家赔偿法》2010年修改后,明确了检察机关对人民法院赔偿委员会决定的监督职责,这项工作开展的实际效果如何?

柯汉民:《国家赔偿法》修改后,第30条第3款明确规定,检察机关对人民法院赔偿委员会作出的违法决定,有权提出监督意见。检察机关提出监督意见的,人民法院赔偿委员会应当重新审查并依法作出决定。这就使检察机关在运用抗诉、提出再审检察建议等手段进行诉讼监督之外,还有权运

用提出重新审查意见的方式，对人民法院赔偿委员会作出的赔偿决定进行监督，进一步完善了检察机关法律监督工作格局，对促进《国家赔偿法》的统一正确实施、更好地保障赔偿请求人合法权益、促进国家机关公正廉洁执法，具有重要意义。

为切实履行赔偿监督职能，检察机关主要采取了三项措施：一是在《人民检察院国家赔偿工作规定》中专章规定赔偿监督，进一步明确了赔偿监督申请的受理立案条件、审查办理的方式方法、提出监督的条件等。二是将刑事赔偿工作办公室更名为国家赔偿工作办公室，以进一步完善工作机构，强化人员力量。三是将原来由民事行政检察部门办理的行政赔偿抗诉工作交由国家赔偿工作办公室负责，统一办理各类赔偿监督案件，监督职责更加明确，专业化程度进一步提高，形成了专门化监督的良性发展机制。

为深入推进赔偿监督工作，我们强调要对不予赔偿案件、当事双方反映强烈、涉嫌贪赃枉法等案件进行重点监督。2011 年至今，全国各级检察机关已办结赔偿监督案件 260 余件，提出监督意见 20 余件。如广东省检察院办理的广州市羊城房地产有限公司不服茂名中级法院赔偿委员会决定一案。广东省检察院审查后，依法向省高级法院提出重新审查意见，省高级法院最终纠正原不予赔偿决定，依法决定赔偿 450 多万元，保障了赔偿请求人合法权益，促进了民事执行权的正确行使。

记者：据了解，目前检察机关正在开展国家赔偿案件分析报告工作，请您介绍一下这方面的情况。

柯汉民：《国家赔偿法》是权利保障法，也是权力规制法，应当在促进国家机关依法行使职权方面发挥重要作用。检察机关作为赔偿义务机关，办理国家赔偿案件处于刑事诉讼后的特别环节，具有“回头看”的独特视角，可以对原案办理过程进行“全程扫描”。2014 年以来，最高检试点开展了国家赔偿案件分析报告工作，选取山西、上海、江苏、安徽、福建、江西、广东、四川等 8 个省市作为试点地区，在四级检察机关同时进行试点，对检察机关作为赔偿义务机关的案件实行每案必析，上级检察院定期对本地区国家赔偿案件进行类案分析和综合分析，查找发生国家赔偿案件的主要原因，反向审视执法办案的薄弱环节和制度漏洞，提出改进工作、完善制度的意见和建议，初步形成了兼具调研、指导、建议等诸多功能的综合性平台。同时，在国家赔偿案件分析报告工作中,对发现的其他单位存在的突出问题,检察机关也及时通过检察建议等方式提出整改意见,收到了较好效果,促进了依法行政和公正司法。

国家赔偿案件不能简单等同于错案

记者:近年来,一些冤错案件得到依法纠正,受害人及时拿到了国家赔偿。与此同时,社会也广泛关注对原办案人员的追偿追责问题,请问检察机关在这方面是如何做的?

柯汉民:国家赔偿案件的产生原因很复杂。大多数是刑事诉讼执法活动风险所致,不可能完全避免,如逮捕标准和判决标准处于不同层级,导致个别逮捕后的案件作无罪处理,出现赔偿案件。少数则是因为办案人员的过错,如刑讯逼供、徇私枉法等。因此,国家赔偿案件不能简单等同于错案,错案也只有造成实际损害的才属于国家赔偿案件。对符合法定情形的国家赔偿案件,在依法、及时赔偿的同时,要严格按照《国家赔偿法》的规定对相关责任人员追偿追责,构成犯罪的,还要依法追究刑事责任。对此,我们在相关司法解释以及《检察人员执法过错责任追究条例》中均作了明确规定。而且,我们还进一步规定,对已经决定给予刑事赔偿的案件拒不赔偿或者拖延赔偿的,也应当追究执法过错责任。

需要特别说明的是,在国家赔偿案件的追偿追责工作中,要注意避免两种错误倾向:一是追偿追责流于形式,对一些依法应当追偿追责的责任人员"捂着、盖着",由国家或者单位替他们"埋单",这种做法实际上纵容了执法人员的违法、违纪行为,也容易引起受害人的强烈不满。二是追偿追责过于宽泛,对一些不应归因于办案人员的案件,随意启动追偿追责程序,将《国家赔偿法》等同于责任追究法,这种做法背离了《国家赔偿法》的职权保护职能,也容易挫伤办案人员依法办案的积极性。

记者:检察机关在保障作无罪处理的犯罪嫌疑人、被告人获得国家赔偿的同时,是如何保障被犯罪侵害的被害人的合法权益的?

柯汉民:犯罪嫌疑人、被告人和刑事被害人都是刑事诉讼的当事人,对他们的合法权利应当依法同等保护。但是,长期以来,刑事被害人容易被忽视,很多时候得不到加害人的赔偿,也往往得不到国家的救济、救助,一些被害人生活陷入困境，有的因此开始信访，这导致有的地方对应当纠正的案件不敢纠正，对应当赔偿的不予赔偿，影响了公正执法效果。

针对实践中存在的这些问题，最高检经深入研究，于2007年部署开展刑事被害人救助工作，并积极推动建立刑事被害人救助制度。2009年，中央《关于开展刑事被害人救助工作的若干意见》下发后，最高检及时部署，大力推进这项工作。2014年，中央《关于建立完善国家司法救助工作的意见（试行）》出台后，检察机关救助范围进一步扩大，救助工作的主动性和规范性不断增强，救助人数、金额逐年上升。2010年至2014年11月，全国检察机关实际救助4.2万余人，发放救助金3亿余元，向一大批生活困难的被害人伸出了援手。将国家赔偿和国家司法救助都作为权利救济保障的重要工作统筹考虑和推进，有效改善了国家赔偿执法环境。

将研究制定《人民检察院国家司法救助实施细则》

记者：曹建明检察长在《国家赔偿法》实施二十周年座谈会上对检察机关国家赔偿工作提出了新要求。贯彻落实这些新要求，最高检将会有哪些具体举措？

柯汉民：在这次《国家赔偿法》实施二十周年座谈会上，曹建明检察长从树立正确执法观念、畅通赔偿救济渠道等方面提出了明确要求。这些要求思想性、指导性、针对性都很强，为当前和今后一个时期国家赔偿工作科学发展指明了方向，全国各级检察机关都应当认真学习好、贯彻好、落实好。

为贯彻落实这次座谈会精神，最高检将主要采取以下措施：一是探索推行国家赔偿权利告知制度，引导赔偿请求人依法理性申请国家赔偿，最大限度地维护赔偿请求人合法权益，从源头上畅通权利救济渠道。二是联合最高人民法院出台司法解释，明确赔偿申请的受理、赔偿义务机关的确定等一些困扰执法实践的突出问题，进一步规范《国家赔偿法》适用。三是建立健全国家赔偿联席会议等沟通协调机制，加强同国家赔偿立法、执法等各相关部门之间的联动合作，共同推动国家赔偿工作依法、规范开展。四是加强对国家赔偿监督工作的指导，完善赔偿监督案件督导机制。上级检察院发挥指导、表率作用，督促、指导、推动下级检察院善尽主体责任，切实履行监督职责。五是研究制定《人民检察院国家司法救助实施细则》，规范检察机关司法救助条件、范围、标准、程序等,更好地将国家司法救助与国家赔偿两项工作统筹推进。

此外,我们还将抓好国家赔偿工作机构和队伍建设,努力实现队伍素质优、办案质量优、执法效果优的目标,为贯彻落实党的十八大和十八届三中、四中全会精神,全面推进平安中国、法治中国建设,作出更大贡献。

【回望国家赔偿二十年专辑】

人民法院国家赔偿二十年大事记

• 1994 年 5 月 12 日——《国家赔偿法》诞生。

• 1994 年 5 月 12 日——第八届全国人大常委会第七次会议讨论通过了《中华人民共和国国家赔偿法》,该法于 1995 年 1 月 1 日起施行。

• 1995 年 1 月 1 日——《国家赔偿法》正式实施,最高人民法院赔偿委员会及赔偿委员会办公室设立并开始工作。

最高人民法院成立了赔偿委员会并设立了赔偿委员会办公室。赔偿办是最高人民法院赔偿委员会的办事机构,也是最高人民法院一个内设机构,依法审理赔偿案件,并负责指导全国国家赔偿案件的审判工作。最高人民法院公布《关于贯彻执行〈中华人民共和国国家赔偿法〉设立赔偿委员会的通知》,要求各级人民法院要认真贯彻执行国家赔偿法,中级以上人民法院设立赔偿委员会。

• 1995 年 1 月 29 日——最高人民法院公布《关于〈中华人民共和国国家赔偿法〉溯及力和人民法院赔偿委员会受案范围问题的批复》。

• 1995 年 11 月 14 日——第一次全国高级法院赔偿委员会主任会议在北京召开。

中共中央书记处书记、最高人民法院院长任建新在会上做重要指示,最高人民法院副院长祝铭山在会上作报告并作总结讲话。

• 1996 年 5 月 6 日——最高人民法院公布《关于人民法院执行〈中华人民共和国国家赔偿法〉几个问题的解释》和《人民法院赔偿委员会审理赔偿案件程序的暂行规定》。

• 1997 年 6 月 17 日——最高人民法院、最高人民检察院联合印发《关于办理人民法院、人民检察院共同赔偿案件若干问题的解释》。

• 1997年9月20日——第二次全国高级法院赔偿委员会主任会议在北戴河召开。

• 2000年1月11日——最高人民法院公布《最高人民法院关于刑事赔偿和非刑事司法赔偿案件立案工作的暂行规定(试行)》、《最高人民法院关于刑事赔偿和非刑事司法赔偿案件案由的暂行规定》。

• 2000年4月,全国部分高、中级人民法院国家赔偿工作座谈会在上海召开。

• 2000年9月16日——最高人民法院公布《关于民事、行政诉讼中司法赔偿若干问题的解释》。

• 2001年——第一期全国国家赔偿审判人员培训班在黑龙江及陕西举办。

• 2002年1月19日——第三次全国高级法院赔偿委员会主任会议在江苏无锡召开。

最高人民法院副院长李国光在会上作报告,最高人民法院副院长沈德咏在会上作总结讲话。会议指出:要努力实践“三个代表”重要思想,积极开创国家赔偿审判工作新局面,并首次提倡将听证制度引入国家赔偿案件审判程序中。

• 2004年5月11日——纪念《国家赔偿法》颁布十周年座谈会在最高人民法院召开。

全国政协副主席张思卿出席会议,全国政协副主席罗豪才发来贺电;最高人民法院常务副院长曹建明出席会议并讲话,最高人民法院副院长江必新主持会议并作总结讲话。中共中央政法委员会副秘书长周本顺、全国人大法工委副主任王胜明、全国人大内司委委员、中国法学会党组书记刘飏、最高人民检察院副检察长赵登举、国家行政学院副院长袁曙宏出席会议。公安部、司法部、财政部、国务院法制办、北京市高级人民法院等部门的有关负责同志以及在京的部分专家、学者参加了本次会议。新华社、中国国际广播电台、人民日报、法制日报、人民法院报等新闻媒体对本次会议做了相关报道。

• 2005年7月5日——最高人民法院、最高人民检察院联合印发《关于刑事赔偿义务机关确定问题的通知》。

- 2005 年 11 月 24 日——第四次全国高级人民法院赔偿委员会主任会议暨全国法院国家赔偿审判工作先进集体和先进个人表彰大会在河南郑州召开。

会上首次对全国法院国家赔偿工作 24 个先进集体和 43 个先进个人进行表彰。最高人民法院院长肖扬对会议召开和表彰活动发来《贺信》,最高人民法院副院长奚晓明在会上作报告。

- 2006 年——最高人民法院赔偿办及五省、市高院赔偿办组团赴日本、韩国考察国家赔偿制度。

- 2006 年——最高人民法院赔偿办先后在广州、南京、大庆、青岛、涿州等地召开多次修改《国家赔偿法》研讨会。

最高人民法院副院长奚晓明参加了大庆会议并作重要讲话。

- 2006 ~ 2007 年——最高人民法院赔偿办在全国法院系统首次开展国家赔偿案件评查活动。

此次评查活动共评查国家赔偿案件 5400 余件。最高人民法院赔偿办先后在深圳、石家庄召开由部分高院赔偿办负责同志参加的评查案件总结会。最高人民法院赔偿办针对案件评查活动中发现的问题写出了《最高人民法院关于人民法院进一步完善刑事赔偿工作制度的调研报告》,并呈报中央政法委员会。

- 2008 年 11 月 28 日——最高人民法院印发《关于赔偿委员会办公室负责审理国家赔偿确认案件的通知》。

- 2008 年 12 月 2 日——最高人民法院国家赔偿工作座谈会在广东召开。

江必新副院长出席会议并讲话,会议就各级人民法院赔偿办负责审理国家赔偿确认案件和进一步完善国家赔偿法修改建议进行研究部署。

- 2010 年 2 月——国家赔偿工作座谈会在广西南宁召开。

江必新副院长出席会议并讲话,会议进一步学习贯彻全国政法工作电视电话会议精神,研究部署国家赔偿审判工作,特别是案例指导和司法解释的调研起草工作,同时,交流国家赔偿审判工作经验,研究如何围绕三项重点工作,加强能动司法,转变司法理念和审判方式,推动国家赔偿审判工作实现新发展。

•2010年4月29日——第十一届全国人民代表大会常务委员会第十四次会议通过《关于修改〈中华人民共和国国家赔偿法〉的决定》。修改决定自2010年12月1日起施行。

•2010年11月25日——全国法院国家赔偿工作会议在北京召开。

最高人民法院院长王胜俊就人民法院国家赔偿工作作出重要批示。最高人民法院常务副院长沈德咏出席会议并作重要讲话。最高人民法院副院长张军主持会议,最高人民法院副院长江必新作了主题报告。中纪委驻最高人民法院纪检组组长张建南、最高人民法院政治部主任周泽民出席会议,中央政法委、中央编办、全国人大法工委、最高人民检察院以及公安部、安全部、司法部、财政部等有关中央部门的负责人,最高人民法院机关各审判部门负责人,全国各高级人民法院分管国家赔偿工作的副院长、赔偿办主任,部分最高人民法院特邀咨询员参加了会议。会议研究和部署了修改后《国家赔偿法》的贯彻实施工作。

•2011年2月28日——最高人民法院公布《关于适用〈中华人民共和国国家赔偿法〉若干问题的解释(一)》。

•2011年3月17日——最高人民法院公布《关于人民法院赔偿委员会审理国家赔偿案件程序的规定》。

•2012年1月13日——最高人民法院《关于国家赔偿案件立案工作的规定》、《关于国家赔偿案件案由的规定》、《关于国家赔偿案件立案、案由有关问题的通知》。

•2012年4月20日——部分高级法院赔偿办(委)主任座谈会在四川省成都市召开,最高人民法院副院长贺荣出席会议并作重要讲话。

会议研讨相关司法解释征求意见稿及国家赔偿工作中的新情况、新问题,并就年度重点工作作研究、部署。

•2012年6月26日——中央机构编制委员会办公室批准最高人民法院单独设置赔偿委员会办公室。

最高人民法院于12月14日下发《关于赔偿委员会办公室主要职责的通知》(法发〔2012〕26号),明确了赔偿办的主要职责,国家赔偿机构建设取得重要成果。

• 2012 年 10 月 18 日——中国审判理论研究会国家赔偿理论专业委员会成立大会暨“完善刑事赔偿制度”主题论坛在贵州贵阳召开。

最高人民法院常务副院长、中国审判理论研究会会长沈德咏致信祝贺。最高人民法院副院长、中国审判理论研究会副会长江必新出席会议并讲话。贵州省人大常委会党组副书记、副主任龙超云出席会议并致辞。最高人民法院审判委员会专职委员、中国审判理论研究会国家赔偿理论专业委员会顾问贺荣主持成立大会开幕式。贵州省高级人民法院院长孙华璞当选为中国审判理论研究会国家赔偿理论专业委员会主任。会议表彰了“完善刑事赔偿制度”主题论坛优秀论文作者和组织单位。来自全国法院系统从事国家赔偿审判工作的法官、中央和有关地方立法、司法和行政执法部门的领导，以及有关高等院校、港澳台地区的专家学者共 100 余人，以“完善刑事赔偿制度”为主题，进行了广泛深入的交流研讨。

• 2012 年 10 月 26 日——第十一届全国人民代表大会常务委员会第二十九次会议通过关于修改《中华人民共和国国家赔偿法》的决定。

《决定》根据修改后的《刑事诉讼法》对条文进行了相应的修改。

• 2013 年 7 月 26 日——最高人民法院公布《关于人民法院办理自赔案件程序的规定》。

• 2013 年 10 月 31 日——全国法院国家赔偿工作座谈会暨中国审判理论研究会国家赔偿理论专业委员会第二届年会在山东淄博召开。

最高人民法院院长周强就人民法院国家赔偿工作作出重要批示。最高人民法院副院长、中国审判理论研究会副会长江必新出席会议并讲话。山东省高级人民法院院长白泉民和山东省淄博市市委领导致辞。会议表彰了“法治中国背景下的非刑事司法赔偿”主题论坛优秀论文作者和组织单位，并围绕非刑事司法赔偿责任构成要件、赔偿范围、证据规则、赔偿程序等问题进行了广泛深入的交流研讨。全国人大常委会法工委、最高人民检察院、公安部、司法部、财政部、国务院法制办等中央有关部门负责人，全国各高院分管国家赔偿工作的副院长、赔偿办主任，部分最高人民法院特邀咨询员、高等院校专家学者和获奖论文作者等参加了此次会议。

• 2013 年 12 月 19 日——最高人民法院公布《关于人民法院赔偿委员会适用质证程序审理国家赔偿案件的规定》。

•2014年1月2日——最高人民法院、司法部关于联合印发《关于加强国家赔偿法律援助工作的意见》。

•2014年7月29日——最高人民法院印发《关于人民法院赔偿委员会审理国家赔偿案件适用精神损害赔偿若干问题的意见》。

•2014年9月4日——全国法院国家赔偿工作座谈会在吉林长春召开。

最高人民法院副院长陶凯元出席会议并讲话。吉林省高级人民法院院长王常松出席会议并致辞。最高人民法院新一届赔偿委员会委员，全国人大常委会法工委、最高人民检察院、公安部、司法部、财政部等部委的有关负责同志，最高人民法院特邀咨询员和特约监督员代表，部分高等院校专家学者，全国各高院分管国家赔偿工作的院领导、庭室负责人等参加会议。

《国家赔偿法》施行二十年重要讲话回顾

《国家赔偿法》颁布实施以来，人民法院国家赔偿审判工作得到了各级领导的高度重视和大力支持。二十年来，最高人民法院历届领导在各类会议上为国家赔偿审判事业指点方向、指明道路，对人民法院赔偿工作的前进方向、工作重点、机构建设、人员编制等问题不断提出新的意见、新的要求。在各级领导的关心和帮助下，人民法院国家赔偿审判事业不断取得成绩和进步。我们将部分重要讲话和重要指示摘录如下：

1995 年 11 月 14 日，中共中央书记处书记、最高人民法院院长任建新在第一次全国高级法院赔偿委员会主任会议上的讲话指出：人民法院的国家赔偿工作是人民法院审判工作的重要组成部分，各级人民法院要积极做好工作，慎重处理案件，认真贯彻执行《国家赔偿法》。

1999 年 8 月 11 日，最高人民法院副院长沈德咏在全国部分高、中级人民法院赔偿办主任座谈会上强调：搞好国家赔偿审判工作一要深化认识、加强领导，二要增强信心、开拓进取，三要依法办事、规范管理，四要加强宣传、扩大效果。

2004 年 5 月 11 日，全国政协副主席罗豪才在向《国家赔偿法》颁布十周年座谈会发来的贺信中，对《国家赔偿法》颁布实施的重要意义以及国家赔偿工作取得的成绩给予了充分的肯定，同时对国家赔偿制度的进一步完善提出了殷切希望。最高人民法院党组书记、常务副院长曹建明在会上作重要讲话，回顾了《国家赔偿法》颁布实施以来人民法院国家赔偿审判工作取得的成绩和经验，同时对国家赔偿审判工作提出了进一步的要求。最高人民法院副院长江必新在主持辞中指出：1994 年 5 月 12 日第八届全国人大常委会第七次会议通过的《中华人民共和国国家赔偿法》是新中国成立以来制定的第一部国家赔偿法典。《国家赔偿法》的颁布实施是我国社会主义民主法制建设进一步完善的重要标志之一。这部法律的颁布实施为树立我国在国际上的法治形象、民主形象起到了十分重要的作用。同时这部法律也是我国参与国际人权斗争极为重要的武器,在我国国家法制史上具有重要的意义。中共中央政法委员会副秘书长周本顺发言指出:十年的实践证明,《国家赔偿法》的颁布实施对于保障人权、维护公民的合法权益,对于促进国家机关依法行使职权、维护司法公正,对于理顺民心、维护社会稳定,都起到了积极的作用。贯彻实施好《国家赔偿法》:第一,必须增强赔偿义务机关执法为民的观念。第二,必须进一步加大对《国家赔偿法》的宣传力度。第三,必须依法追究对造成国家赔偿负有责任的执法组织和人员的责任。第四,必须建立健全国家赔偿经费的保障制度。全国人大法工委副主任王胜明指出:十年磨一剑,一部法律只有经过实践检验才能证明效果如何、作用如何,一项法律制度也只有在实施过程中才能确立和发展。《国家赔偿法》是一部好法,但并非完美无缺。《国家赔偿法》中有些规定比较原则,也存在一些不明确的地方。扩大赔偿范围、提高赔偿标准、完善赔偿程序,是今后修改、完善《国家赔偿法》的主要内容。最高人民检察院副检察长赵登举发言指出:最高人民检察院作为赔偿义务机关通过学习《国家赔偿法》促进了执法观念的转变,对《国家赔偿法》有了深刻的认识。十年来,全国检察系统共受理了11000余人的赔偿申请,立案审查的6500余人,赔偿2500余人,赔偿金额达到近5000万元。从1995年到2001年,最高人民检察院还开展了专项活动,重点清理那些该赔不赔的案件,清理案件495件,赔偿金额达到1900余万元,社会反响较好。《国家赔偿法》实施过程中,暴露出一些问题,认识上也不尽统一,需要进一步修改完善,最高人民检察院已经提出了一些修改意见并已报送人大法工委。国家行政学院副院长袁曙宏发言指出:《国家赔偿法》自1994年5月12日颁布、1995年1月1日实施以来,在保障公民、法人获得国家赔偿方面迈出了里程碑性的一步。实施以来的效果不理想,除了国家法治环境尚不完善,公民、法人及赔偿义务机关法治意识不高,赔偿经费没有真正落实等原因之外,《国家赔偿法》本身的不完善无疑是直接原因。有必要对我国《国家赔偿法》加以修改和完善。

2005年11月24日,最高人民法院院长肖扬向第四次全国高级人民法院赔偿委员会主任会议暨全国法院国家赔偿审判工作先进集体和先进个人表彰大会发来贺信，对十年来人民法院国家赔偿审判工作取得的成绩给予了充分肯定，同时对从事这项工作的法官寄予殷切的希望。最高人民法院副院长奚晓明在会议讲话中指出：要坚持“公正司法，一心为民”指导方针，积极开展国家赔偿审判工作，为构建社会主义和谐社会作出贡献。

2006年8月22日，最高人民法院副院长奚晓明参加大庆召开的修改《国家赔偿法》研讨会会议，并在讲话中强调：人民法院作为贯彻实施《国家赔偿法》的主要部门之一，要抓住这次法律修改的契机，通过这部法律及相关制度的修改和完善，解决人民法院在国家赔偿审判工作中遇到的实际问题和困难，更好地依法保障公民、法人和其他组织的合法权益，促进国家机关依法行使职权，履行宪法和法律赋予我们的职责。

2010年11月25日，最高人民法院院长王胜俊对全国法院国家赔偿工作会议作出重要批示，指出：国家赔偿工作是人民法院审判执行工作的重要组成部分，对于落实《宪法》规定，尊重和保障人权，推动依法治国、建设社会主义法治国家，都具有十分重要的意义。十五年来，全国法院认真贯彻执行《国家赔偿法》，切实维护人民权益，取得显著成绩，应予充分肯定。各级人民法院要更加重视国家赔偿工作，认真贯彻实施修改后的《国家赔偿法》，坚持实事求是，依法纠错，及时、全面、有力地保护赔偿请求人的合法权益。要更加严格地执行《国家赔偿法》，准确把握国家赔偿工作的新要求，依法审查相关职务行为的合法性，限时作出赔偿决定，自觉接受各方面监督。要更加主动地履行作为赔偿义务机关的责任，依法纠正自身出现的错案，切实履行赔偿义务，认真落实预防错案的各项措施，不断提升司法公信力。要更加积极地加强自身建设，健全国家赔偿工作机构，充实人员力量，创新工作机制，提高工作水平，更好地发挥国家赔偿工作维护人民权益、促进国家机关依法行使职权的重要作用，为深入推进三项重点工作、促进经济社会又好又快发展做出新的更大的贡献。最高人民法院常务副院长沈德咏在讲话中强调：要站在全局的高度，充分认识做好国家赔偿工作的重要意义。做好国家赔偿工作，是落实《宪法》规定、尊重和保障人权的必然要求，是深入推进三项重点工作的必然要求，是积极回应群众关切的必然要求，是提升司法公信力的必然要求。做好国家赔偿工作，有利于更好地尊重和保障人权、维护人民群众的合法权益,有利于更好地维护社会稳定和谐,有利于推进依法治国、建设社会主义法治国家,对于保护公民、法人和其他组织的合法权益、预防和减少社会管理风险以及加强对权力的监督制约,都具有重要意义。要秉持"防为上,救次之,戒为下"的司法理念,狠抓案件质量,切实提高司法水平,加大依法追偿和追责力度,确保公正廉洁执法,促进国家赔偿工作健康发展。最高人民法院副院长江必新作了主题报告,报告指出,十五年来,国家赔偿法官队伍从无到有,不断壮大,国家赔偿工作的规范化建设也已初具规模,最高人民法院先后出台了近百件司法解释和个案批复答复意见,各级人民法院不断总结经验,规范办案程序,建立了赔偿委员会工作规则、赔偿案件立案标准、赔偿案件审理程序等一系列工作规范和工作机制,陆续制定了听证程序、绩效考评、错案追究等制度规范,有力地保护了赔偿请求人的合法权益。同时,各级人民法院注重能动司法,加强沟通协调,竭力寻求各方的理解、支持与配合,国家赔偿工作的司法环境日益改善。全国人大常委会《关于修改〈中华人民共和国国家赔偿法〉的决定》即将于12月1日起施行,对人民法院国家赔偿工作提出了更高要求,全国各级人民法院要全面贯彻执行修改后的《国家赔偿法》,在以下几个方面狠下工夫:一要全面把握《国家赔偿法》修改的重大意义和精神实质,找准国家赔偿工作"为大局服务、为人民司法"的结合点和着力点;二要健全机构、配强审判力量,要根据修改决定中有关赔偿委员会设置的新规定,尽快对赔偿委员会进行实体化改组;三要全力保障人民群众合法权益,把尊重和保障人权、确保赔偿请求权依法得到实现放到重要位置;四要积极研究新情况、应对新问题,注意总结审判实践经验,加强调查研究,收集典型案例,认真研究解决方案;五要谋求国家赔偿社会效果最大化,发挥国家主动救济民权、实现当事人赔偿请求权的积极作用,真正实现案结事了。

2012年4月20日,最高人民法院副院长贺荣在部分高级法院赔偿办(委)主任座谈会上强调,做好国家赔偿工作,要把握社会主义法律体系形成的历史机遇,推动国家赔偿审判工作制度化、机制化;要回应维护稳定大局与人民群众的新期待、新要求,深入开展《国家赔偿法修正案》实施中新情况、新问题调研;要积极主动参与社会管理创新工作,努力提升人民法院国家赔偿审判工作的法律效果与社会影响;要高度重视加强审判管理与源头治理，认真部署开展全国法院国家赔偿案件评查工作。

2012 年 10 月 18 日，最高人民法院常务副院长、中国审判理论研究会会长沈德咏向中国审判理论研究会国家赔偿理论专业委员会成立大会暨“完善刑事赔偿制度”主题论坛发来贺信，指出：中国审判理论研究会国家赔偿理论专业委员会的成立，必将为进一步推动国家赔偿工作的科学发展提供有力的智力支持。沈德咏要求，中国审判理论研究会国家赔偿理论专业委员会要更加注重马克思主义中国化最新理论的指导作用，始终高举中国特色社会主义伟大旗帜，坚持社会主义法治理念，确保国家赔偿审判理论研究的正确政治方向；更加注重坚持尊重和保障人权的核心理念，围绕国家赔偿工作长远发展的重大问题，构建科学完备的国家赔偿审判理论体系；更加注重研究《国家赔偿法》修改实施后的新情况、新问题，积极回应人民群众的关切与期待，努力提高执法办案的质效水平；更加注重研究国家赔偿制度机制方面的问题，不断提升国家赔偿工作制度化、规范化、科学化的程度；更加注重结合世情、国情、社情和民情，处理好传承与借鉴的关系，把握好国家赔偿工作的一般规律和特殊要求；更加注重以理论研究带动司法能力建设，培养造就一支高素质的国家赔偿工作队伍；更加注重加快理论研究向实践成果的转化，以创新的理论作为国家赔偿工作的助推器。最高人民法院副院长、中国审判理论研究会副会长江必新在会议讲话中指出：中国审判理论研究会国家赔偿理论专业委员会的成立，是我国国家赔偿理论研究的重要里程碑。为庆祝国家赔偿理论专业委员会成立召开的本届论坛，也是国家赔偿法学理论与实务界的交流盛会。江必新强调，加强国家赔偿理论研究，是兑现宪法保障人权承诺的必然要求，是适应国家赔偿工作形势发展的迫切需要，是准确把握国家赔偿司法规律的有效途径。要着力打造国家赔偿理论研究的坚实平台，建立健全内部治理机制，积极探索研究交流机制，努力构建科研激励和保障机制，科学谋划科研成果转化机制。要立足实践，把握重点，攻克难点，及时推动国家赔偿理论研究成果的有效转化。

2013 年 10 月 31 日，最高人民法院院长周强对全国法院国家赔偿工作座谈会暨中国审判理论研究会国家赔偿理论专业委员会第二届年会作出重要批示，指出：国家赔偿工作是人民法院审判执行工作的重要组成部分。抓好这项工作,事关落实《宪法》尊重和保障人权的基本原则,事关督促国家机关依法行使职权,事关坚守公平正义的司法底线,事关维护人民法院的司法公信力,对人民法院在法治中国建设中发挥职能作用,具有重要而又特殊的意义。近年来,全国法院国家赔偿审判队伍围绕大局,恪职尽责,创新有为,各项工作取得长足进步,作出了重要贡献。各级人民法院要以党的十八大精神和习近平总书记关于法治建设的重要论述为指导,紧紧围绕"努力让人民群众在每一个司法案件中都感受到公平正义"的目标,牢牢把握"司法为民、公正司法"主线,更加重视和全面加强国家赔偿工作;要坚持法治思维与法治方式,及时受理人民群众的赔偿请求;要依法公正审理国家赔偿案件,加强赔偿决定执行力度,确保受害人依法获得赔偿;要充分发挥国家赔偿工作职能,建立健全各项制度机制,积极应对引导涉赔舆情;要进一步加强机构队伍建设,进一步充实审判力量,加强国家赔偿审判实务与理论研究,大力提高国家赔偿工作正规化、规范化和专业化的水平,使国家赔偿工作成为人民法院推进公正司法、保障人权、匡扶正义的重要途径,为全面落实依法治国基本方略,推进平安中国、法治中国建设,作出新的更大的贡献。最高人民法院副院长、中国审判理论研究会副会长江必新在讲话中强调:各级法院要认真学习、深刻领会周强院长的殷切希望和重要指示,抓好贯彻落实,以实际行动不断开创国家赔偿工作新局面;要紧扣法治中国和平安中国建设的时代主题,准确把握新时期国家赔偿工作的指导思想和任务要求;要坚持司法为民和公正司法的工作主线,不断提升国家赔偿工作的法治含量和公正品质;要聚焦司法实践和理论前沿的重大问题,不断加强国家赔偿审判理论研究和成果转化。

2014年9月4日,最高人民法院副院长陶凯元在全国法院国家赔偿工作座谈会的讲话中指出,充分发挥国家赔偿法治功能,是人民法院在新形势下贯彻落实党的十八大、十八届三中全会精神,回应人民群众关切和期待,参与法治中国建设,推进国家治理体系与治理能力现代化的必然选择。各级法院要紧紧围绕"让人民群众在每一个司法案件中都感受到公平正义"的目标,坚持法治思维和法治方式,推动国家赔偿工作的科学发展,为促进依法治国维护社会公平正义作出新贡献。各级法院必须加强"六化"建设:一是坚持法治思维,推动国家赔偿工作理念科学化;二是实行多措并举,推动国家赔偿案件处理规范化；三是完善机制建设，推动国家赔偿工作制度化；四是提升司法能力，推动国家赔偿队伍专业化；五是深化司法公开，推动国家赔偿工作运行透明化；六是加强治理创新，推动国家赔偿工作效果多元化。

人民法院国家赔偿工作二十年总体回顾

人民法院国家赔偿工作,将损害赔偿救济权与对公权力运行的司法审查监督权有效结合,是以法治思维和法治方式处理"官"民矛盾、调和公权力与私权利冲突的法律手段,是评价法治国家建设水平和国家治理现代化程度的重要指标之一。充分发挥国家赔偿工作的职能作用,不仅能传递司法尊重保障人权的温度,更能加强依法监督公权的力度,促使国家工作人员养成依法行权、权责一致、违法必究的现代公权意识。可以说,国家赔偿工作与国家治理现代化的改革目标高度契合,是人民法院在平安中国、法治中国建设中发挥作用的重要手段。

《国家赔偿法》颁布实施二十年来,全国各级人民法院解放思想、开拓进取,认真贯彻实施《国家赔偿法》,依法保障人民群众申请和获得国家赔偿的权利。通过各级人民法院国家赔偿审判工作人员的不懈努力,我国建立和实施国家赔偿制度的政治意义、法治意义和社会进步意义日益显现;各级人民法院以"三个代表"、"科学发展观"、"习近平总书记系列重要讲话"等重要思想为指导,紧扣司法为民公正司法工作主线,依法保障国家赔偿请求人等弱势群体合法权益的职能作用得到有效发挥;国家赔偿工作促进依法执政、确保执政为民、实行违法必究、有损得赔的司法理念受到人民群众的广泛欢迎;国家赔偿所产生的消除官民矛盾、化解官民积怨、维护司法公信力、树立国家公信力的积极作用日益彰显。国家赔偿审判工作作为人民法院审判工作的重要组成部分,在国家的三大诉讼制度之外发挥了赔偿制度特有的、不可替代的重要作用,在落实宪法尊重和保障人权基本原则、推进国家治理体系和治理能力现代化、督促国家机关依法行使职权、坚守公平正义司法底线、维护司法公信力等方面发挥了重要的职能作用,各项工作取得长足进步。

一、人民法院国家赔偿工作回顾

（一）依法公正、高效审理国家赔偿案件，积极发挥人权司法保障机制功能，切实保障公民、法人和其他组织的合法权益

从1995年1月到2014年11月，全国法院共受理国家赔偿案件134049件，审结124574件，结案率92.93%。其中：受理一审行政赔偿案件94577件，审结86222件，决定赔偿9761件；受理刑事赔偿和非刑事司法赔偿案件39472件，审结38352件，决定赔偿9639件。2013年与1995年相比，国家赔偿案件的受理数量增长了4.78倍。除了依法判决赔偿，使老百姓的合法权益得到救济外，各级人民法院还通过行政协调、善后救济、司法援助等救助措施，使因公权力行使而受到损害的利益及时、充分地得到了救济。浙江“张氏叔侄”、河南“赵作海”等一批蒙受冤屈或受到损害的人依法获得了赔偿，社会公平正义得到恢复，人民群众的法治信心得到增强，国家赔偿工作成为推动司法为民公正司法，维护司法公信力，加强人权司法保障的正能量。

（二）在人民法院系统形成了一支国家赔偿审判专业队伍

为了保证《国家赔偿法》的正确实施和国家赔偿审判工作的健康发展，全国各级人民法院除了按照《行政诉讼法》的规定成立行政审判庭审理行政赔偿案件外，各中级以上人民法院均按照《国家赔偿法》的规定成立了赔偿委员会，负责审理由人民法院赔偿委员会依法受理的国家赔偿案件，基层人民法院普遍设立了理赔小组负责办理以本院为赔偿义务机关的赔偿案件。此外，19个省、自治区、直辖市的高级人民法院实现了赔偿办机构编制独立或办公独立，18个省、自治区的全部或部分中级人民法院赔偿办业务独立，一些还取得了独立编制。从全国范围看，一支政治坚定、熟悉业务、公正廉洁、纪律严明、热爱国家赔偿事业的专门独立的国家赔偿审判队伍已见雏形。

（三）基本形成了《国家赔偿法》及其配套适用规范体系

《国家赔偿法》实施二十年来，最高人民法院高度重视国家赔偿司法规范体系的建设。截至目前，最高人民法院陆续制定、发布和实施了《关于审理行政赔偿案件若干问题的规定》、《关于人民法院赔偿委员会审理国家赔

偿案件程序的规定》、《关于适用〈中华人民共和国国家赔偿法〉若干问题的解释(一)》、《关于国家赔偿案件立案工作的规定》、《关于国家赔偿案件案由的规定》、《关于人民法院办理自赔案件程序的规定》、《关于人民法院赔偿委员会适用质证程序审理国家赔偿案件的规定》等十余部司法解释,总体上完成对国家赔偿法律适用规则体系核心架构的搭建,大幅提升了国家赔偿程序的公开性和正当性;先后发布了《人民法院赔偿委员会审理国家赔偿案件适用精神损害赔偿若干问题的意见》、《最高人民法院关于加强刑事冤错案件国家赔偿工作的意见》、《关于国家赔偿法实施中若干问题的座谈会纪要(一)》、《人民法院国家赔偿文书样式》、《关于在文书中如何引用国家赔偿法名称的通知》等一批司法政策和规范性文件。最高人民法院赔偿办还就各高级人民法院请示的具体法律适用问题作出批复、答复167件。此外,重庆、湖南、四川、黑龙江、山东等省、直辖市结合本地区实际情况,有针对性地出台地方性法规、地方政府规章,对国家赔偿程序、追偿与监督及国家赔偿金支付等方面作出进一步规定。这些司法解释、地方性法规、规范性文件和批复、答复为国家赔偿案件具体适用法律提供了必要的规范,增强了《国家赔偿法》的精细化和可操作性,统一、规范了全国法院适用《国家赔偿法》的尺度。

(四)逐步建立起一整套国家赔偿审判工作机制

最高人民法院、各高级人民法院高度重视国家赔偿工作的科学化和规范化,通过审判实践及时总结经验,逐步建立起一整套工作机制,包括:国家赔偿请求权保护机制,如权利告知、立案条件和法律风险提示机制;国家赔偿案件公正审理机制,如国家赔偿案件正当程序机制(听证、质证);国家赔偿协商调解与决定的衔接机制,以及重大案件指导协调机制;针对刑事冤错案件的特点,建立刑事审判与国家赔偿“纠错、赔偿、补偿救助”衔接机制。加强内部管理,建立完善了国家赔偿审判流程管理机制、国家赔偿案件质量评查工作机制、国家赔偿工作绩效评估机制等。不断加强、扩大人民法院国家赔偿工作的影响力,建立健全与立法机关、检察机关、公安机关、安全机关、监狱管理机关以及民政、财政等部门的国家赔偿联动工作机制,拓展工作空间,形成处理国家赔偿问题合力;发布人民法院国家赔偿司法审查白皮书、提出司法建议,发挥国家赔偿信息反馈和责任倒逼功能,推动执法办案源头治理;推动建立中国审判理论委员会国家赔偿专业委员会,形成国家赔偿理论研究交流的工作机制等。这些工作机制的建立保证了国家赔偿审判工作有章可循,使国家赔偿审判效果得到延伸。

(五)落实国家赔偿审判工作司法公开及司法便民、利民的制度和措施

各级人民法院始终将党的群众路线贯穿国家赔偿审判各个环节中,不断建立和完善司法公开及司法便民、利民的制度和措施。最高人民法院先后出台了《关于进一步加强国家赔偿司法公开工作的若干意见》及《关于进一步加强国家赔偿司法便民工作的若干意见》。在司法公开方面,就公开国家赔偿案件的审判流程及相关人员的信息、质证过程公开及全程录音录像、发布国家赔偿典型案例、生效赔偿决定执行信息公开等方面作了具体明确的规定;在司法便民方面,就信访接待、疑问解答及引导,邀请人大代表、政协委员、基层组织参加国家赔偿案件的协调工作,依申请调取证据义务,国家赔偿裁判文书的撰写及判后答疑工作,协调政府有关部门做好生活确有困难者的善后安抚救助工作等方面作出了规定。此外,最高人民法院还与司法部联合下发了《关于加强国家赔偿法律援助工作的意见》,扩大了国家赔偿法律援助的范围,提升了法律援助的质量,维护社会弱势群体的利益,受到广泛好评。

二、最高人民法院国家赔偿工作回顾

1995 年 1 月,最高人民法院按照《国家赔偿法》的规定,成立了赔偿委员会并设立了赔偿委员会办公室。第一届主任委员由副院长祝铭山兼任,副主任委员由副院长王景荣兼任,其他委员由宋鑫春、梁书文、孙泊生、张军、汤鸿沛等本院有关审判部门主要负责人兼任。最高人民法院赔偿委员会迄今已更换八届,祝铭山、唐德华、李国光、江必新、奚晓明副院长分别兼任过赔偿委员会主任委员,王景荣、李国光、沈德咏副院长分别兼任过副主任委员。2014 年 4 月,最高人民法院作出法〔2014〕85 号《最高人民法院关于调整最高人民法院赔偿委员会组成人员的通知》,新一届的赔偿委员会由陶凯元副院长兼任主任委员。

1995 年 1 月,最高人民法院院党组决定设立赔偿委员会办公室,为局级临时机构,先后挂靠在告诉申诉庭、行政庭。2012 年 6 月 26 日,最高人民法院赔偿办被中央编办批准正式单设,成为最高人民法院独立内设审判机构。

目前赔偿办共有在编人员21人,审判人员15人,法官助理2人,书记员4人,拥有硕士以上学历学位的人员占大多数,博士研究生(含在读)8人,全国审判业务专家1人,专业构成涵盖刑法、民法、行政法和诉讼法等法学部门,人员整体素质较高。最高人民法院赔偿办的主要职能是:(1)办理最高人民法院作为赔偿义务机关的国家赔偿案件(自赔案件);(2)审理应由本院赔偿委员会决定的国家赔偿案件(二赔案件、相当于二审,高级法院或与其同级的、上一级的司法机关作为赔偿义务机关的);(3)审理不服高级人民法院赔偿委员会决定的国家赔偿申诉案件;(4)草拟司法解释草案,负责指导全国法院国家赔偿案件的审判工作;(5)负责院赔偿委员会会务及赔偿委员会交办的其他工作;(6)办理院领导交办的其他案件和工作。

党全面深化改革的战略部署和习近平总书记的重要论述,为国家赔偿工作打开了新的历史机遇。近年来,最高人民法院赔偿委员会及赔偿办以党的十八大和十八届三中、四中全会以及中央政法工作会议精神为指导,贯彻落实中央关于全面深化改革的重大部署,紧紧围绕"努力让人民群众在每一个司法案件中都感受到公平正义"这个目标,牢牢坚持"司法为民、公正司法"这条主线,坚持法治思维和运用法治方式,加强国家赔偿工作领域改革创新,完善国家赔偿工作体制机制,充分发挥国家赔偿工作的职能作用,推动国家赔偿工作科学发展。

(一)依法公正高效审理了一批新类型国家赔偿案件

近年来,最高人民法院赔偿办精心审理了一批重大、疑难、复杂、新型国家赔偿案件,包括由公安部、最高人民检察院作为赔偿复议机关的案件,首例决定由赔偿义务机关支付精神损害抚慰金的案件,首例适用"确赔合一"程序审理的刑事赔偿案件,首例将赔偿义务机关向赔偿请求人"消除影响、恢复名誉、赔礼道歉"写入决定主文的案件等。妥善协调处理了一批矛盾尖锐的国家赔偿案件,指导山东高院协调成功的香港河北骄傲船务有限公司申请国家赔偿确认案,入选2012年全国法院十大优秀调解案例。此外,在全国各地出现了一批刑事冤错案件后,最高人民法院赔偿办迅速反应,主动梳理全国具有重大影响的刑事冤错案件以及涉及精神损害赔偿的案件,及时下发《最高人民法院关于加强刑事冤错案件国家赔偿工作的通知》、《关于人民法院赔偿委员会审理国家赔偿案件适用精神损害赔偿若干问题的意见》,

指导地方人民法院正确适用法律，依法赔偿、妥善处理了包括呼格吉勒图、徐辉等在全国范围内有重大影响的30余起刑事冤错国家赔偿案件，有效回应了社会关切。

（二）完善国家赔偿司法解释体系，推动制度建设创新

2010年修订后的《国家赔偿法》实施以来，最高人民法院高度重视审判实践中出现的新情况、新问题，在充分总结各地法院经验的基础上，经征求意见、反复论证，先后制定了《关于适用〈中华人民共和国国家赔偿法〉若干问题的解释（一）》、《关于人民法院赔偿委员会适用质证程序审理国家赔偿案件的规定》等6部司法解释，出台了《关于国家赔偿法实施中若干问题的座谈会纪要（一）》、《人民法院国家赔偿文书样式》等6项司法政策，明确了若干法律问题的裁判标准，规范了国家赔偿司法裁量权，在案件受理、司法便民、文书公开等方面取得了良好效果。

（三）创新国家赔偿工作机制，延伸工作职能

近年来，最高人民法院赔偿办与全国人大常委会法工委国家法室、最高人民检察院刑事申诉检察厅、公安部法制局、司法部法制司等七个部门建立起国家赔偿联动工作机制，牵头制定了《国家赔偿联动机制工作规则》，提升了中央机关国家赔偿工作的协同性；连续发布国家赔偿司法审查白皮书，为规范职权行为、预防错案、加强源头治理提供了重要参照；健全国家赔偿案例指导体系，以国家赔偿案件质量检查和裁判文书评比为抓手，连续三年评选、发布国家赔偿典型案例和优秀裁判文书，发挥其示范作用，为各级人民法院审理案件提供审判规则指引和裁判文本参考，推动了各级人民法院国家赔偿工作质量的提高。此外，最高人民法院赔偿办组织成立了中国审判理论研究会国家赔偿专业委员会，连续两年开展主题论坛活动，实现了两岸三地间高等院校、科研机构、立法机关、司法机关和行政机关就国家赔偿理论与实践问题的交流与合作。

（四）充分发挥调研指导职能，统一执法尺度

赔偿办高度重视对全国法院国家赔偿工作的监督指导，2010年修订后的《国家赔偿法》实施以来，两次召开全国法院国家赔偿工作会议，数次召开高级人民法院国家赔偿审判工作座谈会；开展国家赔偿违法确认、刑事赔偿疑难问题、国家赔偿中精神损害赔偿问题和非刑事司法赔偿等重点调研活

动,形成一批重大调研成果,受到周强院长的批示表扬;举办了若干期国家赔偿法理论与实务培训班,轮训全国法院国家赔偿审判队伍2000余人次,派员赴美、英、法等国考察外国国家赔偿制度等。

党的十八大以来,党和国家更加强调法治作为治国理政的基本方式,把司法公信力不断提高、人权得到切实尊重和保障列入全面建成小康社会的宏伟目标,明确要求完善人权司法保障制度,这对国家赔偿工作提出了更加艰巨的任务,也大大强化了国家赔偿工作的地位和作用。全国各级人民法院将继续开拓进取,以求真务实、改革奋进的精神状态,充分发挥国家赔偿工作为民请命、平冤理直、纠错正偏、积功累德的正能力,为全面推进依法治国、实现中华民族伟大复兴的中国梦作出新的更大的贡献。

全国法院国家赔偿工作近十年掠影

《国家赔偿法》走过的二十年，是各级人民法院国家赔偿工作共同成长、共同进步的二十年，是国家赔偿审判一线法官努力奋斗、携手共进的二十年。事业从无到有，从小到大，各省、自治区、直辖市人民法院都在国家赔偿的历史画卷上写下过浓墨重彩的一笔笔成绩。回首二十年，全国法院在总结审判规律、完善规则标准，自觉建立各项审判工作机制、主动接受公众监督、及时调处化解矛盾，以及司法公开、阳光司法方面取得了丰硕的成果。

国家赔偿审判事业的二十年，是伴随社会主义法律制度建立完善的二十年，是法治中国建设不断进步的二十年，这份成绩单，值得每一个国家赔偿审判事业的成员骄傲。我们收集整理了近十年来全国各级人民法院国家赔偿审判事业的工作亮点，以感谢二十年来，全国各级人民法院领导、全体国家赔偿一线法官，对国家赔偿审判事业的忠诚和坚守，感谢他们为此付出的心血和汗水，记录他们留下的功绩及荣誉。

【2004 年】

庆祝《国家赔偿法》颁布十周年，河北省地方主要媒体分别采用多版面对国家赔偿进行宣传报道，发表省高院领导的数篇十周年纪念文章。省高院赔偿办同志作为嘉宾在河北人民广播电台热播时段作了 40 分钟的专题直播节目。

为庆祝《国家赔偿法》颁布十周年，山西高院召开《国家赔偿法》颁布十周年座谈会，邀请山西省人大副主任张铭、山西省政协副主席周然以及省委政法委、省委宣传部、省人大法工委、省政协社会法制委、省政府法制办、省检察院、省公安厅、省安全厅、省司法厅、省财政厅等部门的相关负责人出席会议。

辽宁高院召开《国家赔偿法》颁布十周年新闻发布会。新华社辽宁分社、《法制日报》辽宁分社、《辽宁法制报》、《辽宁日报》、辽宁电视台、辽宁电台、《沈阳日报》、《辽沈晚报》等十三家新闻单位的记者参加了新闻发布会。

为纪念《国家赔偿法》颁布十周年,根据江苏高院的统一部署,由中级法院组织所属市县法院集中在各市中心进行《国家赔偿法》义务咨询活动。南京、南通、连云港、苏州、淮安、泰州、宿迁、盐城、常州、镇江等地纷纷开展形式多样的宣传和咨询活动。

江西高院、南昌中院及南昌市部分区法院联合在南昌八一广场举行纪念《国家赔偿法》颁布十周年大型法律咨询活动。江西高院召开纪念《国家赔偿法》颁布十周年座谈会,就全省国家赔偿工作进行了全面回顾和总结。

山东高院在《国家赔偿法》颁布十周年之际,联合省人大、省检察院、省公安厅等各有关部门举办《国家赔偿法》颁布十周年座谈会。济南、青岛、烟台、东营等中院也举办了形式多样的纪念活动。

湖北高院组织召开纪念《国家赔偿法》颁布十周年座谈会,邀请省政法委、省人大内司委、省政府法制办省财政厅以及省公、检、司、安、监狱管理等机关负责同志参加。湖北电视台、湖北人民广播电台、《湖北日报》、《楚天都市报》等多家新闻媒体对此次座谈会及时进行了报道。

广西高院、柳州、北海、梧州、桂林、防城港、南宁等市中院分别举办纪念《国家赔偿法》颁布十周年大型宣传咨询活动。宣传咨询活动共散发《国家赔偿法》知识宣传材料5750份,共接待咨询群众5000余人,还利用报纸、杂志、广播、电视等媒体举办讲座、发表文章、登载赔偿案例,进行广泛宣传,取得良好的社会效果。

四川省内江、阿坝、资阳、德阳、巴中等中级法院以召开座谈会的形式,隆重纪念《国家赔偿法》颁布十周年。

新疆高院召开纪念《国家赔偿法》颁布十周年座谈会,邀请自治区党委、政府、人大、检察、公安、安全、司法、监狱管理、财政等单位的代表出席。与会代表一致认为,在办理国家赔偿案件中要坚持"以人为本、司法为民"的司法理念,并决定今后每半年召开一次公、检、法各机关国家赔偿联席会议,并将此确定为一项固定的制度。

湖北高院于2004年10月31日在荆州召开了全省法院国家赔偿审判工

作经验交流会，根据最高法院国家赔偿案件质量评查组对该省国家赔偿案件的质量评查情况，表彰了武汉中院、黄石中院、襄樊中院、荆州中院、宜昌中院和恩施中院为湖北省法院系统国家赔偿审判工作先进集体。

江苏高院与江苏省委政法委员会联合主办江苏省政法系统"法之衡杯"《国家赔偿法》电视知识竞赛，广泛宣传《国家赔偿法》和国家赔偿审判工作，促进了政法机关的广大干警依法行使职权，增进了法院、检察、公安和监狱管理机关对赔偿工作的理解，为建立赔偿工作沟通、协商机制创造了条件。

河南高院出台《关于告知请求国家赔偿权利的规定》，对河南省法院系统在审理案件过程中向合法权益受到侵害的当事人告知请求国家赔偿权利作出相关规定。

【2005 年】

山东高院积极寻求地方人大、政府的支持，落实国家赔偿费用财政预算，多次向省人大汇报国家赔偿工作，反映国家赔偿工作存在的突出问题。省人大常委会以鲁人办发〔2004〕48 号文向省政府办公厅发出《关于各级人民政府应当将国家赔偿费用列入财政预算的意见和建议》，在预算中安排相应经费，确保国家赔偿费用的支出。

2005 年 2 月 28 日，重庆市召开全市法院国家赔偿工作会议，总结近年来国家赔偿工作，表彰国家赔偿工作的先进集体、先进个人，强调在国家赔偿审判工作上增强司法能力、维护司法公正。

江苏高院创新工作思路，利用网络资源优势，通过局域网系统进行对下业务指导，在江苏法院局域网内开辟"行政法苑—国家赔偿"讨论版，为全省国家赔偿审判工作人员提供学习、交流和研讨的平台。讨论版由高院赔偿办负责人担任版主，对论坛进行管理，高院赔偿办全体人员在论坛注册，参与、引导讨论，得到了院领导及各级法院审判一线人员的充分肯定和广泛好评。

黑龙江高院日前对该省法院 2002 ~ 2004 年国家赔偿案件进行统计并分析案件成因。国家赔偿工作逐步规范，步入正轨。

湖北高院赔偿办正、副主任分别带领的 2 个评查小组于 5 月 15 日至 30 日分 2 批对该省高院及 14 个中级法院、武汉海事法院办理的国家赔偿案件进行了评查。

【2006年】

2006年3月,江苏高院通过该院新建成的图像控制中心和视频会议系统成功调处了一起国家赔偿案件,这是该省法院系统首次利用网络视频技术处理案件。在本次网上协调处理案件活动中,主持调解的法官在南京、当事人在徐州接受调解,通过省法院图像控制中心实现了案件调解过程可视、互动,经过调解达成的协议通过网络传输,当事人现场签字确认,案件当场审结。本次网上调解工作从组织调解到达成协议只用了一个半小时,方便了当事人参与诉讼,减少了当事人的讼累,极大地提高了办案效率,当事人对案件的调解结果满意,对新技术的使用表示欢迎。

辽宁高院召开由各中级法院赔偿办主任及获奖论文作者参加的全省法院司法赔偿理论与疑难案件研讨会。介绍大连、抚顺、辽阳中院赔偿审判工作经验,以提高国家赔偿案件的审判质量。

【2007年】

山东高院2002年作出《关于告知国家赔偿请求权的规定》,明确要求"在送达判决书的同时,书面告知受害人有依法请求国家赔偿的权利"。2006年,山东高院赔偿办对2005年全省宣告无罪的刑事案件被告人申请国家赔偿情况进行了核查,并要求该省法院国家赔偿审判工作人员从保障人权、司法为民、建设和谐社会的高度,提高对国家赔偿请求权告知制度重要性的认识,从主观上克服消极思想,不等不靠,积极发挥宣传、协调、配合促进作用,把这项制度贯彻落实好。

近日,河北高院在辖区内全面开展了针对国家赔偿案件执行情况的调研活动,对该省国家赔偿案件执行情况进行了深入详尽的摸底,并对赔偿案件执行难问题的成因进行了详细的分析,提出了一些有价值的建议。

山东高院经审判委员会讨论通过,发布了《关于人民法院作为赔偿义务机关办理国家赔偿案件程序的暂行规定》、《国家赔偿案件卷宗规范意见》、《法院国家赔偿案件文书样式》三个规范性文件,对全省人民法院自赔案件的办理程序、国家赔偿案件卷宗形成和归档、法律文书格式进行规范。

【2008年】

吉林高院为规范辖区内法院支付赔偿金的有关问题,印发了《关于全省各级人民法院依据生效决定书支付赔偿金的通知》,该《通知》就人民法院决定书和人民法院赔偿委员会决定书的生效问题作出了具体界定，具有借鉴意义。

辽宁高院为指导和规范辖区内法院审理确认案件和国家赔偿案件，于今年6月出台了《国家赔偿案件质量标准（试行）》、《赔偿确认案件流程管理细则（试行）》、《国家赔偿案件流程管理细则（试行）》。

【2009年】

2009年6月16日至17日，湖北高院在湖北恩施土家族苗族自治州召开了湖北省法院审理国家赔偿确认案件办案程序研讨会。湖北高院赔偿办全体审判人员和各中级法院赔偿办主任参加了会议，最高人民法院赔偿办副主任胡仕浩等应邀出席。

西藏高院2009年上半年国赔工作措施有力，成效明显。该院下发了《西藏自治区高级人民法院赔偿委员会关于认真贯彻执行藏高法〔2009〕11号文件的通知》，要求辖区内各中院一把手亲自抓，迅速落实《最高人民法院关于赔偿委员会办公室负责审理国家赔偿确认案件的通知》的要求。目前，西藏自治区各中院已基本完成赔偿办设置，并已抽调业务骨干充实赔偿审判队伍。

日前，一宗申请执行和申请确认当事人长期上访，被列为全国人大常委会办公厅信访局、国家信访局和最高法院督办的执行确认案件，经过广东省汕头市潮南区法院不懈努力，以和解方式执结，在河南省漯河市中级法院的协助下，当事人在本地就拿到了执行款，一件多名全国人大代表关注的涉诉信访老大难案件圆满办结，赢得了当事人的好评，受到了最高法院领导的高度肯定。7月18日，《人民法院报》在头版刊登了《四级三地法官力解14年陈案》的消息。

胡保献与陈少文货款纠纷案，因诉讼、执行不顺，债务人下落不明，胡保献反复申诉、上访。案经最高法院赔偿办督办，广东省汕头市潮南区法院领导亲赴被执行人所在地，反复做工作，被执行人亲属同意支付执行款。考虑到胡保献身体原因，最高法院协调漯河中院，将执行款送到胡保献手中，胡保献感激万分，分别给最高人民法院赔偿办和潮南区法院寄去了感谢信和一面绣有“法律的卫士　人民的公仆”的锦旗。

【2010年】

辽宁高院赔偿办根据国家赔偿审判工作的自身特点及当事人的具体情

况，实行了巡回审判、公开听证、全方位调解、法律释明、判后答疑、协调救助弱势群体等八项司法便民措施，成效显著。

最高人民法院发出法发〔2010〕13号通知，要求全国各级人民法院迅速组织学习《全国人民代表大会常务委员会关于修改〈中华人民共和国国家赔偿法〉的决定》，积极开展宣传活动，抓好《国家赔偿法》修改决定的贯彻落实工作，切实提高公正司法的水平。

2010年5月、6月，各级人民法院法院在接到《通知》后，迅速组织全体干警认真学习全国人大常委会的修改《决定》，准确掌握并深刻领会修改内容，提高认识，统一思想，并结合实际积极开展《国家赔偿法》的宣传工作，突出宣传《国家赔偿法》在加强人权保护、救济弱者利益和促进国家机关依法行使职权等方面的积极意义和典型案例，展示人民法院司法为民的良好形象。现将部分宣传情况汇总如下：

上海高院党组理论中心组暨审判委员会召开学习(扩大)会，学习修改后的《国家赔偿法》。高院党组成员、审判委员会委员、局级干部、各部门主要负责人，刑事、行政、审监庭等审判长以上法官及一、二中审判委员会委员等参加该专题学习会。

河南法院近期以《国家赔偿法》修订为契机，开展了一系列《国家赔偿法》宣传活动，活动内容丰富、形式多样、效果明显：召开全省法院学习贯彻《国家赔偿法》座谈会；走上街头，开展《国家赔偿法》宣传咨询活动；召开新闻发布会，介绍《国家赔偿法》修订的重要内容，通报河南省国家赔偿审判工作情况；召开部分省直机关座谈会，交流国家赔偿工作情况，建立沟通协调机制等。

山东高院与省人大内司委、省检察院、省公安厅、省财政厅、省司法厅暨省监狱管理局等单位召开了第4次国家赔偿联席会议，交流了15年来的国家赔偿工作情况，就《国家赔偿法》修订进行了讨论，并制定了贯彻落实意见。七单位联合举行新闻发布会。新华社、《法制日报》、《人民法院报》、山东人民广播电台、山东电视台等20余家新闻媒体记者参加了新闻发布会。

湖南高院开展形式多样、内容丰富的国家赔偿宣传活动。活动期间，各级法院举办现场咨询活动150多场次，咨询人数达15600余人次；举办赔偿法知识讲座67场次；悬挂宣传横幅、宣传画、海报320幅；发放《中华人民共和国国家赔偿法(修正案)》的条文单行本、修改亮点、图片等宣传资料150000份,仅常德、益阳两级法院就印制了72000份;制作法律援助宣传展板200余块;电视报道21次;电台报道7次,新闻报刊和网络报道43期(次);网上咨询达2000人次。

福建高院召开学习贯彻《国家赔偿法》座谈会,介绍近年来福建省国家赔偿审判工作的主要情况,肯定了《国家赔偿法》实施16年来取得的成绩,福建省各级法院在党委的领导、人大的监督和政府的支持下,依法履行宪法和法律赋予的职责,积极贯彻执行《国家赔偿法》的规定,认真开展国家赔偿审判工作,建立了赔偿审判业务队伍,健全了国家赔偿工作规范,受理审结了一批国家赔偿案件,确保了赔偿请求人的合法权益。

江苏高院集中组织《国家赔偿法》宣传,充分借助广播电视、网络以及各种平面媒体,深入街道、村镇及社区,切实做到以人民群众听得懂的语言加以宣传。同时,深入开展国家赔偿审判新情况、新问题的调查研究,充分做好修正案实施后的各项准备工作

甘肃高院赔偿委员会副主任就《国家赔偿法》修改的重大意义接受了甘肃卫视的采访,并于当晚在甘肃卫视《甘肃新闻》栏目中播出。后甘肃卫视又在《法制视线》栏目录制了关于国家赔偿法修正案的电视专题片。甘肃法院网、甘肃平安网、《甘肃法制报》、《兰州晨报》、《西部商报》、甘肃卫视法制节目等多家媒体接到省法院赔偿办提供的材料后,深入报道了本次《国家赔偿法》的修改和甘肃省的宣传情况,网易、每日甘肃网、大众网、甘肃新闻网等也进行了转载。

重庆高院与辖区内各中级人民法院联合开国家赔偿宣传工作,深入镇政府、普通社区、商业区开展《国家赔偿法》法制宣传。

北京法院邀请全国人大法工委国家法室副主任武增同志围绕《国家赔偿法》的修订工作进行了专题授课。

陕西高院召开了由各中级法院赔偿办主任及部分中级法院主管副院长、省法院赔偿办全体同志参加的国家赔偿审判工作研讨会。

青海高院组织西宁地区三级法院认真学习修订后的《国家赔偿法》,并利用周末在繁华地段上街宣传《国家赔偿法》。宣传活动期间,共印制宣传资料2000余册、接待群众咨询100余人次。

广东高院通过多种媒介宣传《国家赔偿法》,以“网上访谈”和“网报互动”的方式做好《国家赔偿法》的宣传工作,邀请广东高院主管国家赔偿审判工作的刘恒军副院长做客南方网,与网友进行了一个小时的在线交流活动。

【2011 年】

辽宁高院对赔偿委员会进行实体化改造 2011 年 2 月 28 日辽宁省机构编制委员会作出辽编办发〔2011〕40 号《关于省法院赔偿委员会办公室更名的批复》,同意辽宁高院赔偿委员会办公室更名为赔偿委员会。

针对各中级法院均成立赔偿委员会的现实,辽宁高院赔偿委员会加强对下指导,提出各中级法院应当在现有赔偿委员会基础上,对其进行实体化改造,采取专职与兼职相结合,在条件成熟时,设置独立机构,同时要求各基层法院成立理赔小组。

2011 年 3 月 4 日黑龙江省编委正式批准了黑龙江高院增设赔偿委员会,为正处级机构,核定了领导职数,配齐配强了工作人员,赔偿委员会实体化改组工作基本完成,为国家赔偿工作的开展提供了可靠的组织机构保障。

为充分发挥国家赔偿审判在三项重点工作中的职能作用,北京高院赔偿办组织开展对采取司法拘留措施案件的检查工作,全面掌握和了解北京全市法院采取司法拘留措施的具体情况,并出台了《北京市高级人民法院关于适用司法拘留措施的若干规定》,规范司法拘留措施的运行机制,推进司法拘留措施的制度建设。

黑龙江高院制定了黑龙江省法院《国家赔偿审判工作精神抚慰金确定标准》、《国家赔偿案件追偿追责实施意见》、《赔偿委员会国家赔偿案件评查管理规则》、《全省中级法院赔偿委员会工作考评细则》、《关于国家赔偿案件释明工作的指导意见》、《赔偿委员会听证制度暂行规定》、《赔偿委员会案件讨论会议规则》等七项制度,促进国家赔偿审判工作科学发展。

广东高院赔偿办、广东省检察院告诉申诉处和广东省公安厅法制处在新法颁布实施后,抓紧就精神损害赔偿问题组织联合调研,通过近一年的反复协商论证,对相关问题达成共识,形成了《关于在国家赔偿工作中适用精神损害抚慰金若干问题的座谈会纪要》,并于 2011 年 9 月 5 日印发广东省司法机关参照执行。

辽宁高院经过广泛调研制定了《辽宁省国家赔偿精神损害抚慰金的裁

判标准(试行)》,统一国家赔偿精神损害抚慰金的裁判标准。

【2012 年】

甘肃法院认真协调化解赔偿矛盾,民勤“1·8”杀人大案无罪赔偿请求人赔偿矛盾得到调处化解。

辽宁高院赔偿委员会在全省建立国家赔偿案件“一案一报”制度,并组织专人进行逐案统计、逐案评查、逐案分析,对“一案一报”决定书中反映的突出问题进行研判,及时掌握辽宁省国家赔偿审判工作动态,同时加强对下级法院业务的指导与监督。自 2009 年起,每年对辽宁省法院审理的全部国家赔偿案件进行梳理和分析,发布《辽宁省国家赔偿案件司法审查报告》。

【2013 年】

浙江高院高度重视国家赔偿审判工作,对 2011 ~2012 年两年间全省国家赔偿案件,采取统计、阅卷和走访等形式,进行了深入广泛的调研,形成了《浙江法院国家赔偿司法审查报告(2011 年至 2012 年)》,认真总结国家赔偿审判经验,提出相关建议和对策,发送全省各级人民法院和省级相关部门后,反响良好。

湖南高院执行局、赔偿委员会对全省法院近两年来生效国家赔偿决定的履行情况作调查摸底,并出台指导意见,破解国家赔偿执行难题。

福建省高级人民法院、福建省人民检察院联合发文“建立国家赔偿工作沟通协调机制”,建立联席会议制度、联络员制度,建立国家赔偿监督、协调沟通机制,共同做好社会矛盾化解工作,联合开展调研和培训工作,在共同化解社会矛盾、促进司法公正等方面取得了一定成效。

山东高院积极研究国家赔偿理论,全面促进国家赔偿工作,不但在中国审判理论研究会国家赔偿理论专业委员会首届年会上 8 篇论文获奖,第二届年会又取得 3 篇一等奖、4 篇二等奖、8 篇三等奖、7 篇优秀奖的好成绩,同时把握法律的能力越来越强,赢得了越来越多的赔偿请求人信任和社会各界赞誉,树立了人民法院司法为民、秉公办案的良好形象。

天津高院针对基层人民法院自赔案件数量偏少且分布不均,逾期现象严重,息诉服判率低,发回、改判率高等现实问题,出台指导意见实行自赔案件集中管辖,旨在充分发挥国家赔偿工作依法保障人权与促进国家机关依法行使职权的职能作用。此项工作是天津市法院重要的司法改革项目之一,对天津市基层人民法院开展国家自赔案件办理工作起到了正面的推动作用。

浙江高院作出《关于依法及时保护国家赔偿请求人合法权益的通知》,对法院依法宣告无罪的案件,各基层法院理赔小组、中级法院的赔偿委员会应当加强与刑事审判庭、审判监督庭的工作沟通和衔接,书面告知国家赔偿请求权,依法保障当事人合法权益。

【2014年】

广西壮族自治区创建全区司法赔偿联动机制。广西政法委、高院、检察院、公安厅、司法厅、监狱管理局、财政厅、民政厅、人力资源和社会保障厅、监察厅、法制办公室经共同研究,决定建立全区司法赔偿联动机制,并制定了《广西壮族自治区司法赔偿联动机制工作规则》。

浙江高院先后依法纠正轰动全国的“叔侄强奸案”和“萧山五青年抢劫案”两起重大冤狱案件。如何依法开展国家赔偿工作,各方高度关注。在最高法院的指导和院党组的领导下,浙江依法及时赔偿,积极开展补偿工作,有效应对舆情,取得了良好社会效果。

湖南高院强化诉权保障,加强与立案部门合作,建立了立案介入机制,规范来信、来访工作,建立了合理引导机制;加大执行力度,加强与执行局的协商沟通,推行有力的执行措施,加强与行政部门密切配合,完善赔偿金支付机制,稳步推进国家赔偿审判工作向纵深发展。

重庆创新和完善赔偿工作长效机制:发布国家赔偿白皮书,召开国家赔偿论坛,建立司法统计、重大案件报告等制度,全面掌握辖区内法院国家赔偿工作动态,开创了国家赔偿工作新局面。

河北高院注重案件协调工作,通过取得赔偿义务机关的理解与征得当地党委、政府支持相结合;领导重视,亲自参与;对所有存在协调可能的案件,审判人员均到案发地进行协调;部门联动、上下级法院相互配合形成合力;充分利用信访工作程序和救助资金,推动协调资金的落实,提高协调效率等方式,争取国家赔偿纠纷审理的最佳效果。

辽宁高院以赔偿委员会实体化改造为契机,发挥国家赔偿损害赔偿救济和司法审查监督职能,提升队伍素质,提升案件质量,提升司法公信力,求真务实、开拓进取,努力把国家赔偿审判工作提高到新水平。

湖南高院强化诉权保障，加强与立案部门合作，建立了立案介入机制，规范来信、来访工作，建立了合理引导机制；加大执行力度，加强与执行局的协商沟通，推行有力的执行措施，加强与行政部门密切配合，完善赔偿金支付机制，稳步推进国家赔偿审判工作向纵深发展。

陕西高院立足人民群众对司法日益强烈的新期待、新需求，及时调整思路，勇于尝试，积极探索，建立和完善国家赔偿审判诉权保护、审判公开、纠纷实质化解、职能延伸和联席会议等工作新机制，不断提升国家赔偿审判工作水平。

完善国家追偿制度
推进国家治理现代化

北京大学教授 姜明安

国家追偿制度是指国家因国家机关及其工作人员行使职权侵犯公民、法人和其他组织合法权益造成损害而对受害人进行赔偿后,要求有故意或者重大过失的工作人员或者受委托的组织或个人承担部分或者全部赔偿费用的制度。国家追偿包括行政赔偿追偿和司法赔偿追偿。司法赔偿追偿较行政赔偿追偿条件较为严格,范围较为狭窄,通常仅限于造成冤案的法官、检察官或其他司法工作人员有贪污受贿、徇私舞弊、枉法裁判行为,或者刑讯逼供、殴打、虐待或唆使他人殴打、虐待等行为或违法使用武器、警械造成受害人身体伤害或者死亡的情形。

国家追偿制度的理论依据主要有三:其一,双重法律关系理论。此种理论认为,国家公职人员行使职权的行为产生两种法律关系:一是国家公权力与国家公权力相对人的关系,在这种法律关系中,国家公职人员代表国家行使公权力,宪法和法律要求,国家公权力必须合法正当行使。如国家公权力行使违法或不当,造成相对人损失,国家(而不是国家公职人员)即要对之予以赔偿,即国家赔偿;二是国家与国家公职人员的关系,在这种法律关系中,国家公职人员受国家委托行使公权力,国家公职人员必须根据国家法律的要求,合法正当行使职权。如其行使职权违法或不当,造成国家赔偿后果,国家即有权要求受托行使职权的有过错的公职人员承担部分或者全部赔偿费用,以补偿其损失,即国家追偿。其二,国家公职人员权利义务对等理论。此种理论认为,国家公职人员履行国家公职,既享有权利,又承担义务,权利义务应该是对等的。例如，我国公务员法规定公务员享有获得工资报酬、享受福利、保险待遇等项权利，负有忠于职守、清正廉洁、公道正派、依法定权限和程序履行职责的义务，公务员如果违反义务，自然应向国家承担责任，包括国家追偿责任。其三，对国家公职人员的制约、激励平衡理论。此种理论认为，国家对公职人员履行公职，既应制约，又应激励。制约是为了防止其违法不作为或乱作为，激励是为了鼓励促进其依法积极作为。制约的方式包括各种监督责任形式，如纪律责任、行政责任、刑事责任以及国家追偿责任等，激励的方式包括奖励、晋升职务、享受工资和各种福利待遇等。在国家追偿制度的设计上，激励则表现在其条件和范围的设计上仅限于有“故意或重大过失”的情形，以保障其勇于负责，大胆履职，防止其因过于担心追偿而畏首畏尾，消极履职。司法赔偿追偿设计的条件更严，范围更窄，还有激励司法人员依法独立行使职权的深层次考虑。

国家追偿制度的适用虽然要严格遵循法律规定的条件和范围，防止产生“负激励”作用，但是我们也不能因为过于担心其负作用而将这个制度搁置不用或过于限制它的适用范围。国家追偿是现代国家治理体系中一项重要制度，它对于建设法治政府和法治国家，贯彻中共十八届三中全会全面深化改革决定的要求，推进国家治理体系和治理能力现代化均具有重要意义。因为国家治理现代化首先要求治理法治化，而治理法治化必然要求严格吏治，要求作为治理者的国家公职人员依法治理，其违法、失职、渎职，必须承担法律责任，其因故意或重大过失行为造成国家赔偿后果，国家必须对之追究一定经济追偿责任。

早在 1994 年，我国第八届全国人大常委会第七次会议通过的国家赔偿法第十四条和第二十四条即创设了国家追偿制度，之后 2010 年经第十一届全国人大常委会第十四次会议修正的国家赔偿法第十六条和第三十一条继续确立了国家追偿制度。但是，这一制度在实践中却没有得到有效的实施，有的地方甚至自该制度创设 20 年来从没有对责任人做过一次追偿。这是为什么呢？究其原因，主要有三：其一，赔偿义务机关对这一制度不重视，对所在机关的有故意或重大过失的国家公职人员过于宽容；其二，法律对这一制度设计过于粗疏，其规定不具体、不明确，操作性不够，执行起来有困难；其三，对制度实施的监督问责机制不完善。法律将追偿主体确定为赔偿义务机关,而赔偿义务机关与追偿对象有着管理从属关系,这就必须有完善和有效的监督和问责机制。然而,目前我们的行政监察机关很少对赔偿义务机关实施追偿的情况进行监察,我们的审计机关很少对赔偿义务机关进行赔偿和追偿的财政收支情况进行审计。这样,行政赔偿义务机关自然就很难有追偿自觉性和追偿动力。

针对国家追偿制度的上述缺陷和不足,我们应如何加以改进和完善?学界和实务界有三种不同的思路:一是就国家追偿制度专门立法;二是修改国家赔偿法,设专章规定国家追偿制度;三是通过立法解释或司法解释将现行国家赔偿法确立的国家追偿制度具体化,增强其可操作性,推进其实际运作。

笔者认为,根据我国目前立法机关的立法能力和立法实际运作情况,短时间内立法或修法都是不现实或不可能的,而且必要性也不是特别大。因此第一种和第二种思路均不可取,唯有第三种思路——释法的思路——既具合理性,又具可行性。笔者认为,释法可重点明确以下四个方面的内容:其一,追偿对象。即进一步明确国家赔偿法第十六条规定作为追偿对象的"工作人员"、"受委托组织"、"受委托个人"的范围以及国家赔偿法第三十一条规定作为追偿对象的"工作人员"的范围;其二,追偿条件。即进一步明确国家赔偿法第十六条规定作为追偿条件的"故意"和"重大过失"的情形。"故意"是否包括直接故意和间接故意,某些非明显故意的情形可否"视为故意"(如放纵等);"重大过失"是否包括重大疏忽和轻信能够避免而未能避免的情形,是否还应适当考虑客观损失的大小等;以及国家赔偿法第三十一条规定作为追偿条件的"有本法第十七条第四项、第五项规定的情形的"和"在处理案件中有贪污受贿、徇私舞弊、枉法裁判行为的"是否应有情节轻重之分,是否只要有上述情形,不论情节如何轻微,均应追偿;其三,追偿程序。关于追偿程序,国家赔偿法未对之作任何具体规定,释法应明确作出追偿决定的具体程序,是由赔偿义务机关集体决定还是由其负责人决定,是否需要听取被追偿人的陈述、申辩或为其举行听证等;释法还应明确追偿决定如何实际执行,是责令被追偿人现款缴纳,还是从其工资中按月依一定比例扣除,或者可从银行中强制划拨或对其财产查封、扣押和拍卖等;追偿款是否直接上缴财政等;其四,追偿的监督问责。国家赔偿法没有对国家追偿制度实施的监督问责作出规定，但人大常委会监督法、行政监察法和审计法对国家整个监督问责机制有统一的设计和规定，从而对国家赔偿法这方面的释法是否可以与整个国家监督问责机制联系起来，对赔偿义务机关不履行法定追偿职责的，行政监察机关是否应通过监察问责；审计机关是否应通过审计问责，各级人大常委会是否应通过执法检查和质询问责。笔者认为，只有通过释法将国家赔偿法规定的这一制度真正具体化和责任化，使之具有可操作性和执行性，才能使这一创设了 20 年但尚未真正运作起来的制度真正运作起来。

国家赔偿完善人权司法保障

国家行政学院教授 杨小军

人权,是我国宪法载明的基本权利,宪法明确宣布国家尊重和保障人权。在党的十八届三中全会《决定》中就写明了要完善人权司法保障制度,四中全会《决定》再次提出加强人权司法保障,健全冤假错案有效防范、及时纠正机制。可见,人权保障尤其是人权的司法保障,不仅是全面推进依法治国的一项重要内容,也是全面推进依法治国的长久之道,而不是权宜之计。

四中全会《决定》明确,全面推进依法治国必须坚持的五个基本原则之一,是人民主体地位原则。所谓人民主体,在政治上就是人民当家做主,在法律上就是要承认确认人民的权利,要保护人民的权利。侵犯权利的行为应当被制止,损害权利的后果必须赔偿。其中,国家赔偿制度就是一项重要的人权司法保障制度。我国自建立起国家赔偿制度和开展国家赔偿司法实践以来,就是在一步步地践行人权司法保障的法治实践。

从无到有的开端。《中华人民共和国国家赔偿法》自1995年1月1日起施行,国家赔偿制度全面建立,我们开始了"官赔民"从无到有的新起点。在这个新的起点上,我们不仅有了国家赔偿的立法和制度,更有了国家赔偿的司法实践。公民、法人开始从法院的裁判中,获得了因公权力侵权而得到的金钱赔偿,从责任承担和弥补损失的切入点上获得了新的公平正义。国家赔偿的关键和意义,主要不在于获得了多少钱的赔偿,而更在于这种赔偿显示出来的胜利——公正的胜利,人权保障的胜利。所以说,国家赔偿制度与实践的意义是人权保障的里程碑。

不断完善的进步。从无到有的起点是伟大的,但不能总是停留在有还是无这个起点上,必须不断进步,不断完善,不断发展。这种发展,自 1995 年《国家赔偿法》实施以来,就一直在进行中。有立法的修订完善,更有司法实践的丰富。

在国家赔偿制度中,刑事拘留和逮捕赔偿是最能体现司法保障人权的部分,也是冤狱赔偿的核心内容。因为无罪之人被限制人身自由,不仅遭受了自由的限制,也遭受了被指控犯罪的心理损伤。所以,历来被认为是国家赔偿的核心内容。国家赔偿法规定,对没有犯罪事实或者没有事实证明有犯罪重大嫌疑的人错误拘留的,对没有犯罪事实的人错误逮捕的,受害人有取得赔偿的权利。这就是所谓的错拘错捕赔偿。尽管对于错拘错捕赔偿法律有明确规定,但对错拘错捕标准的认识在开始时候却是存在分歧的。有观点认为,对与错的标准是行为标准,即按照刑事诉讼法规定的嫌疑标准拘留或者逮捕嫌疑人,是合法正确的,即便事后查证嫌疑人没有犯罪事实,也不应当赔偿。另有观点则认为,对与错的标准不在行为而在结果,即只要被拘留或者被逮捕的人最终查证没有犯罪或者犯罪事实,就应予释放,并承担相应的错拘错捕赔偿责任。这两个观点之争的背后,实际上是以人为本还是以权为本的司法理念之争。就结果标准而言,体现的是以人为本的司法理念,即无论什么原因拘留或者逮捕人,最终结果证明被拘或者被捕之人没有犯罪,那该被拘或者被捕之人就遭受了无辜的牢狱之灾。公安机关、检察机关、审判机关行为的对与错,相比较当事人遭受的牢狱之灾结果而言,就不那么重要了。更为重要的是公民的人身自由权。因此,在解释和实践国家赔偿法上述规定过程中,如果能够坚持以人为本的司法理念,按照结果标准而不是行为标准保护当事人的权益,有利于进一步发展与完善国家赔偿法的规定。2010 年《国家赔偿法》的修改,对刑事拘留和逮捕赔偿问题作了明确的规定,争议归于统一,也有待于实践中的检验和进一步发展与完善。

疑罪从无是否需要赔偿?这个问题也是冤狱赔偿的一个重要司法问题。早期的国家赔偿工作对于这个问题的理解并不明确,有些部门甚至对此有不同意见。疑罪是否无罪?这种无罪是否要赔偿?这些问题时常困扰着司法实践。但法院在近几年的司法决定中,已经越来越明显地体现了疑罪从无的司法原则,并把这个原则具体落实到了疑罪从无之后的无罪也要赔偿的司法实践中。这实际上从法律上宣示了一个古老的原理,有罪无罪不是某些办案人员和办案机关内心的认定和怀疑,更不是捕风捉影的想象,而是也只能是证据上的法律认定。如果在证据上证明不了犯罪事实,所疑之罪即是无罪,所受之害即行赔偿。司法实践从疑罪之“疑”到疑罪之“无”再到疑罪之“赔”的发展变化,确实体现了保护人的权利为第一的司法理念,是大的发展,也是大的进步完善。

从人权入宪到党的十八届三中、四中全会强调人权的司法保障,不仅彰显了法治的精神和原则,也对司法提出了更高的要求。习近平总书记在对四中全会决定的说明中指出,司法是维护社会公平正义的最后一道防线,司法公正对社会公正具有重要引领作用,司法不公对社会公正具有致命的破坏作用。在人权保障这个大是大非问题上,司法的最后一道防线的作用是无可比拟的。同样,国家赔偿在实现人权司法保障这个司法公正方面的作用也是无可比拟的。

充分发挥国家赔偿法功能
彰显法治社会公平正义

余凌云　高刘杨

国家赔偿法律制度自确立以来，就一直聚焦于媒体和公众的视野中。作为中国民主法治建设的一座里程碑，国家赔偿法是一部与宪法相配套、直接保障宪法实施和国家政权运作的法律，它改变了公民被国家侵权后无求偿法律依据的窘境，明确了国家与违法侵权的公民一样需要承担赔偿责任，落实了国家作为侵权主体的法律地位和赔偿责任。随着法治观念的不断深入人心，人民群众对于司法公正与国家责任的诉求也愈加强烈。从“麻旦旦案”到“赵作海案”，在政府和民众对于个案公正的共同关注下，国家赔偿法历经修正，国家赔偿法律制度不断完善。

2010 年，全国人大常委会通过了《关于修改〈中华人民共和国国家赔偿法〉的决定》，对国家赔偿法进行了全面系统的修改，标志着国家赔偿法新时代的到来。最高人民法院也及时出台了关于新旧法的衔接适用、立案程序、赔偿委员会审理程序、质证程序、人民法院作为赔偿义务机关的自赔程序五部司法解释，有力地保证了赔偿工作的质效。这部法律的修改与发展不仅承载了全国人民对中国法治进步的希冀，也对赔偿请求人的权益救济具有重大的现实意义。以往群众“国家不赔法”的戏称与不满终究成为历史，国家赔偿法正以崭新的面貌作为国家保障公民权益的重要环节，为促进依法治国作出新贡献。

尽管如此，国家赔偿在实践中也并非坦途，仍旧面临着诸多现实的困难。据统计，国家赔偿案件总体收案数量偏少、案件赔偿率不高、部分地区赔偿金支付难等问题仍然存在。国家赔偿工作有没有实效,最终要看具体实施是否真正落实到位。如果在个案中的审判和最终的赔偿工作与国家赔偿法的精神相抵牾,那么客观上公平正义就没有真正地得到伸张。解决国家赔偿工作存在的问题既需要贯彻落实四中全会的精神,也要靠长远的规划,在未来进一步完善国家赔偿制度。

首先,应进一步明确精神抚慰金赔付标准,对同类案件公平对待。

目前国家赔偿金一共有五项,包括人身自由赔偿金、生命健康赔偿金、扣押财产的返还或赔偿、被害人的经济损失以及精神损害抚慰金。其中关于精神损害抚慰金的赔付数额在社会上争议最大,也最吸引民众的视线。精神损害赔偿是为了达成对受害人予以精神抚慰、损害补偿的目的,而赔偿金额却因为没有具体的标准而难以确定。在实践中,有不少同类案件不同赔偿的情形,不仅使受害人的权益不能得到公平的保障,连带也使社会公众对于精神损害赔偿的性质和公正性产生困惑。为让司法权力更加公正透明的运行,法律应更注重前期设计,明确相关法律适用标准,限缩自由裁量的空间,尽量减少权力运行的不确定性和随意性。

最高人民法院日前出台了《关于人民法院赔偿委员会审理国家赔偿案件适用精神损害赔偿若干问题的意见》,其中规定精神损害抚慰金的具体金额原则上不超过人身自由赔偿金、生命健康赔偿金总额的35%,最低不少于1000元。这一司法解释的制定,明确了精神赔偿的抚慰性质,一定程度上解决了案件精神赔偿金额难以确定的问题。从司法改革的方向及民众的要求来看,精神赔偿的法律适用标准应该更进一步细化和统一,以解决司法实践中存在的争议问题。

其次,应依法追究相关工作人员与组织的责任,不断健全追责、追偿机制。

冤假错案给受害人及其家庭带来了精神损失和人身权、财产权的损害,但现实中对责任人的追责、追偿存在落实难的困境。国家赔偿法规定,赔偿义务机关赔偿损失后,可以向有故意或者重大过失的工作人员或者受委托的组织或个人追究责任,应当责令其承担部分或者全部赔偿费用。在司法实践中,除了存在对冤案、错案责任人追责难的问题,反过来,有些地方对责任追究进行不合理的解读,也加大了公务人员的履职风险。所以在实践中要注重依法追偿、追责，既不要对应该问责的工作人员纵容包庇，加重国家财政负担，也不要随意扩大追偿、追责的适用范围，无视执法和审判的内在规律，从而增加公务人员的心理压力。

此外，地方应采取多种方式对受害人进行补偿，加大对赔偿决定的执行力度。

2010 年国家赔偿法第三十七条对旧法做了修改，规定赔偿义务机关应当自收到支付赔偿金申请之日起七日内向有关的财政部门提出支付申请，而财政部门应当自收到支付申请之日起十五日内支付赔偿金。上述规定是立法的又一个重大进步。实践表明，大多数赔偿义务机关都能依法如期履行赔偿义务，但的确存在少数机关以诸多借口拖延履行，甚至不予赔付的情形。由于现行法律并未对强制执行措施做出规定，使作为赔偿请求人的公民、法人及其他组织的合法权益无法得到法律保障，不少赔偿决定书也就此成为一纸空文。执行难有多种原因，但无论原因如何，以有效手段维护生效赔偿决定的权威是十分必要的。

为充分保障受害人合法权益，地方应该有针对性地推出既立足当下，又着眼长远的改革举措，采取多种措施与货币赔偿相结合，最大限度地消除不利影响，维护受害人合法权益。浙江省要求补偿必须在赔偿之后，且尽量采取非货币化方式，解决受害人的养老、住房、基本生活等问题。河北省充分利用省涉法涉诉信访救助平台，解决受害人实际困难。上述地方好的做法和经验应该得到借鉴和推广。

（余凌云系清华大学法学院教授，
高刘杨系清华大学法学院行政法专业博士生）

区分国家赔偿中的几种责任

北京师范大学法学院副院长、副教授 张 红

国家赔偿法实施20年来,在尊重和保障人权、促进国家机关依法行使职权、实现社会公平正义、推进法治中国建设过程中发挥了重要的作用。但客观而言,国家赔偿工作仍然面临着诸多问题与挑战。事实上,国家赔偿实践中遇到的许多问题并非是国家赔偿法的规定本身所造成的,而是由于国家机关及其工作人员以及社会公众对国家赔偿存在一些错误观念与认识,特别是对于国家赔偿责任的性质、国家赔偿责任与国家机关的责任以及国家机关工作人员个人责任等几种责任的认识存在误区,混淆了国家赔偿责任与机关责任、个人责任的界限。

国家赔偿责任本质上是一种国家自己责任,既不是国家机关的责任,也不是国家工作人员的责任。清楚地认识到国家赔偿责任的这一性质,有助于我们澄清观念上的混乱。国家是一个抽象的实体,它的行为通过"政府"(广义上讲)来实施。政府通过雇佣公务员的方式来行使国家权力。这就形成了国家—政府—公务员三者之间的特殊关系。这种关系的存在给国家赔偿责任承担上的区分造成了极大的困难。在国家机关及其工作人员实施职务侵权行为的情形之下,赔偿责任主要在国家和国家机关工作人员二者之间进行分配。在公务活动中,人民的自由与权利,难免会因公务人员不法执行职务而受损害,此种损害,无疑是国家从事其增进公益活动的同时所带来的一种危险。因此,国家必须对其自身的行为所带来的危险负责,而与公务人员个人是否对该加害行为有无故意或过失以及应否负责无关。"自己责任说"认为国家的意志是靠国家机关和公务员实施的,国家本身并不直接实

施具体的行为。履行国家职权的机关和公务员代表国家,因此,可以视之为国家行为。国家授予公务员权限会有两种结果,即合法行使的可能性和因违法行使导致损害的危险性。国家既然将这种含有违法行使的危险性的权限授予公务员,便应当为此承担赔偿责任。“自己责任说”虽然具有一定的“虚拟色彩”,但毕竟承认了国家作为单独人格实体的法律责任,显然是一种进步。我国国家赔偿法中“赔偿费用列入各级财政预算”的规定即是对国家自己责任的承认。

可见,国家赔偿责任本质上是归属于国家本身的责任,不是国家机关的责任。由于国家是一个抽象的、庞大的、结构复杂的政治实体,受害者无法请求抽象的国家承担具体的赔偿义务,必须通过组成国家的各个具体的机关去赔偿。因此,必须要有可以代表国家的机关来履行赔偿责任、参与处理具体的赔偿案件。为有利于受害人获得国家赔偿,方有赔偿义务机关的制度设计。赔偿义务机关作为国家的代表,在具体赔偿案件中与受害人达成协议、参与赔偿案件处理并履行部分赔偿义务,但这仅具有形式上的意义,并不承担实体上的赔偿责任。在实务上,它使赔偿请求权人知道应当向哪一机关请求赔偿,便于其行使权利。因此,国家赔偿责任不能等同于机关赔偿,国家赔偿涉及的是国家责任,机关只是代表国家承担。许多国家机关将国家赔偿责任与国家机关的责任混为一谈,这种认识直接影响到实践中国家赔偿责任的承担以及对受害人权益的保护。由于一些赔偿义务机关不愿赔偿,对赔偿请求人的申请不愿受理或不愿意按照修改后国家赔偿法的规定给请求人出具已收到赔偿申请的收讫凭证等,使受害人请求赔偿的时间难以确定,赔偿请求人再向人民法院赔偿委员会请求赔偿也存在障碍,客观上影响了国家赔偿案件的总体收案数量。

国家赔偿责任也不同于国家工作人员个人的责任。国家赔偿责任是国家对受害人进行赔偿的一种责任,实际上是作为义务主体的国家和作为权利主体的受害人之间的关系,可以说是一种外部责任。判断国家赔偿责任是否成立,国家是否应当承担赔偿责任,并不考虑实施侵权行为的国家机关工作人员主观上是否存在故意或者过失。但根据国家赔偿法的规定,对于执行职务过程中有故意或者重大过失的工作人员或者实施了特定行为如贪污受贿,徇私舞弊,枉法裁判行为的,赔偿义务机关赔偿损失后,应当责令或者受委托的组织或者个人承担部分或者全部赔偿费用。同时,对有故意或者重大过失的责任人员,有关机关应当依法给予处分;构成犯罪的,应当依法追究刑事责任。前者是追偿制度,后者则是追责制度。

追偿是国家赔偿制度的有机组成部分,体现了对负有重大责任工作人员的惩戒。追偿与赔偿具有程序上的连接性,且追偿可弥补赔偿的不足。事实上,追偿制度却是国家赔偿法执行效果最差的制度之一。自国家赔偿法实施至今,追偿的案件极少,仅有的少数案件也是极不规范的。赔偿义务机关通常会认为对责任人员追偿与否是单位"内部"问题,往往出于保护干警的考虑,不愿作出追偿决定。当然,国家赔偿法上关于行政追偿和司法追偿分别只有一个条款,缺乏较为具体的制度设计。追偿的程序、追偿金额的负担、缴纳、追偿的监督制约等问题都无章可循。因此,我们应当探索建立国家追偿制度,明确规定追偿的条件、追偿的范围、追偿的程序和追偿决定的执行等问题。

就追责而言,也不宜过于严格或者过于宽松。国家机关在履行职责的过程中,对个人、组织造成损害的必须实施救济。但这种损害的造成不一定就是责任问题,如果过多地追究工作人员责任,只能造成各机关相互推诿,形成一旦赔偿就证明自己有责任的想法,反而导致受害人难以获得赔偿。实践中,有些地方规定只要赔偿金超过一定数额就一律对办案人员以涉嫌渎职而立案侦查,不合理地加大了公务人员的履职风险。其实国家机关的职权行使自身就具有风险性,特别是刑事国家活动属于高度危险作业,造成损害是任何国家都无法避免的。因此,对国家机关工作人员进行追责应当严格遵守法律规定的条件和程序。

国家赔偿制度的主要目的在于对公民权利进行充分保护,旨在使受害人被国家侵权行为所侵害的权益得以填补或者恢复。国家赔偿责任不是机关赔偿责任,国家赔偿责任也不同于国家机关工作人员的个人责任。因此,国家赔偿法既不是机关赔偿法,也不是责任追究法。

【工作交流】

四川高院、四川省检联合召开《中华人民共和国国家赔偿法》实施二十周年座谈会

为纪念《中华人民共和国国家赔偿法》实施二十周年，2015年1月23日，四川省高级人民法院、四川省人民检察院联合召开《国家赔偿法》实施二十周年座谈会。四川省人大领导及有关部门负责同志，四川省高级人民法院、四川省人民检察院院领导、相关部门负责同志和法官、检察官代表，省委政法委、公安厅、安全厅、人力资源社会保障厅、司法厅、民政厅、财政厅、省政府法制办、省监狱管理局领导及有关部门负责同志及全国人大代表、全国政协委员有关专家学者代表共30余人参加会议。

会议以党的十八大和十八届三中、四中全会精神为指导，全面回顾《国家赔偿法》颁布实施二十年来的工作历程，总结成绩，交流经验，研讨《国家赔偿法》立法和施行中的重要问题，完善国家赔偿制度，推进法治中国建设。四川省高级人民法院副院长谢商华主持会议并作了讲话。各参会代表也作了发言。

谢商华指出，《国家赔偿法》施行以来，全省法院国家赔偿工作始终注重围绕大局、狠抓办案、创新机制、服务群众，在落实宪法尊重和保障人权的基本原则、规范国家机关依法行使职权、坚守公平正义司法底线、维护人民群众合法权益等方面，发挥了重要作用。截至2014年12月9日，全省法院共受理刑事赔偿和非刑事司法赔偿案件2557件，审结2549件，结案率99.7%，决定赔偿669件，支付赔偿金额3796.6706万元，获得赔偿的比例为26.25%。通过全省法院广大国家赔偿法官努力工作，及时有效地维护了人民群众的合法权益。国家赔偿法实施以后，全省各中级法院都依法设立了

赔偿委员会及其办公室，全省三级法院共约100名法官从事国家审判工作。

谢商华指出，全省法院秉持“防为上、救次之、戒为下”的理念，不止步于办理好具体案件，在创新和完善国家赔偿职能延伸方面进行探索，做到“以赔促防、以赔促管、以赔促廉”。省法院先后三次发布《国家赔偿案件司法审查报告》(白皮书)，分别对侦查、逮捕、审判、刑罚执行及保全、执行、强制措施等过程中存在的问题进行专门分析，有针对性地提出改进建议。在妥善处理争议的同时，注重发挥典型案例指导作用，认真剖析问题原因，为法院工作决策提供参考。

甘肃高院开展纪念《中华人民共和国国家赔偿法》实施二十周年系列活动

为纪念《国家赔偿法》实施二十周年，根据最高人民法院安排部署，经甘肃高院主要负责人同意，在分管副院长、赔偿委员会主任委员领导下，甘肃高院赔偿办精心组织，周密部署，开展了形式多样的纪念活动。

在《国家赔偿法》实施二十周年前夕，甘肃高院赔偿办提前安排部署，筹划相关工作，草拟了活动方案，经赔偿委员会全体委员逐项讨论研究后，确定了切合实际、翔实的活动方案。按照纪念活动方案的要求，甘肃高院赔偿办精心部署，本着用好媒体、掌握主动话语权的方针，利用传统平面媒体和网络平台向社会全方位宣传《国家赔偿法》，并采取召开新闻发布会、发布典型案例、报纸刊文、座谈等形式开展此次纪念活动。

2015 年 1 月 9 日下午，甘肃高院召开了纪念《国家赔偿法》颁布实施二十周年新闻发布会。甘肃高院副院长、新闻发言人马驰从国家赔偿审判工作机制不断创新、国家赔偿审判理念不断提升、国家赔偿审判程序日益公开透明、国家赔偿调研工作成果丰硕、国家赔偿审判办案业绩突出等方面对甘肃省法院系统国家赔偿工作进行了介绍。还对王中下因重审无罪赔偿请求平凉中院国家赔偿案等典型案例进行了介绍，这些典型案例涉及刑事赔偿、非刑事司法赔偿、行政赔偿等多个方面，具有一定的代表性。参加新闻发布会的赔偿委员会委员认真回答了与会记者的提问，并对有关问题进行了详细的解释。近日，人民网甘肃频道、每日甘肃网、中国甘肃网、《甘肃日报》、《甘肃法制报》、《兰州晨报》、《西部商报》等甘肃省各大新闻媒体对此次新闻发布会进行了深入报道，充分肯定了甘肃省法院的国家赔偿工作。

甘肃省各中级法院也通过小型座谈会、广场普及国家赔偿法律知识、案例推介、赠送图书等方式有力地宣传了《国家赔偿法》,推动了《国家赔偿法》在本辖区的贯彻执行。兰铁中院组织国家赔偿法官前往兰州铁路局宣传《国家赔偿法》,赠送《中华人民共和国国家赔偿法》图书,同铁路局政法办领导进行了座谈,并结合案例解答了相关的涉诉信访问题。张掖中院和辖区基层法院分别组织干警在甘州区中心广场和各县区中心广场开展了《国家赔偿法》宣传活动,共发放宣传材料7300余份,接待咨询人员1500余人,并对他们咨询的问题进行了详细的解答,受到了当地群众的好评。张掖中院赔偿委员会还邀请检察、公安等机关召开座谈会进行了交流,畅谈了《国家赔偿法》实施前后各机关在办案过程中由轻程序到重视程序的重大转变,并对执法人员在实际工作中遇到的相关问题进行了有益的探讨。定西中院组织辖区法院开展了《国家赔偿法》宣传活动,向1000余名群众散发了宣传资料,抽调人员上街张贴标语、悬挂横幅、发放宣传资料,受到当地群众好评。

湖南法院开展纪念《中华人民共和国国家赔偿法》实施二十周年系列活动

自2014年最高人民法院部署开展纪念《国家赔偿法》实施二十周年活动以来，在省法院党组的坚强领导、各级政府、检察机关的大力支持下，湖南法院积极行动，精心组织，开展了形式多样的纪念活动，有力宣传了人权司法保障理念，维护了国家赔偿法治权威。

一是加强部署动员，把握纪念活动全局。2014年12月，经省法院党组同意，省法院下发专项通知，决定于2015年一季度在全省范围内开展《国家赔偿法》实施二十周年纪念活动。要求全省各级法院以领导、专家、法官访谈，召开新闻发布会，开辟国家赔偿审判专栏，组织国家赔偿工作会议等形式积极开展国家赔偿法实施宣传。活动提出了以正面宣传为主，坚持有利于维护社会和谐稳定，有利于维护司法权威，有利于维护人民群众的切身利益的原则，努力实现法律效果与社会效果的有机统一。

二是联手主流媒体，引导宣传舆论方向。赔偿机构和宣传部门通力协作，主动联络主流媒体，于2015年2月8日在《湖南日报》要闻版刊发头版文章《维护公平正义，体现责任担当，国家赔偿重塑法治信心》。文章以我省近期审结的欧阳佳申请无罪赔偿一案为切入点，介绍了我省近十年来国家赔偿的基本情况，报纸同时刊发省法院杨翔副院长专访《以法治思维处理"官"民矛盾》，就国家赔偿法在人权保障中的作用，救济方式和途径以及制约国家赔偿兑现的诸多因素等热点问题回答了记者提问。这两篇报道，是我省国家赔偿宣传工作的新突破，把握了国家赔偿舆论引导的主动权，表明我省法院坚守法律，对冤错案坚决予以平反和赔偿的立场，体现了法院的责任担当，更对切实保障当事人合法权益，化解矛盾纠纷，维护社会公平正义，重塑人民群众法治信心,发挥了重要作用。报道文章获得了搜狐新闻、网易新闻等网络媒体相继转载,形成了一定的舆论影响。

三是联动有关部门,搭建赔偿工作平台。2015年2月,召集省委政法委、省政府法制办、省法院、省检察院、省财政厅、省公安厅、省司法厅等单位相关部门负责人召开2014年度国家赔偿工作座谈会,通报情况,听取意见和建议,省法院杨翔副院长就国家赔偿工作提出明确要求。自2012年以来,省级部门国家赔偿工作座谈会已成功举办四次,已经成为了赔偿工作重要的交流和信息沟通平台,为及时研究、妥善处理国家赔偿工作中出现的新情况、新问题,加强国家机关间的相互支持与配合,共同做好我省的国家赔偿工作提供了有力支撑。自2014年12月以来,永州、邵阳等中院也相继召开国家赔偿法实施二十周年纪念座谈会,与相关部门共同研讨赔偿工作,提出工作建议。株洲中院还在城区人流密集位置设立法律咨询点,现场答疑,宣传法律。

四是联合研究部门,助推赔偿理论创新。与省法院研究室联合,在全省法院学术刊物《湖南审判研究》上开辟国家赔偿专栏,组织稿件发布《全省法院刑事和非刑事司法赔偿司法审查报告》以及理论文章和典型案例,并拟在全省组织优秀法律文书评选,采编优秀案例,充分发挥优秀文书在提升文书质量方面的典型示范作用,形成国家赔偿注重总结分析、理论研究的工作氛围,为全省赔偿工作提供智力支援。

自1995年1月1日《国家赔偿法》施行以来,湖南法院国家赔偿工作从无到有,全省三级法院赔偿案件专、兼职审判人员发展到200余人,建立了相对完备的国家赔偿审判体系并保持了一支相对稳定的赔偿法官队伍。近十年来,各级法院审结了一批有影响力的赔偿案件,共决定由各级司法机关向被侵权人支付赔偿金3932.65万元,一大批国家赔偿案件请求人合法权益依法得到维护,通过推进"一案一建议"等重点工作,赔偿工作整体司法品质得到了不断提升。

浙江高院:冤错案件赔偿以人为本

【编者按】

近些年来,我国各地相继出现的冤错案件及后续刑事赔偿问题成为舆论关注的热点。由于冤错案件社会关注度高,赔偿请求数额较大,涉及法律问题复杂,各级法院普遍感到处理压力较大。浙江高院依法妥善审理了轰动全国的“张氏叔侄案”和“萧山五青年抢劫案”两起重大冤错案件的赔偿案件,获得社会公众广泛认可,为人民法院审理刑事冤错赔偿案件树立了良好榜样。一是正确处理法定赔偿与善后补偿的关系。国家赔偿实行法定赔偿原则,赔偿范围与赔偿标准有明文规定。刑事冤错案件受害人人身自由被长时间侵犯、精神受到严重侵害,这就决定了单靠国家赔偿难以彻底消解矛盾。浙江高院在赔偿结束后采用非货币化的方式,解决冤错案件受害人的养老、住房等后顾之忧,从而从根本上化解纠纷,为我们提供了有益经验。二是理性面对舆情,依法独立审判。随着微博、微信等新兴媒体的出现,越来越多的案件在网络上进行传播,随后会引起传统媒体的持续关注。一些当事人利用网络公布相关案情、寻求公众支持,试图通过社会舆论给法院施加压力。一般社会公众并不了解法律专业知识,容易被强大的社会舆论引入错误方向。对此,应该第一时间公开相关信息,还原案情真相,回应公众质疑。浙江高院通过充分做好预案,及时公开案情,做好舆论宣传,获得广大网友的广泛肯定与支持,为国家赔偿舆论引导提供了有益的借鉴经验。

2013 年,浙江高院先后依法纠正轰动全国的“张氏叔侄案”和“萧山五青年抢劫案”两起重大冤狱案件。如何依法开展国家赔偿工作,各方高度关注。

依法赔偿，保护赔偿请求人权益

浙江高院院长齐奇批示："国家赔偿事宜，要尽可能体现以人为本的司法关怀，起到引领示范作用。"

浙江高院专门成立了善后工作领导小组，对赔偿工作可能遇到的法律问题进行提前研判。2013年3月18日，该院出台了《关于在国家赔偿审判中确定精神损害抚慰金问题的会议纪要》，明确国家赔偿精神损害抚慰金的计算标准。"萧山五青年抢劫案"涉及赔偿法律问题极为复杂，如田伟冬、田孝平抢劫杀人的事实虽然被否定，但田伟冬仍保留盗窃罪，田孝平仍保留抢劫罪，能否给予国家赔偿？浙江高院为此多次研讨并征询有关部门，顺利消除了这些棘手的法律问题。

"萧山五青年抢劫案"抢劫杀人宣告无罪后，浙江高院和萧山公安局相继赔礼道歉。但赔偿请求人王建平仍请求浙江高院责令萧山公安局工作人员赔礼道歉，并提出总额近500万元的赔偿请求。法官反复向其阐明公务行为和个人行为的区别：对公务行为，个人没有赔礼道歉的法定义务。同时指出，囿于《国家赔偿法》的规定，本案只能赔偿限制人身自由赔偿金和精神损害抚慰金，其他赔偿请求不属于直接损失范围，不能赔偿。经多次解释和沟通，赔偿请求人王建平消除了疑虑，矛盾及时化解。

探索补偿，促使当事人服判息诉

在经济发达地区，重大冤狱案件的国家赔偿金标准总体偏低，赔偿请求人极易申诉上访，引发社会同情，损害司法公信力。对此，浙江高院动之以情，晓之以理，积极补偿。

"张氏叔侄案"宣告无罪当天，浙江高院领导向受害人及其家属道歉，为他们送去慰问金2万元，祝愿他们今后好好工作、好好生活。后又协调有关部门送去经济补偿金20万元，用于旧房翻建和生活改善。为帮助张辉、张高平解决生活困难、尽快恢复职业技能，体现司法人文关怀，浙江高院善后工作领导小组三番五次前往赔偿请求人家乡安徽歙县，看望慰问张辉、张高平及其家属，并积极协调有关单位做好维稳安抚和政策允许范围内的补偿救助工作。张辉、张高平对浙江高院的善后工作表示满意，明确承诺不再就此案提出其他任何要求。

“萧山五青年抢劫案”赔偿过程中，浙江高院要求对当事人的补偿必须在赔偿工作结束后进行，尽量采用非货币化方式，切实解决其养老、住房等后顾之忧，同时保证矛盾不激化、不上升。

补偿毕竟没有法律规定，处理不慎，会引起类似案件的攀比，冲击国家赔偿制度。能否尝试由省一级制定国家赔偿补偿基金管理条例或办法，建立省一级统一的国家赔偿补偿基金？浙江高院通过调研，建议省政府建立国家赔偿补偿基金，率先在全国进行国家补偿规范化、法治化的探索。目前这一设想已经得到省财政厅相关部门的响应。

及时公开，引导正确的舆论方向

根据赔偿案件审理过程中的不同环节，浙江高院预测可能引发的舆情，积极做好应对预案。一旦出现舆情，第一时间通过权威渠道发布消息，最大限度满足公众知情权。为防止出现负面炒作，浙江高院还将舆情应对方案上报有关主管部门，积极争取配合和支持。

2013 年 3 月 26 日，浙江高院在“张氏叔侄案”开庭再审、宣判无罪的当日即发布新闻通稿，并以新闻发言人答记者问的形式，公开回应民众关注的问题。几天后，又通过一名副院长接受专访、公开立案审查后 13 次走访调查等细节，并就国家赔偿、冤案反思等后续问题，主动发声，开诚布公，以真诚的态度赢得媒体和公众的信任。

2013 年 8 月 16 日 18 时 32 分，新华网率先刊载《浙江坐冤狱叔侄仍未领取赔偿金，望政府安排工作》的报道称：张高平叔侄至今没有领取 220 万元的国家赔偿金，他们最初要求的国家赔偿补偿等各项共计 702 万元，律师仍在与浙江高院协商。该报道共引发网媒转发 25 条。浙江高院马上向有关领导通报了网络舆情。第二天正值星期日，主管副院长亲自到院坐镇，负责赔偿、宣传、财务等任务的各路人马纷纷行动起来，加强与财政厅的联系和沟通。第三天张辉、张高平就顺利领到了赔偿金。

当事人参与新闻舆论宣传，对法院的善后工作影响较大。为此，浙江高院把工作重点放在当事人身上，主动向当事人表示一定会尽最大努力处理好善后事宜。同时提醒当事人,不能听信谣言,更不能传播谣言,否则不利于赔偿补偿工作顺利进行。“萧山五青年抢劫案”的当事人在善后工作中积极配合法院,赔偿补偿工作风平浪静。

广西高院:创建联动机制合力赔偿

【编者按】

国家赔偿工作是一项综合审判业务,涉及行政、司法各职能部门,牵涉侦查、检察、审判、执行、监狱管理等多项职权,涉及面广、专业度高是这项工作的突出特点。各级法院要紧紧依靠党委的领导、人大的监督和政府的支持,要善于同其他各有关部门沟通协调,拓展工作空间,建立与财政部门、人力资源与社会保障部门等关联部门之间的联动互动机制,形成处理国家赔偿问题的合力。广西高院在对全区国家赔偿案件进行认真调研的基础上,积极探索创建司法赔偿联动机制,并牵头制定了《广西壮族自治区司法赔偿联动机制工作规则》,为统一法律适用标准、妥善处理国家赔偿案件奠定了坚实的基础。此外,国家赔偿是法定赔偿,其赔偿范围不宽,标准不高,在多数情况下不能做到充分赔偿。国家赔偿体现《宪法》规定的尊重和保障人权的精神,离开对受害人权益的全面恢复,国家赔偿工作就会事倍功半。探索建立司法赔偿联动机制,对确有困难的赔偿请求人依法依规给予救助,能把国家公权力机关违法侵权的负面影响降到最低限度,把国家主动救济民权、保障民生的积极作用发挥到最大限度。因此,广西高院通过司法联动机制的平台,联合财政厅、民政厅、人力资源和社会保障厅等部门进行联动协商、善后安抚、加强执行等措施,可以有力提升国家赔偿善后工作质效,实现法定赔偿与补偿救助的无缝衔接。

一起特殊的国家赔偿案件

2011 年初夏的一天,广西高级人民法院审判大楼的台阶上走来一对姐妹。走在前面的妹妹脸上蒙着布,由姐姐搀扶着走进赔偿办接待室。法官耐心听取了她们的诉求。原来，在来宾市兴宾区人民法院执行姐姐覃某欠款一案时，妹妹覃美术趁执行法官搬移其姐住房内物品的时候，用汽油浇身烧伤自己，导致严重毁容。自伤后，覃美术曾多次到有关法院索赔甚至要跳楼。但自伤行为不属国家赔偿范围，法院没有支持她的请求。看着覃美术的痛苦，赔偿办法官在广西高院领导的支持下前往来宾市。在当地政法委主要领导亲自主持下，法官向兴宾区党委主要领导通报了案件的事实和审理结果，肯定法院执行工作的合法性，同时提出了救助覃美术的必要性，最终取得了当地党政领导的支持。当年4月15日，兴宾区政府按广西高院的建议出资25万元给覃美术做康复之用。

覃美术一案的成功化解，坚定了广西高院建立司法赔偿联动机制的决心。

探索建立司法赔偿联动机制

2009年至2011年，广西法院司法赔偿率依次为0.101‰、0.06‰、0.078‰，连续三年高于全国法院司法赔偿率平均数的2倍。

为提升广西法治形象，广西高院对近三年引发国家赔偿案件的原因进行分析，同时也总结了各司法机关办理国家赔偿案件的成功经验，在此基础上，提出创建积极预防、主动协调、依法理赔、依法依纪追责的司法赔偿联动机制的设想。

2011年10月，广西高院院长罗殿龙亲自向自治区政法委书记温卡华专题请示。自治区党委政法委批复同意，并指示广西高院代拟联动机制工作规则的文件稿。

2012年11月12日，自治区党委政法委组织召开了司法赔偿联动机制第一次联席会议。检察院、公安厅、司法厅、监狱管理局、财政厅、民政厅、人力资源和社会保障厅、区法制办等成员单位参加会议。

2013年7月30日，《广西壮族自治区司法赔偿联动机制工作规则》(以下简称《规则》)经成员单位会签，正式印发执行，标志着广西在自治区层面建立了司法赔偿联动机制。

无缝衔接法定赔偿与补偿救助

司法赔偿联动机制，旨在以协商调解联动方式处理司法赔偿案件，通过监督和促进赔偿义务机关主动与赔偿请求人就司法赔偿事项提出协商，争取达成协议。实践证明，以协商、调解的方式结案，有利于弥补和改善司法机关与群众的关系，减少法院赔偿委员会的受理案件数，化解错案对司法机关的负面影响，达到法律效果与社会效果的统一。

如北海中院刚立案受理杜光东因再审改判无罪而申请巨额国家赔偿案，互联网上立即传出《蒙冤深圳科学家向北海索赔 1034 万》的文章。一时间，全国各知名网站及地方网站纷纷转载，网上舆情汹汹，一片哗然。高院接到报告后，立即部署北海中院主动理赔，积极应对；北海中院依靠上级法院的全程指导，在北海市委、市人大、市政府和市政法委的大力支持下，精心组织，积极行动，依法依情主动与受害人协商，最终顺利达成赔偿和解协议。这起看似风高浪急的国家赔偿案最终得以案结事了，新闻炒作迅速平息。此案的解决，既化解了一起国家赔偿纠纷，又避免了负面影响的扩散，是广西法院引入协商机制成功化解国家赔偿案件的典范。其成功经验已上升为《规则》第 10 条的规定：发生司法赔偿的机关应当在知道司法赔偿法律事实发生后 15 个工作日内主动与受害人就司法赔偿事项提出协商，争取达成协议。自治区人民检察院等复议机关和自治区高级人民法院赔偿委员会审理国家赔偿案件时，应组织赔偿义务机关与当事人就司法赔偿事项进行协商，争取达成协议。

而对覃美术那样的特殊案件，单靠司法机关做思想工作很难达到息诉罢访的效果。广西高院按照最高人民法院提出的“执法统一性和补偿措施多样性相结合”的原则，结合案件的具体情况，在争取党委政法委和民政部门的支持后进行化解，解决赔偿请求人存在的实际困难，做好国家赔偿善后工作。

由此，《规则》第 11 条规定，对不属于《国家赔偿法》调整范围的损害事实，但当事人确有充分理由应当给予经济救济的，通过联席会议协调民政等有关部门依法给予社会救助；对身份、职务受损害，依照法律和政策应予恢复身份、职务的，通过联席会议协调组织、人事部门依照法律和政策处理；属于社会养老保险问题的，通过联席会议协调社会保障部门负责依照法律和政策处理。

辽宁高院:审判白皮书倒逼公正司法

【编者按】

为充分发挥国家赔偿工作的职能和作用,辽宁高院赔偿委员会自2009年起开始制作《全省法院国家赔偿司法审查白皮书》,通过对辽宁省国家赔偿典型案件进行深入剖析,认真总结辽宁省国家赔偿工作的总体特点和发展趋势。创新国家赔偿司法审查报告机制,可以进一步彰显国家赔偿权利救济的价值。通过保护公民的人身自由权,生命健康权,公民、法人和其他组织的财产权,从而保障每一个人在其自身权利空间内不受任何非法侵犯的权利,兑现《宪法》尊重和保护人权的庄严承诺。创新国家赔偿司法审查报告机制,还可以促进国家机关及其工作人员严格依法行使职权。权力必须受到监督和制约,没有监督的权力必然走向专制,这已被实践反复证明。国家机关行使职权的行为就是公务行为,如果缺乏有效监督,国家机关及其工作人员容易丧失工作责任心,违法行使职权,从而侵害公民、法人和其他组织的合法权益,影响公权力与私权利的和谐关系,影响国家机关的威信,影响执政为民的形象。在现代法治国家,国家机关及其工作人员的公务活动有着严格的法律规范,并存在有效的监督机制,但有些措施缺乏有效实施而使其作用受到限制。国家赔偿司法审查报告机制,通过对国家赔偿案件产生的原因进行剖析,起到警示教育作用,让公权力机关引以为戒,提高其依法办事的自觉性。司法审查白皮书中提出的可行性建议,可以为国家机关提供行为指引,为其提升社会管理水平提供重要参考,从而可以有效增加和谐因素,促进社会安定有序。

白皮书上的真实案例

众所周知，在刑事侦查过程中，公安机关对犯罪嫌疑人可以依法采取限制人身自由的拘留措施。那对犯罪嫌疑人的人身安全，公安机关是否负有监管职责呢？2013 年辽宁高院国家赔偿审判白皮书中刊登了这样一个一波三折的案例，对此给予了肯定的答复。

2010 年 2 月 23 日，建昌县公安局刑警大队副大队长赵某带领一中队侦察员高某，在建昌县汤神庙镇大三家子村将有盗窃嫌疑的薛永抓获。当晚 22 时许，因清点赃物和辨认需要，薛永被带到公安局二楼刑警大队审讯室，赵某安排高某看护。高某让薛永坐在审讯椅上，未对其加戴械具。中途高某去厕所，薛永便悄悄走出审讯室，从二楼东侧走廊窗户处跳楼。办案人员发现后将薛永追回。23 时 28 分，经审讯，薛永交代了全部犯罪事实。次日上午，薛永被送到建昌县第一人民医院，诊断为双脚跟骨粉碎性骨折，并于当日住院，至 4 月 12 日方好转出院。建昌县公安局为薛永支付住院费用、门诊费用以及警力费用共计 2.3 万元。

2010 年 5 月，因薛永妹妹薛红投诉建昌县公安局在办案中对薛永刑讯逼供，致使薛永无法忍受跳楼摔伤致残，要求赔偿并处理相关责任人，建昌县公安局纪检监察部门对此案进行调查。同年 9 月 10 日，纪检部门作出《关于薛永跳楼受伤的调查报告及处理情况》，认为高某在将涉案人员薛永带至审讯室后，未对其加戴械具，在赵某指令其看护薛永时失控脱岗，致使薛永在跳楼逃跑过程中双脚根骨摔成粉碎性骨折，系玩忽职守，未认真履行法定职责。赵某工作安排后，督促检查不到位，负有领导责任。为此建昌县公安局给予高某行政记过处分，并通报批评赵某。

建昌县法院于 2010 年 7 月 30 日判决薛永犯盗窃罪，判处有期徒刑十一年，并处罚金 102242 元。同年 10 月 15 日，葫芦岛中院作出刑事裁定，驳回上诉，维持原判。薛永至今仍在监狱服刑。

2010 年，薛永的委托代理人向建昌县公安局提出国家赔偿申请，建昌县公安局作出不予刑事赔偿决定。2011 年 9 月 26 日，葫芦岛市公安局作出不予赔偿的复议决定。薛永不服，向葫芦岛中院提出国家赔偿申请，并申请对其身体伤残程度进行鉴定。葫芦岛中院委托沈阳医学院法医司法鉴定所进行鉴定。该所于2011年12月27日作出《司法鉴定意见书》,鉴定结论为:薛永左、右足的伤残程度均为十级。

2012年3月7日,葫芦岛中院赔偿委员会认为,薛永的赔偿申请不符合《国家赔偿法》规定的法定情形,不予赔偿。薛永不服,向辽宁高院赔偿委员会申请作出赔偿决定。

经辽宁高院多次协调,双方最后达成调解协议:薛永撤回申诉,建昌县公安局一次性补偿薛永20万元。

辽宁高院赔偿委员会认为,本案中薛永的伤残是薛永自行跳楼与建昌县公安局工作人员怠于履行监管职责的混合结果。薛永跳楼应当是其致残的直接原因。而建昌县公安局在监管场所消极不作为,未依法履行人身安全和健康的监管职责,应承担过错赔偿责任或补偿责任。本案经白皮书刊登后,公案机关明确表示要加强对羁押人犯的人身监管职责,依法保护犯罪嫌疑人的人身权,严防公安机关的过错行为。

以案为例　促源头预防

自2009年起,辽宁高院秉持"预防为主,赔偿为次"的司法理念,在全国率先发布国家赔偿审判白皮书。

对审理赔偿案件中发现的侦查、检察、审判、看守所、监狱管理机关在执法、司法活动中存在的问题,辽宁高院通过国家赔偿审判白皮书,以决定赔偿案件为实例,分析导致国家赔偿的原因,特别从人民法院自身审判执行中不规范的问题入手,对证据归责、诉前保全、诉讼保全、先予执行、强制执行及强制措施等各个环节,进一步规范司法执法行为,避免同一违法过错行为重复发生,促进司法机关及其工作人员严格依法行使职权。对部分瑕疵案件,审判白皮书还随案印发了司法建议。

经审判委员会讨论,国家赔偿审判白皮书每年都会定期报送省政法委,印发省公安厅、省检察院、省司法厅,以及全省三级法院院长,为国家机关改进工作、提升司法公信力提供重要参考。几年下来,辽宁的司法机关也习惯了收到国家赔偿审判白皮书后组织学习,结合本部门本领域案件分析研判,避免错案,并及时向辽宁高院反馈意见。对新发生的国家赔偿案件,各机关也主动与辽宁高院沟通,认真研究,积极主动作出赔偿决定,化解矛盾。

2011年8月5日，在最高人民法院国家赔偿座谈会上，最高人民法院副院长江必新指出："辽宁高院在全国率先实现赔偿委员会实体化改造，率先发布国家赔偿审判白皮书，采取积极措施使国家赔偿工作走上良性发展道路，形成了'辽宁经验'，值得全国法院国家赔偿系统学习。"

湖南高院:多措并举攻克赔偿执行难

【编者按】

《国家赔偿法》的立法目的是保障公民、法人和其他组织的权益,促进国家机关依法行使职权。上述立法目的的实现,离不开赔偿决定及时、全面的执行。《国家赔偿法》修改之前,国家赔偿费用的支付方式是先由赔偿义务机关垫付,再向财政部门申请核拨,由于部分赔偿义务机关自身掌控经费不足,导致赔偿金长时间难以兑现。《国家赔偿法》修改之后,改变原先“机关垫付、财政核销”的赔偿金支付方式,加强了赔偿费用的支付保障,国家赔偿决定的执行情况得到改善。但在现实中,仍有相当一部分赔偿金不能执行到位,导致赔偿请求人对法律和国家机关心生不满。为保障生效国家赔偿决定得到顺利执行,湖南高院创新工作方式方法,会同执行局共同出台相关措施破解执行难题。通过建立健全有效的执行监督、督促机制,对怠于履行职责的赔偿义务机关、财政部门,由人民法院赔偿委员会通过执行督办函、司法建议函等形式进行督促,将有效提升国家赔偿决定的执行比率,促进了国家赔偿工作的科学发展。下一步,可以探索生效决定的执行信息公开机制,对赔偿委员会督促执行后,赔偿义务机关仍拒不积极执行的,可通过借助传统媒体或互联网等新媒体,公开赔偿义务机关拒不执行情况,督促赔偿义务机关主动履行赔偿义务。

与行政部门配合,完善赔偿金支付机制

“邵阳市今年财政预算市级行政机关及公、检、法司的国家赔偿款共60万元,而仅以邵阳市中级人民法院为赔偿义务机关的张必能等三件案件,赔偿费用就达60余万元,邵阳市财政以国家赔偿费用预算不足为由,一直未向

赔偿请求人支付赔偿金。”2013 年 3 月 5 日，湖南省高级人民法院国家赔偿委员会向该省财政厅发出一份司法建议书，直指当地国家赔偿费用支付中存在的问题，如财政预算不足、不能按期支付，赔偿费用管理不规范及支付渠道不畅通等。

除邵阳外，衡阳也被点名“批评”。司法建议书提到，赔偿请求人梁剑雄以衡阳市人民检察院为赔偿义务机关的刑事违法扣押赔偿案件中，法院赔偿决定认可了衡阳市人民检察院建议市财政局返还梁剑雄 400 万元追缴款的刑事申诉复议决定，而市财政部门则以市人民检察院本年度没有上缴非税收入为由，至今未返还该笔追缴款。

在司法建议书的最后，一条条建议“对症下药”：各级财政部门建立国家赔偿款专用账户，将国家赔偿费用列入各级财政年度预算，并建立财政部门与人民法院的长效联动机制。

多次与省政府法制办、省财政厅协商后，在 2013 年 12 月 1 日起施行的《湖南省国家赔偿费用管理办法》中，湖南高院的诸多建议被采纳，规范了全省各级财政对赔偿费用的管理。

与执行局加强沟通，推行强有力的执行措施

修正后的《国家赔偿法》明确规定赔偿委员会作出的赔偿决定是发生法律效力的决定，必须执行。但对于赔偿义务机关不执行时，该由谁执行、如何执行、不履行的可采取什么措施等问题没有具体规定。

为此，湖南高院国家赔偿委员会主动与执行局共同研究，出台措施。一是对赔偿义务机关逾期不履行生效赔偿决定的，由作出生效决定的法院赔偿委员会向赔偿义务机关发执行督办函，必要时向赔偿义务机关的同级或上一级政法委员会予以通报。对经督办仍不申请支付的，将案件移送作出生效决定的法院参照执行工作相关规定采取执行措施。二是对财政部门逾期不支付赔偿金的，由作出生效决定的法院赔偿委员会向其本级或上一级人民政府发司法建议函；向赔偿义务机关的同级或上一级人大常委会通报情况。必要时，作出生效决定的法院可采取执行措施。

加强管理与监督,建立执行实效督导机制

一是建立案件报送制度。湖南高院以文件形式要求各中院认真做好国家赔偿案件统计报表及结案文书报送工作,对于统计报表,要求一月一报;对于结案文书,要求一案一报。通过对案件情况的全面掌握,极大地方便了对生效赔偿决定的监督执行。

二是纳入专项行动。在中央政法委员会、最高人民法院开展的关于党政机关执行人民法院生效裁判专项积案清理工作中,湖南高院将赔偿案件未执行的情况进行了统计并纳入了清积台账,取得了良好效果。

在上述工作机制的保障下,一批执行积案得到了圆满解决,请求人合法权益得到了真正维护。如赔偿请求人张孝贵、陈万禹、王学军申请龙山县人民法院违法保全赔偿一案,湘西自治州中级人民法院赔偿委员会于2011年10月18日分别作出(2011)州法委赔字第3号、第4号国家赔偿决定,赔偿金共计106.99万元。但该决定迟迟没有得到有效的执行,为此,赔偿请求人请求湖南高院依法监督。在了解到龙山县法院自收到上述二案生效赔偿决定后,及时向财政部门提出了支付申请,而案件一直未得到执行的情况后,湖南高院赔偿委员会主任戴朝玲、案件承办人周志刚会同湘西自治州中院执行局、赔委办等部门,先后多次与龙山县人民政府、财政局主要领导沟通和释明法律。并由省法院赔偿委员会向龙山县法院、财政局等部门发出督办函,由湘西自治州中院执行局参照《最高人民法院关于人民法院执行工作若干问题的规定(试行)》的有关规定,向龙山县财政局发出执行通知书和执行裁定。在龙山县法院、湘西自治州中院的积极配合下,目前,龙山县财政局已按照法院执行通知支付了全额赔偿金。

【权威解读】

《最高人民法院关于人民法院赔偿委员会适用质证程序审理国家赔偿案件的规定》的理解与适用

杨临萍　胡仕浩　陈现杰　张玉娟　梁　清

2013年12月19日,最高人民法院发布了法释〔2013〕27号《最高人民法院关于人民法院赔偿委员会适用质证程序审理国家赔偿案件的规定》(以下简称《质证程序规定》),该规定于2014年3月1日起施行。《质证程序规定》根据2010年《中华人民共和国国家赔偿法》(以下简称《国家赔偿法》),[①]针对人民法院赔偿委员会适用质证程序审理国家赔偿案件工作进行了统一规范,为正确理解适用《质证程序规定》,现就有关问题介绍如下。

一、《质证程序规定》的背景和起草过程

2010年《国家赔偿法》完善了人民法院赔偿委员会审理程序,增加了质证作为书面审理的补充,确定了赔偿请求人和赔偿义务机关的举证责任,赋予人民法院赔偿委员会调查取证、听取陈述申辩、进行质证等法定职责,改变了以往国家赔偿审理程序相对封闭,审理方式相对单一的特点。根据《国家赔偿法》的修改,以本规定进一步细化质证程序事项,明确相关证据规则,

① 根据《最高人民法院办公厅关于在文书中如何引用国家赔偿法名称的通知》,在文书中引用2010年4月29日修正以前的《国家赔偿法》,一律称1994年《中华人民共和国国家赔偿法》;引用2010年4月29日修正的《国家赔偿法》,一律称2010年《中华人民共和国国家赔偿法》;引用2012年10月26日修正的《国家赔偿法》,一律称《中华人民共和国国家赔偿法》。

是国家赔偿审判工作加大司法公开、提升司法公信力的关键举措,有利于增强国家赔偿程序的正当性和公开性,有利于最大限度地查明案件事实,有利于保障赔偿请求人的知情权、参与权和表达权,确保人民法院在每一个国家赔偿案件中,以人民群众可见、可知、可信的方式实现公平正义。

最高人民法院早在 2002 年就已将质证作为国家赔偿审判方式改革的切入点,在全国范围内进行推广。自 2006 年起,各级人民法院对疑难、复杂、争议较大的国家赔偿案件一律适用质证程序审理,取得了良好的法律效果和社会效果。当前,质证程序成为各级人民法院赔偿委员会审理国家赔偿案件,特别是非刑事司法赔偿案件的主要方式,一些人民法院赔偿委员会适用质证程序审理国家赔偿案件的比例已达 100%。与此同时,不少人民法院反映,适用质证程序审理国家赔偿案件时,更多的困惑来自相关证据规则的不足。有鉴于此,为了贯彻落实《国家赔偿法》的相关规定,依法规范人民法院赔偿委员会适用质证程序审理国家赔偿案件,积极回应人民群众对司法公正公开的迫切期待,有必要出台质证程序及相关证据规则的司法解释。

在起草过程中,我们深入进行实际调研,梳理了迫切需要解决的法律适用问题。完成起草后,先后征求了全国人大常委会法工委、最高人民检察院、公安部、司法部、财政部和国务院法制办等有关部门,部分专家学者,最高人民法院各审判业务庭室,部分特邀咨询员和各高级人民法院以及部分中级人民法院的意见,经反复研究论证,最终形成送审稿。《质证程序规定》于 2013 年 12 月 16 日经最高人民法院审判委员会第 1600 次会议审议通过,于同月 19 日公布,自 2014 年 4 月 1 日起施行。

二、《质证程序规定》起草的指导思想

《质证程序规定》共 26 个条文,其主要内容是规范人民法院赔偿委员会适用质证程序审理国家赔偿案件工作,规范对象是人民法院赔偿委员会、参与质证程序各方的行为以及各方之间的程序法律关系,其直接法律依据是《国家赔偿法》第 26 条、第 27 条等条文,主要包括质证的程序事项和相关证据规则的内容。为确保内容合法、科学、合理并具备较强的可操作性,能够适应人民法院国家赔偿工作当前实践需要和今后形势发展,该司法解释在起草过程中坚持了以下几项指导思想:

第一,严格遵循立法精神。我们从质证程序及其相关证据规则的基本目标和主要功能出发，立足于《国家赔偿法》相关法律条文，加强与全国人大常委会法工委的沟通与交流，严格按照《国家赔偿法》的立法原意及修法精神设计相应条款，确保本规定内容符合《国家赔偿法》的立法目的和规范要求。

第二，强调权利救济理念。我们从《国家赔偿法》是宪法相关法、权利救济法和国家责任法的定位出发，注重落实宪法尊重和保障人权的庄严承诺，强调权利救济理念。在具体条款设计上，强调对处于弱势地位的赔偿请求人的权利保障，注重规范人民法院赔偿委员会适用质证程序审理国家赔偿案件，突出对义务性规范和限制性条款的救济设置，确保赔偿请求人顺畅行使权利，充分表达诉求。

第三，提升程序的正当性。我们积极贯彻《国家赔偿法》第 27 条的规定及修法精神，在总结人民法院赔偿委员会适用质证程序审理国家赔偿案件的工作经验基础上，对质证的程序事项作出统一规范。强化赔偿请求人、赔偿义务机关和其他质证参加人参与程序的要求，其目的在于扩大国家赔偿审理程序的参与度，提升国家赔偿审理程序的正当性。

第四，注重吸收各方面意见。在本规定起草过程中，我们注重听取、征求各方面意见。其中，包括听取各级人民法院国家赔偿业务部门的意见和建议，听取来自专家学者的意见和建议，征求了全国人大常委会法工委及其他中央国家机关有关部门的意见和建议。兼收并蓄，数易其稿，对本规定进行了充分的论证，确保内容准确、妥当并符合实际工作需要。

第五，规范人民法院国家赔偿工作。我们着眼于人民法院国家赔偿工作科学发展的需要，注重对各级人民法院赔偿委员会适用质证程序审理国家赔偿案件的程序和具体工作加以统一、规范，以期提高人民法院国家赔偿工作水平，更好地保障赔偿请求人的合法权益。

三、《质证程序规定》起草相关问题

在起草《质证程序规定》过程中，质证与听证的区分，规范的内容，质证的涵义等问题，是需要先行厘清和解决的问题。

第一，质证与听证的区分。2010 年《国家赔偿法》修改时首次采用了质证概念，在此之前赔偿义务机关办理自赔案件时听取意见，人民法院赔偿委员会审理国家赔偿案件时听取意见都统称为听证。《最高人民法院关于审理人民法院国家赔偿确认案件若干问题的规定(试行)》第10条规定:“人民法院审理确认案件可以进行书面审理,根据案件的具体情况可以进行听证。是否听证由合议庭决定。”该规定的听证是指人民法院居中审理国家赔偿确认案件,类似于2010年《国家赔偿法》规定的质证。在司法实践中,一些高级人民法院在总结经验的基础上发布了在辖区内试行听证的规范性文件,主要侧重于规范人民法院赔偿委员会审理国家赔偿案件时听取意见。2010年《国家赔偿法》修改施行后,最高人民法院通过制定《最高人民法院关于人民法院赔偿委员会审理国家赔偿案件程序的规定》(以下简称《赔偿委员会审理程序规定》)、《最高人民法院关于人民法院办理自赔案件程序的规定》和本规定,正式区分了质证与听证。质证程序的适用前提是人民法院赔偿委员会居中审理国家赔偿案件,质证双方是赔偿请求人和赔偿义务机关。听证程序的适用前提是赔偿义务机关办理自赔案件,必要时可以组织赔偿请求人、原案件承办人以及其他相关人员进行听证。

第二,应予规范的内容。关于《质证程序规定》应规范的内容,存在一个由来已久的分歧,即除质证的程序事项之外,还应否包括相关证据规则的原则性规定。在2002年至2005年之间,20多个高级人民法院出台了本辖区关于听证程序的暂行规定,最高人民法院亦在起草听证司法解释。当时,多数高级人民法院仅对质证的程序事项作出规定,但最高人民法院①以及少数高级人民法院如广西壮族自治区高级人民法院、安徽省高级人民法院除此以外还涉及了证据规则的内容。2013年起草《质证程序规定》过程中,多数人民法院呼吁在该司法解释中对与质证程序有关的证据规则作出原则性规定。为指导各级人民法院赔偿委员会更好地适用质证程序审理国家赔偿案件,同时为将来制定专门的国家赔偿证据规则作循序渐进的探索,《质证程序规定》对质证的程序事项和相关证据规则的原则性内容均作出了规定。

---

① 2004年《最高人民法院、最高人民检察院、公安部、司法部关于审理国家赔偿案件适用听证程序有关问题的联合通知(稿)》第7条规定:“听证应围绕赔偿请求的事项和侵权造成的损害事实,查清损害范围、损害程度和损失数额进行。赔偿请求人应承担的举证责任:(一)赔偿义务机关的违法侵害行为已被依法确认的证据;(二)证明其向赔偿义务机关、复议机关提出申请的证据;(三)有关侵权损害后果的证据;(四)其他有关的证据。赔偿义务机关应承担的举证责任:(一)造成损害后果的侵权行为的证据;(二)损害后果的证据;(三)依法免除国家赔偿责任的证据;(四)赔偿义务机关、复议机关作出赔偿决定、复议决定依据的证据。”

为涵括这两方面内容,《质证程序规定》名称由最初立项的“最高人民法院关于人民法院赔偿委员会审理国家赔偿案件质证程序的规定”,最终确定为“最高人民法院关于人民法院赔偿委员会适用质证程序审理国家赔偿案件的规定”。

第三,质证的含义。在证据法学上,对质证含义存在不同理解,广义的质证是指在案件审理过程中,由当事人及其诉讼代理人对出示的证据提出质疑、辩论、核实,由审判人员确认该证据的证明力的诉讼活动;狭义的质证仅指当事人及其诉讼代理人对出示的证据提出质疑、辩论。在《质证程序规定》起草过程中,对于质证内涵的界定同样存在广义和狭义的理解。广义的界定,类似于庭审,包括举证、质证和认证的全过程,是指在案件审理过程中,由赔偿请求人、赔偿义务机关对出示的证据提出质疑、辩论、核实,由人民法院赔偿委员会确认该证据的证明力。狭义的界定,仅将质证作为举证、质证和认证全过程中的一个环节,是指赔偿请求人、赔偿义务机关对出示的证据提出质疑、辩论,但不包括人民法院赔偿委员会确认该证据的证明力。为避免质证大小概念的混同,采用“质证程序”一词表述大概念意义上的质证,对于小概念意义上的质证则尽量用同义词替代,比如第 17 条第 3 项规定“赔偿请求人、赔偿义务机关分别出示证据,发表意见”,其中的“发表意见”即为小概念意义上的质证。

四、质证程序事项的规定

《质证程序规定》总结人民法院赔偿委员会适用质证程序审理国家赔偿案件的实践经验,对组织质证主体、参加质证人员、质证通知、质证准备、质证内容、质证顺序、质证记录、延期质证、质证效力等作出规定,并要求具备条件的人民法院对质证活动进行全程同步录音录像。按照国家赔偿法的规定,人民法院赔偿委员会处理赔偿请求采用决定程序而非诉讼程序,但鉴于诉讼程序因其公开、公正和公平,广为社会各界推崇和接受,本司法解释汲取了诉讼程序的一些要素,对质证程序进行了一定的类诉讼化设计,具体体现在质证原则、形式、组织、主体、程序等内容的规定中。

第一,公开质证原则。《质证程序规定》第 3 条第 1 款规定:“除涉及国家秘密、个人隐私或者法律另有规定的以外,质证应当公开进行。”同条第 2 款规定:“赔偿请求人或者赔偿义务机关申请不公开质证,对方同意的,赔偿委员会可以不公开质证。”质证以公开为原则,以不公开为例外。决定不公开质证的案件,既要尊重赔偿请求人、赔偿义务机关之间的意思自治,又要考虑督促公权力机关依法行使职权的需要,最终由人民法院赔偿委员会审查决定能否不公开质证。坚持质证公开原则,是因为三大诉讼法均根据宪法规定了公开审理原则,国家赔偿审判属于人民法院进行审判活动的一种,亦应按照宪法要求遵循这一法治基本原则,通过司法公开促进司法公正,实现国家赔偿法保障人权、规制公权的宗旨。《质证程序规定》未将涉及商业秘密的案件纳入绝对不公开质证的范围,与民事、刑事、行政诉讼法的规定一致。三大诉讼法均只规定涉及国家秘密、个人隐私的案件不公开审理,涉及商业秘密的案件属于相对不公开审理的范围,如《民事诉讼法》和2012年修改的《刑事诉讼法》明确规定经当事人申请,涉及商业秘密的案件可以不公开审理。

第二,质证范围和质证形式。在司法实践中,质证已成为人民法院赔偿委员会审理国家赔偿案件特别是非刑事司法赔偿案件的主要审理方式,司法实践的有益经验应予肯定。《质证程序规定》明确对侵权事实、损害后果及因果关系等有争议,经书面审理不能解决的国家赔偿案件,人民法院赔偿委员会可以适用质证程序审理,从而确定了书面审理方式和质证审理方式之间的适用关系。对于事实没有争议、只涉及法律适用的可采用书面审理方式;对于事实有争议的原则上均应当采用质证审理方式。关于质证形式,在实践中有的地方法院采圆桌会议形式,有的地方法院采法庭审理形式。国家赔偿案件的特殊性决定了质证的功能不仅是查清事实,还包括化解矛盾,圆桌会议形式有利于缓和气氛、促进调解。法庭审理形式则有利于凸显司法权威、助升司法公信力。《质证程序规定》未限定质证是采用圆桌会议形式或者法庭审理形式,认可了司法实务视具体案情采取相应形式的做法。

第三,组织质证主体和参加质证人员。《质证程序规定》根据司法实践的情况要求人民法院赔偿委员会应当指定审判员组织质证,对于组织质证的审判员人数以及是否采取合议庭形式未作限定,具体视各级人民法院赔偿委员会人员配备以及案件情况而定。也就是说,组织质证的审判员既可以是合议庭也可以是独任审判员,既可以是审判员也可以是代理审判员,既可以是奇数也可以是偶数。根据《质证程序规定》,质证双方为赔偿请求人和赔偿义务机关,其他质证参与人包括复议机关、证人、鉴定人、勘验人等。赔偿请求人、赔偿义务机关类似于诉讼中的当事人,在质证活动中的法律地位平等,均有权委托代理人,提出回避申请,提供证据,申请查阅、复制本案质证材料,进行陈述、质询、申辩,并应当依法行使质证权利,遵守质证秩序。关于复议机关的法律地位,由于其作为赔偿义务机关的上级机关,是国家赔偿审理前置程序复议程序中的裁决者,并非《国家赔偿法》规定的国家赔偿责任的承担者,不负有举证责任,亦不具有类似于当事人的法律地位,仅对其作出复议决定的事实和法律依据负有说明的责任。在司法实践中,对于复议机关维持赔偿义务机关赔偿决定的案件,人民法院赔偿委员会可以不通知复议机关参加质证,但如果复议机关与赔偿义务机关在事实认定和法律适用存在较大出入,或者涉及协商协调等事宜,则应当通知复议机关参加质证,以利于查清事实,正确适用法律,促进国家赔偿纠纷的实质性化解。

第四,质证的法律效果。质证的法律效果主要包括两方面内容,即未经质证的证据能否作为认定案件事实的依据,以及拒不参加质证或者中途退出质证的法律后果。前者是质证对于证据的法律效果,是证据裁判规则的体现;后者是质证对于赔偿请求人、赔偿义务机关的法律效果。关于质证对证据的法律效果,《质证程序规定》第 14 条规定:“适用质证程序审理国家赔偿案件,未经质证的证据不得作为认定案件事实的依据,但法律、司法解释另有规定的除外。”适用质证程序审理的国家赔偿案件,坚持证据裁判原则,原则上只有经过质证的证据才能作为认定案件事实的依据,遵循了证据法一般原则,与三大诉讼保持一致。但书规定的例外情形主要包括:对于证据交换中没有争议的证据,自认事实、免证事实甚至因妨碍举证而推定的事实所对应的证据,无须进行质证。关于质证对赔偿请求人、赔偿义务机关的法律效果,《质证程序规定》第 24 条规定:“赔偿请求人、赔偿义务机关经通知无正当理由拒不参加质证或者未经许可中途退出质证的,视为放弃质证,赔偿委员会可以综合全案情况和对方意见认定案件事实。”为最大限度地寻求救济赔偿请求人权利和维护纳税人权利之间的平衡点,实现国家赔偿的实质正义,该规定将是否参加质证纳入赔偿请求人和赔偿义务机关的处分权行使范畴。赔偿请求人、赔偿义务机关经通知无正当理由拒不参加质证或者未经许可中途退出质证的,视为在程序上放弃质证的权利,其法律效果类似于庭审缺席,不能就对方的证据和主张等发表意见,但不影响人民法院赔偿委员会综合全案情况和对方意见认定案件事实,从而保证既能督促赔偿请求人、赔偿义务机关参加质证,又能实现《国家赔偿法》救济私权和规制公权的宗旨。

五、质证程序相关证据规则

《质证程序规定》在《国家赔偿法》第26条规定的基础上,对与质证程序相关的证据规则作出了规定。鉴于赔偿请求人与赔偿义务机关举证能力较为悬殊,为保证双方在国家赔偿程序中的实质平等,在举证责任分配、人民法院赔偿委员会调查取证、妨碍举证的推定等方面,规定了符合国家赔偿工作实际的证据规则,以贯彻落实《国家赔偿法》第1条规定"保障公民、法人和其他组织享有依法取得国家赔偿的权利,促进国家机关依法行使职权"的宗旨。《质证程序规定》规定的质证程序相关证据规则的主要内容有:

(一)举证责任的分配

《质证程序规定》侧重于从结果意义规定举证责任,将不同法律要件事实的举证不能的不利后果在赔偿请求人、赔偿义务机关之间进行分配。首先,规定举证责任分配的一般原则是赔偿请求人、赔偿义务机关对其主张的有利于自己的事实负举证责任。其次,规定举证责任分配的特殊规则,赔偿义务机关在特殊情形下应对合法性、过错、因果关系等法律要件事实负举证责任。此外,还强调赔偿义务机关对其提出的抗辩事由负有举证责任。

第一,举证责任分配的一般原则。《质证程序规定》第5条在《国家赔偿法》第26条第1款和《赔偿委员会审理程序规定》第12条的基础上,以罗森贝克的法律要件分类说为学理基础,借鉴了1976年《法国民事诉讼法》第9条、我国台湾地区"民事诉讼法典"第277条、《美国模范刑法典》第1.12条4.(1)条的规定,对举证责任分配的一般原则作出了规定。(1)举证责任分配针对的是法律要件事实,是将不同要件事实的诉讼风险在赔偿请求人、赔偿义务机关之间分配。国家赔偿案件的法律要件事实,适用无罪羁押赔偿原则的,为损害事实、因果关系、侵权行为,适用违法归责原则的,为损害事实、因果关系、侵权行为、违法性,适用过错归责原则的,为损害事实、因果关系、侵权行为、过错。(2)举证责任具有行为意义和结果意义的双重含义,更侧重于后者即待证事实真伪不明时不利诉讼后果的承担。其理由在于:

一是举证责任的本质在于作为裁判基础的法律要件事实真伪不明时的不利诉讼后果的承担。按照法律要件分类说,依据实体法规定的法律要件事实的不同类别在当事人之间分配举证责任;当事人对己有利的法律规范所规定的要件事实负举证责任,要件事实处于真伪不明状态时,法院将不适用当事人请求适用的对其有利的法律规范。二是举证责任具有行为意义和结果意义的双重含义,但结果意义代表举证责任的本质。二者的联系主要在于行为责任依附于结果责任,负有结果责任的一方负有在先的行为责任即最先提供证据的责任。三是突出结果意义的举证责任,主要从诉讼风险承担的角度规定举证责任,具有实质的分配意义,更能引导双方合理举证。(3)《质证程序规定》第5条第1款中"有利于"的用语,点明了结果意义的举证责任的实质。在表述上,既对应于同条第2款的"不利后果"的表述,又呼应了举证时限、自认、妨碍举证的推定中关于"有利"、"不利"的事实等表述。

第二,举证责任分配的特殊规则。《质证程序规定》第6条规定:"下列事实需要证明的,由赔偿义务机关负举证责任:(一)赔偿义务机关行为的合法性;(二)赔偿义务机关无过错;(三)因赔偿义务机关过错致使赔偿请求人不能证明的待证事实;(四)赔偿义务机关行为与被羁押人在羁押期间死亡或者丧失行为能力不存在因果关系。"(1)在适用违法归责原则的国家赔偿案件中,赔偿义务机关对其行为的合法性负有举证责任。规定赔偿义务机关对其行为的合法性承担举证责任的理由是:赔偿请求人在国家赔偿程序中处于弱势地位,在收集赔偿义务机关行为违法性的证据方面更是处于弱势。职权法定原则亦要求国家机关在行使职权时应当充分收集证据,根据事实、依照法律实施公权力行为。(2)在适用过错归责原则的国家赔偿案件中,赔偿义务机关对其无过错负有举证责任。理由是:一是赔偿请求人证明赔偿义务机关过错的难度并不亚于对赔偿义务机关行为违法的证明,行为违法实际上是客观化的过错,二者在举证责任分配问题上可以作同等考量。二是否定事实或者消极事实难以直接证明,但仍可以间接证明。比如,证明某甲不在北京的事实,可以通过证明某甲在天津的事实间接证明。我国法律亦有证明无过错等否定事实的类似规定,如《民法通则》第126条规定:"建筑物或者其他设施以及建筑物上的搁置物、悬挂物发生倒塌、脱落、坠落造成他人损害的,它的所有人或者管理人应当承担民事责任,但能够证明自己没有过错的除外。”三是在《侵权责任法》出台以前,民法学理上一般根据《民法通则》第121条的规定,将国家机关及其工作人员职务侵权作为民事侵权的特殊类型,并认为应适用过错推定原则,即赔偿义务机关应证明其不具有过错。四是在国家赔偿实践中,不少国家赔偿案件如不作为侵权案件涉及过错的证明,诸如监狱对患病的羁押人员是否尽到及时救治义务,作为赔偿请求人的被羁押人或者其亲属往往很难收集证据,作为赔偿义务机关的监狱更为接近相关证据,由赔偿义务机关证明其无过错更为合理。(3)对于因赔偿义务机关过错致使赔偿请求人举证不能的待证事实,由赔偿义务机关负举证责任。理由是:一是有类似立法例可循。《澳门民法典》第337条中规定,“因对方之过错使负举证责任之人不能提出证据时,举证责任亦倒置”。二是在国家赔偿司法实践中,一些非刑事司法赔偿案件因赔偿义务机关过错致使赔偿请求人对某些事实举证不能,如涉及证明人民法院是否有超标的查封行为的案件,人民法院在查封时未列财产清单致使赔偿请求人无法举证,应由该人民法院对自己不存在超标的查封行为承担举证责任。(4)被羁押人在羁押期间死亡或者丧失行为能力的,赔偿义务机关对其行为与被羁押人在羁押期间死亡或者丧失行为能力不存在因果关系负有举证责任。《国家赔偿法》第26条第2款规定:“被羁押人在羁押期间死亡或者丧失行为能力的,赔偿义务机关的行为与被羁押人的死亡或者丧失行为能力是否存在因果关系,赔偿义务机关应当提供证据。”2010年《国家赔偿法》修改过程中,立法机关曾在草案中将“伤”的情形纳入第26条的规定,但最终未予规定。从举证难易程度、距离证据的远近等因素考虑,赔偿义务机关对其控制之下的羁押场所发生的事实较易进行了解,赔偿义务机关对其行为与被羁押人在羁押期间所受伤害不存在因果关系负举证责任,更符合公平正义的要求。《质证程序规定》按照立法原意规定因果关系举证责任倒置,未扩展及“伤”的情形,但由于多数案件中因果关系与过错的证明具有同一性,在实践操作中不妨通过适用《质证程序规定》第6条第2项的规定,实现类似的效果。

第三,赔偿义务机关对其提出的抗辩事由负有举证责任。《质证程序规定》第7条规定赔偿义务机关对抗辩事由负有举证责任,列举了具有法定免责的情形、赔偿请求时效届满的抗辩事由,并规定了兜底条款予以周延。抗辩事由是赔偿义务机关针对赔偿请求人的赔偿请求而提出的证明赔偿请求不成立或者不完全成立的事由，应由赔偿义务机关负举证责任，仍属于举证责任分配正置的范畴。在其他诉讼程序中，抗辩事由属于被告举证责任范畴并无疑义，但在国家赔偿程序中，法定免责事由、赔偿请求时效等是否属于人民法院赔偿委员会依职权审查范围，是否属于赔偿义务机关举证责任范围，存在模糊认识，故而予以规定明确。(1)法定免责情形主要包括《国家赔偿法》第19条规定的刑事赔偿责任的免责情形，《最高人民法院关于民事、行政诉讼中司法赔偿若干问题的解释》第7条规定的非刑事司法赔偿责任的免责情形等。(2)赔偿请求时效是指《国家赔偿法》第39条规定的赔偿请求人请求国家赔偿的两年时效，而非《国家赔偿法》第24条、第25条规定的赔偿请求人申请复议、申请人民法院赔偿委员会作出赔偿决定的30日期限。赔偿请求时效类似于诉讼时效，属于抗辩权，适用中止、中断和延长，赔偿请求时效期间完成的法律后果是消灭胜诉权。赔偿请求期间类似于除斥期间，属于形成权，不适用中止、中断和延长，赔偿请求期间完成的法律后果是直接消灭权利。在起草过程中，有意见建议将赔偿请求时效规定为立案条件，但考虑到赔偿请求时效影响的是赔偿请求人的实体权利，《质证程序规定》将其纳入实体审查范围。

(二)举证时限的规定

《国家赔偿法》及其司法解释未规定举证时限，在司法实践中存在证据随时提出的现象，证据随时提出主义带来不少弊端：一是容易造成证据突袭，有损程序公正价值；二是容易造成程序回流，破坏了程序的稳定性；三是容易造成新证据的提交而增加案件的改判率，有损决定的既判力。《质证程序规定》倡导证据适时提出主义，对国家赔偿举证时限制度作出了原则性、引导性的规定。

第一，举证期限。举证时限制度是对证据随时提出主义的限制，赔偿请求人、赔偿义务机关必须在举证期间内提供证据。《质证程序规定》规定的是法定举证期限，赔偿请求人、赔偿义务机关应当在收到受理案件通知书之日起10日内提供证据，理由是：(1)《人民法院国家赔偿文书样式》中的样式20为通知赔偿义务机关或复议机关的受理案件通知书样式，其规定赔偿义务机关、复议机关自收到国家赔偿申请书副本之日起10日内递交有关案卷材料。(2)《国家赔偿法》第28条规定人民法院赔偿委员会审理国家赔偿案件的期限为3个月,短于民事、行政一审案件6个月的审限。由于赔偿请求人申请国家赔偿的很多证据存在于卷宗材料中,举证期限的意义更多地在于督促赔偿义务机关及时提供卷宗材料。国家赔偿案件的举证期限可参考《最高人民法院关于行政诉讼证据若干问题的规定》第1条关于被告举证期限为10日的规定,规定赔偿请求人和赔偿义务机关的举证期限为10日。(3)民事诉讼中的最低举证期限有缩短的趋势。《最高人民法院关于民事诉讼证据的若干规定》第33条规定人民法院指定的举证期限不少于30日。2014年《最高人民法院关于适用〈中华人民共和国民事诉讼法〉的解释》第99条第2款规定,第一审普通程序案件不得少于15日,当事人提供新的证据的第二审案件不得少于10日。(4)赔偿请求人、赔偿义务机关如因客观事由不能在10日期限内提供证据,可以向人民法院赔偿委员会申请延期举证。

第二,延期举证。赔偿请求人、赔偿义务机关确因客观事由不能在举证期限内提供证据的,人民法院赔偿委员会可以根据其申请适当延长期限。赔偿请求人、赔偿义务机关申请延期举证,应当是因客观事由造成的举证障碍,人民法院赔偿委员会应当根据申请人的举证能力、申请人不能在举证期限内提供证据的原因等因素综合判断,决定是否准许延期举证。延期举证需具备以下三个条件:(1)赔偿请求人、赔偿义务机关确因客观事由不能在举证期限内提供证据。赔偿请求人、赔偿义务机关对在举证期限内因客观事由造成举证障碍的情形负有举证责任,通常以书面的形式向人民法院赔偿委员会提出。(2)赔偿请求人、赔偿义务机关应当在举证期限内向人民法院赔偿委员会申请延期举证。在因客观事由造成举证障碍的情况下,延期举证是当事人的一项质证权利,但延期举证的请求必须在举证期限内提出。赔偿请求人、赔偿义务机关申请的内容限于延期举证,而不是其他。(3)经人民法院赔偿委员会准许。经人民法院赔偿委员会审查,赔偿请求人、赔偿义务机关在举证期限内不能提供证据确因"客观事由"造成的,应当准许其延期举证。对于不具有不能提供证据的"客观事由"的情形,人民法院赔偿委员会应当拒绝其延期举证的申请,并书面说明拒绝的理由。需要注意的是,对于不能提供证据的"客观事由"的情形和举证时限的适当延长,属于人民法院赔偿委员会自由裁量的范围,但要从严掌握,过于宽泛将丧失举证时限的意义。

第三,逾期举证的法律后果。《质证程序规定》作出了宣示性、引导性的规定,即赔偿请求人、赔偿义务机关无正当理由逾期提供证据的,应当承担相应的不利后果。对于逾期举证的法律后果,美国和法国实行严格的证据失权制度,逾期举证通常产生证据失权的法律后果;德国和我国台湾地区相对缓和,规定证据失权的要件主要为:逾期举证行为、(法官依自由心证判定的)诉讼迟滞的可能、直接单独因果关系及可归责性。在起草过程中曾考虑参考德国、台湾地区的证据失权制度,明确逾期举证的最严重后果为证据失权,规定"赔偿请求人、赔偿义务机关因故意或者重大过失逾期提供证据的,赔偿委员会可以不予采纳该证据。"但最终仅对逾期举证的法律后果作引导性的概括规定,理由是:(1)在现行法律、司法解释中,区分逾期举证的不同法律后果的为2012年《民事诉讼法》第65条,其规定了逾期举证的不利后果为"不予采纳该证据,或者采纳该证据但予以训诫、罚款"。但因司法解释无权对训诫、罚款作出规定,未予借鉴该规定。(2)现阶段规定逾期举证将承担"相应的不利后果",可以起到规范赔偿请求人、赔偿义务机关及时举证的引导作用。同时,不利后果的内涵和外延更为丰富,便于人民法院赔偿委员会根据案情灵活掌握,如可以责令拖延方承担因逾期举证给对方增加的费用,也可以对因故意或重大过失逾期提交的主要证据、关键证据等予以采纳。(3)《质证程序规定》颁行后,通过实践继续探索如何合理区分逾期举证的不利后果,待时机成熟再作规定更为稳妥。

(作者单位:最高人民法院赔偿办)

《最高人民法院关于人民法院赔偿委员会适用质证程序审理国家赔偿案件的规定》条文精义

梁　清

2010年《国家赔偿法》完善了人民法院赔偿委员会(以下简称赔偿委员会)审理程序,增加了质证作为书面审理的补充,确定了赔偿请求人和赔偿义务机关的举证责任,赋予赔偿委员会调查取证、听取陈述申辩、进行质证等法定职责,改变了以往国家赔偿审理程序相对封闭、审理方式相对单一的特点。根据《国家赔偿法》的修改,制定《最高人民法院关于人民法院赔偿委员会适用质证程序审理国家赔偿案件的规定》(以下简称《质证程序规定》),进一步细化质证程序事项,明确相关证据规则,是国家赔偿审判工作加大司法公开、提升司法公信力的关键举措,有利于增强赔偿程序的正当性和公开性,有利于最大限度地查明案件事实,有利于保障赔偿请求人的知情权、参与权和表达权,确保人民法院在每一个国家赔偿案件中,以人民群众可见、可知、可信的方式实现公平正义。

最高人民法院早在2002年就已将质证作为国家赔偿审判方式改革的切入点并加以推广。自2006年起,各级人民法院对疑难、复杂、争议较大的国家赔偿案件一律适用质证程序审理,取得了良好的法律效果和社会效果。在司法实践中,质证程序的适用呈现出以下四个特点:一是适用广泛,质证成为赔偿委员会审理赔偿案件,特别是非刑事司法赔偿案件的主要方式,在高、中级人民法院赔偿委员会审理案件中,质证率最高已达到100%。二是形式多样,有的地方法院采取圆桌会议模式,由审判员主持质证;有的地方法院采取法庭审理模式,由合议庭组织质证;有的地方法院兼采两种模式,具体视案情而定。三是复议机关定位模糊,对于复议机关在质证程序中的法律地位、权利义务,认识并不一致。复议机关较少参加质证。四是证据规则不足,不少地方法院反映,适用质证程序审理案件时,更多的困惑来自相关证据规则的不足,亟须从举证责任分配、举证时效、质证效力等方面予以明确。

有鉴于此,为了贯彻落实《国家赔偿法》的相关规定,依法规范赔偿委员会适用质证程序审理国家赔偿案件,积极回应人民群众对司法公正公开的迫切期待,最高人民法院出台了《质证程序规定》,对质证程序及相关证据规则予以规范。为准确理解适用该司法解释,现就各条文精义解读如下:

第一条 【本规定的适用】赔偿委员会根据《国家赔偿法》第 27 条的规定,听取赔偿请求人、赔偿义务机关的陈述和申辩,进行质证的,适用本规定。

【条文精义】

《国家赔偿法》在确认前置程序取消、协商程序增设、事实行为纳入审查范围、举证责任确定等方面作出了重大修改,适用质证程序审理国家赔偿案件能够更好地贯彻执行这些规定。《国家赔偿法》及其司法解释仅有两个条文涉及质证程序,不足以满足司法实践的需要,有必要进行系统、具体的规范。本条通过引述《国家赔偿法》第 27 条有关的规定,明确了《质证程序规定》的适用。在起草过程中曾有意见主张本条表述为"赔偿委员会在审理国家赔偿案件过程中,为查明事实,分清责任,依法听取赔偿请求人、赔偿义务机关的陈述和申辩,组织双方对证据进行对质、核实,适用本规定",但多数专家学者和地方法院认为这种表述琐碎且不周延,更倾向于采用现有表述,直接指引向《国家赔偿法》相关规定,简洁周延,因此,本条最终采用了现有表述。

2010 年《国家赔偿法》规定质证以前,各级人民法院积累了不少相关成功经验,一些高级人民法院还进行了一定程度的积极探索,但当时一律称为听证。2010 年修正《国家赔偿法》以后,我院通过制定《最高人民法院关于人民法院赔偿委员会审理国家赔偿案件程序的规定》(以下简称《赔偿委员会审理程序规定》)、《最高人民法院关于人民法院办理自赔案件程序的规定》(以下简称《自赔程序规定》)、《关于国家赔偿法实施中若干问题的座谈会纪要》(以下简称《座谈会纪要》),正式区分了质证与听证:赔偿委员会居中审理国家赔偿案件,必要时可以组织赔偿请求人和赔偿义务机关进行质证;人民法院作为赔偿义务机关办理自赔案件,必要时可以组织赔偿请求人、原案件承办人以及其他相关人员进行听证。

第二条 【质证范围】有下列情形之一,经书面审理不能解决的,赔偿委员会可以组织赔偿请求人和赔偿义务机关进行质证:

(一)对侵权事实、损害后果及因果关系有争议的;

(二)对是否属于国家赔偿法第十九条规定的国家不承担赔偿责任的情形有争议的;

(三)对赔偿方式、赔偿项目或者赔偿数额有争议的;

(四)赔偿委员会认为应当质证的其他情形。

【条文精义】

本条重申了《赔偿委员会审理程序规定》第14条规定的内容。《国家赔偿法》第27条规定可以质证情形为"赔偿请求人与赔偿义务机关对损害事实及因果关系有争议",《赔偿委员会审理程序规定》第14条在此基础上予以扩张和细化,并规定了兜底条款。在征求意见过程中,多数意见同意以重申《赔偿委员会审理程序规定》第14条的形式规定质证案件的范围,但有意见建议将质证严格限定在国家赔偿法规定"损害事实及因果关系有争议的"范围。我们认为,为了《质证程序规定》的体例完整和适用范围明确,需要专列一条规定质证范围。更重要的是,适度扩张质证范围顺应了司法实践的发展需要。在司法实践中,质证已成为赔偿委员会审理国家赔偿案件特别是非刑事司法赔偿案件的主要审理方式,多数中级人民法院赔偿委员会质证率在90%以上,高级人民法院赔偿委员会质证审理案件普遍多于书面审理案件,司法实践先行的有益成果应予肯定。《赔偿委员会审理程序规定》已经对国家赔偿法规定的质证范围进行了扩张和细化,本条与该司法解释第14条规定保持一致,适度扩大适用质证方式审理的案件范围,顺应司法实践的现实需要。

本条明确对侵权事实、损害后果及因果关系等有争议,经书面审理不能解决的国家赔偿案件,人民法院赔偿委员会可以适用质证程序审理,从而确定了书面审理方式和质证审理方式之间的适用关系。对于事实没有争议、只涉及法律适用的可采用书面审理方式;对于事实有争议的原则上均应当采用质证审理方式。关于质证形式，在实践中有的地方法院采圆桌会议形式，有的地方法院采法庭审理形式。国家赔偿案件的特殊性决定了质证的功能不仅是查清事实，还包括化解矛盾，圆桌会议形式有利于缓和气氛，促进调解。法庭审理形式则有利于凸显司法权威，助升司法公信力。《质证程序规定》未限定质证是采用圆桌会议形式或者法庭审理形式，认可了司法实务视具体案情采取相应形式的做法。

第三条 【质证公开原则】除涉及国家秘密、个人隐私或者法律另有规定的以外，质证应当公开进行。

赔偿请求人或者赔偿义务机关申请不公开质证，对方同意的，赔偿委员会可以不公开质证。

【条文精义】

本条规定质证公开原则。第1款规定质证以公开为原则，明确了不公开质证的特殊情形，即对于涉及国家秘密、个人隐私或者法律另有规定的不公开质证的国家赔偿案件，均不予公开质证。第2款规定可以不公开质证的情形，适用条件是一方提出，对方同意，赔偿委员会审查决定不予公开质证，体现了一定程度的意思自治。

在征求意见过程中，有意见认为，赔偿委员会处理赔偿请求以书面审理为原则，建议不公开质证。对此，我们认为应坚持质证公开原则，三大诉讼法均根据宪法规定了公开审理原则，国家赔偿审判属于人民法院进行审判活动的一种，亦应按照《宪法》要求，遵循这一法治基本原则，通过司法公开促进司法公正，实现国家赔偿法保障人权、规制公权的宗旨。有意见还建议将涉及商业秘密的案件纳入不公开质证的范围。对此，我们认为，三大诉讼法均只规定涉及国家秘密、个人隐私的案件不公开审理；商业秘密属于相对不公开审理的范围，《民事诉讼法》和2012年修改的《刑事诉讼法》规定经当事人申请，涉及商业秘密的案件可以不公开审理，故未将商业秘密纳入绝对不公开质证的范围。

第四条 【质证权利义务】赔偿请求人和赔偿义务机关在质证活动中的法律地位平等，有权委托代理人，提出回避申请，提供证据，申请查阅、复制本案质证材料，进行陈述、质询、申辩，并应当依法行使质证权利，遵守质证秩序。

【条文精义】

本条对双方的平等法律地位作了宣示性规定。作为私权利主体的赔偿请求人相对于作为公权力主体的赔偿义务机关,在质证中处于天然的弱势地位。在实践中,一些国家机关对其作为赔偿义务机关与赔偿请求人当面质证存有一定程度的抵触心理。需要重申法律面前人人平等的宪法原则,强调赔偿请求人、赔偿义务机关在质证中具有平等的法律地位。

赔偿请求人、赔偿义务机关类似于诉讼中的当事人,在质证活动中的法律地位平等,均有权委托代理人,提出回避申请,提供证据,申请查阅、复制本案质证材料,进行陈述、质询、申辩,并应当依法行使质证权利,遵守质证秩序。需要指出的是,本条规定赔偿请求人、赔偿义务机关依法享有申请查阅、复制本案质证材料的权利,指的是经赔偿委员会审查许可,赔偿请求人、赔偿义务机关方可以查阅、复制本案质证材料。这一规定与《民事诉讼法》、《行政诉讼法》的规定一致,在民事诉讼中,当事人的查阅、复制范围由最高人民法院规定;在行政诉讼中,涉及国家秘密、个人隐私以外的本案庭审材料,当事人经人民法院许可可以查阅。

第五条 【举证责任分配的原则】赔偿请求人、赔偿义务机关对其主张的有利于自己的事实负举证责任,但法律、司法解释另有规定的除外。

没有证据或者证据不足以证明其事实主张的,由负有举证责任的一方承担不利后果。

【条文精义】

本条规定举证责任的基本含义和举证责任分配的一般规则。举证责任具有行为意义和结果意义的双重含义,更侧重于后者即待证事实真伪不明时不利诉讼后果的承担。举证责任分配针对的是法律要件事实,是将不同要件事实的诉讼风险在赔偿请求人、赔偿义务机关之间分配。举证责任分配的一般原则为,赔偿请求人、赔偿义务机关通常应对其所主张的有利于自己的待证事实负举证责任;对于待证事实举证不能的,由负有举证责任的一方承担不利后果。

本条规定在《国家赔偿法》第26条第1款和《赔偿委员会审理程序规

定》的基础上,[①]以罗森贝克的法律要件分类说为学理基础,在立法例上借鉴了 1976 年《法国民事诉讼法》第 9 条、我国台湾地区“民事诉讼法典”第 277 条、《美国模范刑法典》第 1.12 条 4.(1)条的规定。本条规定更为强调结果意义的举证责任,理由在于:

第一,举证责任的本质在于作为裁判基础的法律要件事实真伪不明时的不利诉讼后果的承担。按照法律要件分类说,依据实体法规定的法律要件事实的不同类别在当事人之间分配举证责任;当事人对己有利的法律规范所规定的要件事实负举证责任,要件事实处于真伪不明状态时,法院将不适用当事人请求适用的对其有利的法律规范。

第二,举证责任具有行为意义和结果意义的双重含义,但结果意义代表举证责任的本质。二者的联系主要在于行为责任依附于结果责任,负有结果责任的一方负有在先的行为责任即最先提供证据的责任。行为责任与结果责任的区别在于:(1)性质不同。前者立足于提出证据的程序层面,后者结果责任立足于败诉风险或承担不利诉讼后果的实体层面。(2)对象不同。前者可针对所有事实即要件事实、间接事实、辅助事实,后者仅针对要件事实。(3)能否由双方当事人负担和由代理人分担不同。前者可以由双方当事人负担,可以由代理人部分或者全部分担。后者只能由一方当事人负担,不能由代理人分担。(4)能否转移不同。前者可随着举证活动的进行在双方当事人之间来回转移,后者始终只存在于一方当事人。(5)能否预先分配不同。前者无须也不能预先分配,负担结果责任的一方总是负有行为责任,不负担结果责任的另一方是否负担行为责任,则视对方提供证据的情况而定。后者总是依据法律规定在双方当事人之间适当分配,完全不受实际举证进程的影响。

第三,本条表述与其后的第 6 条至第 8 条的规定具有一致性,都是突出结果意义的举证责任,主要从诉讼风险承担的角度规定举证责任,具有实质

---

① 《国家赔偿法》第 26 条第 1 款规定:“人民法院赔偿委员会处理赔偿请求,赔偿请求人和赔偿义务机关对自己提出的主张,应当提供证据。”《赔偿委员会审理程序规定》第 12 条规定:“赔偿请求人、赔偿义务机关对自己提出的主张或者反驳对方主张所依据的事实有责任提供证据加以证明。有《国家赔偿法》第 26 条第 2 款规定情形的,应当由赔偿义务机关提供证据。没有证据或者证据不足以证明其事实主张的,由负有举证责任的一方承担不利后果。”

的分配意义,更能引导双方合理举证。

第四,本条第1款“有利于”的用语,点明了结果意义的举证责任的实质。在表述上,既对应于第2款的“不利后果”的表述,又呼应了举证时限、自认、妨碍举证的推定中关于“有利”、“不利”的事实等表述。

第六条 【特殊情形下的举证责任】下列事实需要证明的,由赔偿义务机关负举证责任:

(一)赔偿义务机关行为的合法性;

(二)赔偿义务机关无过错;

(三)因赔偿义务机关过错致使赔偿请求人不能证明的待证事实;

(四)赔偿义务机关行为与被羁押人在羁押期间死亡或者丧失行为能力不存在因果关系。

【条文精义】

本条规定举证责任分配的特殊规则,对举证责任分配的一般原则进行适度修正,确保实质公平正义的实现。对于本应由赔偿请求人负举证责任的待证事实,在特殊情形下由赔偿义务机关承担举证责任。按照举证责任分配的一般规则,赔偿请求人应对国家赔偿责任构成的全部要件事实承担举证责任。考虑到赔偿请求人处于弱势地位,举证能力有限,有必要结合举证能力的大小、距离证据的远近等因素,合理地减轻赔偿请求人的举证责任,实现赔偿请求人与赔偿义务机关在国家赔偿程序中的平等对抗。

在适用违法归责原则的国家赔偿案件中,赔偿义务机关对其行为的合法性负有举证责任。《赔偿委员会审理程序规定》第13条借鉴《最高人民法院关于行政诉讼证据若干问题的规定》(以下简称为《行政证据规定》)第6条规定:“赔偿义务机关对其职权行为的合法性负有举证责任。赔偿请求人可以提供证明职权行为违法的证据,但不因此免除赔偿义务机关对其职权行为合法性的举证责任。”本条继受了该规定关于赔偿义务机关对其行为的合法性承担举证责任的内容,理由是:一方面,赔偿请求人在国家赔偿程序中处于弱势地位,特别是在收集赔偿义务机关行为违法性的证据方面更是处于弱势。另一方面,职权法定原则要求国家机关在行使职权时应当充分收集证据,根据事实、依照法律实施公权力行为。同时,本条未再规定“赔偿请求人可以提供证明职权行为违法的证据,但不因此免除赔偿义务机关对其职权行为合法性的举证责任。”理由是，由于对同一要件事实只能由一方而非双方负举证责任，明确赔偿义务机关对其行为合法性的举证责任，即意味着赔偿请求人对这一事实的举证享有权利但不负有义务。

在适用过错归责原则的国家赔偿案件中，赔偿义务机关对其无过错负有举证责任。理由是：(1)赔偿请求人证明赔偿义务机关过错的难度并不亚于对赔偿义务机关行为违法的证明，行为违法实际上是客观化的过错，二者在举证责任分配问题上可以作同等考量。(2)否定事实或者消极事实难以直接证明，但仍可以间接证明。比如，证明某甲不在北京的事实，可以通过证明某甲在天津的事实间接证明。现行法律和司法解释有证明无过错等否定事实的类似规定，如《民法通则》第126条规定：“建筑物或者其他设施以及建筑物上的搁置物、悬挂物发生倒塌、脱落、坠落造成他人损害的，它的所有人或者管理人应当承担民事责任，但能够证明自己没有过错的除外。”又如《民事证据规定》第4条对于环境污染、物件致人损害、共同危险行为、医疗损害的举证责任分配有关于证明不存在因果关系、过错的规定。再如《最高人民法院关于审理人身损害赔偿案件适用法律若干问题的解释》第16条关于物件所有人或者管理人能够证明自己没有过错的不承担损害赔偿责任的规定。(3)在《侵权责任法》出台以前，民法学理上一般根据《民法通则》第121条的规定，将国家机关及其工作人员职务侵权作为民事侵权的特殊类型，并认为适用过错推定原则，即赔偿义务机关应证明其不具有过错。(4)在国家赔偿实践中，不少国家赔偿案件如不作为侵权案件涉及过错的证明，如监狱对患病的羁押人员是否尽到及时救治义务，作为赔偿请求人的被羁押人或者其亲属往往很难收集证据，作为赔偿义务机关的监狱更接近相关证据，由赔偿义务机关证明其无过错更为合理。

对于因赔偿义务机关过错致使赔偿请求人举证不能的待证事实，由赔偿义务机关负举证责任。理由是：(1)有类似立法例可循。《澳门民法典》第337条规定，“因对方之过错使负举证责任之人不能提出证据时，举证责任亦倒置”。①

① 学者起草的证据法建议稿亦有类似内容，如肖建国、章武生教授2008年起草的《民事证据法建议稿》第21条规定：“有下列情形之一的，实行举证责任倒置：(一)民法明确规定实行举证责任倒置时；(二)存在法律推定、举证责任的免除或存在具有上述意义的有效约定时；(三)因对方的过错使负举证责任的人不能提出证据时。”

(2)在国家赔偿司法实践中,一些非刑事司法赔偿案件因赔偿义务机关过错致使赔偿请求人对某些事实举证不能,例如,涉及证明人民法院是否有超标的查封行为的案件,人民法院在查封时未列财产清单致使赔偿请求人无法举证,应由该人民法院对自己不存在超标的查封行为承担举证责任。

被羁押人在羁押期间死亡或者丧失行为能力的,赔偿义务机关对其行为与被羁押人在羁押期间死亡或者丧失行为能力不存在因果关系负有举证责任。2010年《国家赔偿法》第26条第2款规定:"被羁押人在羁押期间死亡或者丧失行为能力的,赔偿义务机关的行为与被羁押人的死亡或者丧失行为能力是否存在因果关系,赔偿义务机关应当提供证据。"2010年《国家赔偿法》修改过程中,立法机关曾在草案中将"伤"的情形纳入第26条的规定,但最终未予规定。从举证难易程度、距离证据的远近等因素考虑,赔偿义务机关对其控制之下的羁押场所发生的事实较易进行了解,赔偿义务机关对其行为与被羁押人在羁押期间所受伤害不存在因果关系负举证责任,更符合公平正义的要求。在司法实践中,不少地方法院也提出了这一呼吁。《质证程序规定》按照立法原意规定因果关系举证责任倒置,未扩展及"伤"的情形,但由于多数案件中因果关系与过错的证明具有同一性,在实践操作中不妨通过适用《质证程序规定》第6条第2项的规定,实现类似的效果。

第七条 【抗辩事由的举证责任】下列情形,由赔偿义务机关负举证责任:

(一)属于法定免责情形;

(二)赔偿请求超过法定时效;

(三)具有其他抗辩事由。

【条文精义】

本条规定赔偿义务机关对抗辩事由负有举证责任,列举了具有法定免责的情形、赔偿请求时效届满的抗辩事由,并规定了兜底条款予以周延。抗辩事由是赔偿义务机关针对赔偿请求人的赔偿请求而提出的证明赔偿请求不成立或者不完全成立的事由,应由赔偿义务机关负举证责任,仍属于举证责任分配正置的范畴。在其他诉讼程序中,抗辩事由属于被告举证责任范畴并无疑义,但在国家赔偿程序中,法定免责事由、赔偿请求时效等是否属于赔偿委员会依职权审查范围、是否属于赔偿义务机关举证责任范围,存在模糊认识,需要在规定中明确。

本条规定的法定免责情形主要包括《国家赔偿法》第17条规定的刑事赔偿责任的免责情形,《最高人民法院关于民事、行政诉讼中司法赔偿若干问题的解释》第7条规定的非刑事司法赔偿责任的免责情形等。[①] 民事诉讼法规定被告对法定免责事由负举证责任,如《最高人民法院关于民事诉讼证据的若干规定》(以下简称《民事证据规定》)第4条第3项、第6项的规定。

本条规定的赔偿请求时效是指《国家赔偿法》第39条规定的赔偿请求人请求国家赔偿的两年时效,而非《国家赔偿法》第24条、第25条规定的赔偿请求人申请复议、申请赔偿委员会作出赔偿决定的30日期限。在征求意见过程中,有意见建议由赔偿义务机关和赔偿请求人共同承担赔偿请求时效的举证责任。对此,我们认为:结果意义的举证责任仅能分配给一方承担,而非双方共同承担。如要求处于弱势地位的赔偿请求人承担于己不利事实的举证责任,缺乏合理性基础。可供参考的类似规定有,民事诉讼法上将诉讼时效规定为当事人抗辩事项,而非人民法院依职权审查事项;行政诉讼法规定被告对诉讼时效届满负举证责任。[②] 需要说明的是,2004年《最高

---

① 《国家赔偿法》第19条规定:"属于下列情形之一的,国家不承担赔偿责任:(一)因公民自己故意作虚伪供述,或者伪造其他有罪证据被羁押或者被判处刑罚的;(二)依照刑法第十七条、第十八条规定不负刑事责任的人被羁押的;(三)依照刑事诉讼法第十五条、第一百七十三条第二款、第二百七十三条第二款、第二百七十九条规定不追究刑事责任的人被羁押的;(四)行使侦查、检察、审判职权的机关以及看守所、监狱管理机关的工作人员与行使职权无关的个人行为;(五)因公民自伤、自残等故意行为致使损害发生的;(六)法律规定的其他情形。"《最高人民法院关于民事、行政诉讼中司法赔偿若干问题的解释》第7条规定:"根据国家赔偿法第十七条、第三十一条的规定,具有下列情形之一的,国家不承担赔偿责任:(一)因申请人申请保全有错误造成损害的;(二)因申请人提供的执行标的物有错误造成损害的;(三)人民法院工作人员与行使职权无关的个人行为;(四)属于民事诉讼法第二百一十四条规定情形的;(五)被保全人、被执行人,或者人民法院依法指定的保管人员违法动用、隐匿、毁损、转移、变卖人民法院已经保全的财产的;(六)因不可抗力造成损害后果的;(七)依法不应由国家承担赔偿责任的其他情形。"

② 《最高人民法院关于审理民事案件适用诉讼时效制度若干问题的规定》第3条规定:"当事人未提出诉讼时效抗辩,人民法院不应对诉讼时效问题进行释明及主动适用诉讼时效的规定进行裁判。"《行政证据规定》第4条第3款规定:"被告认为原告起诉超过法定期限的,由被告承担举证责任。"学者起草的证据法建议稿亦有类似内容,如王利明、肖建国教授起草的《中华人民共和国民事证据法》(草案第六稿)第21条规定:"诉讼时效期间届满的事实,由被告负责证明,但法律另有规定的除外。原告对于被告的时效抗辩,主张有中止、中断或延长事由存在的事实,则对该事实负证明责任。"

人民法院关于审理人民法院国家赔偿确认案件若干问题的规定(试行)》第3条第3项规定将“确认申请人申请确认应当在司法行为发生或者知道、应当知道司法行为发生之日起两年内提出”作为立案条件。该规定是我院审监庭参照1991年《民事诉讼法》第182条关于申请再审的两年期限规定作出的,将确认申请期限界定为除斥期间。2010年《国家赔偿法》取消确认前置程序以后,确认申请在国家赔偿程序中一并审理,统一适用《国家赔偿法》第39条规定的请求时效。2012年施行的《最高人民法院关于国家赔偿案件立案工作的规定》在起草过程中,有意见建议将赔偿请求时效规定为立案条件,但我们认为,赔偿请求时效影响的是赔偿请求人的实体权利,纳入实体审查范围为宜,故未予采纳。本条将赔偿请求时效届满作为抗辩事由,由赔偿义务机关负举证责任,与《最高人民法院关于国家赔偿案件立案工作的规定》是一致的。

第八条 【复议机关的说明责任】赔偿委员会认为必要时,可以通知复议机关参加质证,由复议机关对其作出复议决定的事实和法律依据进行说明。

【条文精义】

复议机关作为赔偿义务机关的上级机关,是国家赔偿审理前置程序复议程序中的裁决者,并非国家赔偿法规定的国家赔偿责任的承担者,故不负有举证责任,但对其作出复议决定的事实和法律依据负有说明的责任。

在起草过程中,曾存在复议机关应承担举证责任还是说明责任的分歧,后统一认识为复议机关承担说明责任,但对此存有复议机关一律参加质证、一律不参加质证和仅在变更赔偿决定时参加质证的三种不同分歧意见。对此,本条规定“赔偿委员会认为必要时,可以通知复议机关参加质证”,并不因复议机关维持、变更、撤销赔偿决定或者逾期未作决定而有所不同。理由是:(1)2012年颁行的《人民法院国家赔偿案件文书样式》(以下简称《国家赔偿文书样式》)制定了赔偿委员会通知复议机关参加质证的通知书样式,在赔偿委员会作出的国家赔偿决定书样式中将复议机关列于赔偿请求人、赔偿义务机关之后。(2)实践中存在复议机关逾期不作复议决定,作出维持的复议决定偏多,以及不愿意参加质证的现象,如果规定复议机关一律不参加质证或者仅在变更赔偿决定时参加质证,将放任甚至助长这些现象的发展。(3)即便是在复议机关作出维持决定的情况下,有些案件如涉及协调、补偿的案件需要通过复议机关参加质证,以赔偿义务机关的上级机关身份促进国家赔偿纠纷的实质性化解。(4)考虑到在司法实践中复议机关维持赔偿决定的居多,这类案件多数在事实认定和法律适用上变化不大,复议机关不参加质证对案件审理的影响较小,故未作复议机关应当参加质证的刚性规定。

第九条 【赔偿请求人申请调查取证】赔偿请求人可以在举证期限内申请赔偿委员会调取下列证据:

(一)由国家有关部门保存,赔偿请求人及其委托代理人无权查阅调取的证据;

(二)涉及国家秘密、商业秘密、个人隐私的证据;

(三)赔偿请求人及其委托代理人因客观原因不能自行收集的其他证据。

赔偿请求人申请赔偿委员会调取证据,应当提供具体线索。

【条文精义】

本条规定赔偿请求人向赔偿委员会申请调取证据的条件、范围和要求。鉴于在国家赔偿司法实践中,赔偿请求人及其委托代理人收集证据能力较弱,本条参考《民事诉讼法》、《民事证据规定》和《行政诉讼法》、《行政证据规定》的相关规定,针对赔偿请求人及其委托代理人无权查阅调取的国家有关部门保存的证据,涉及国家秘密、商业秘密、个人隐私的证据,以及赔偿请求人及其委托代理人因客观原因不能自行收集的其他证据,规定赔偿请求人申请赔偿委员会调取证据的权利。需要说明的是,赔偿请求人对自己的主张承担完全的举证责任,赔偿委员会仅在赔偿请求人确因客观原因不能收集证据时,依赔偿请求人申请而不是依职权调取证据。同时,为了防止审理期限的不当拖延,实现保护赔偿请求权和降低司法成本之间的合理平衡,本条规定赔偿请求人应当在举证期限内提出申请,并应当提供确切线索。还需要说明的是,考虑到作为公权力机关的赔偿义务机关收集证据能力较强,其原则上不能申请赔偿委员会调取证据。

第十条 【赔偿委员会依职权调查取证】赔偿委员会有权要求赔偿请求人、赔偿义务机关提供或者补充证据。

涉及国家利益、社会公共利益或者他人合法权益的事实,或者涉及依职权追加质证参加人、中止审理、终结审理、回避等程序性事项的,赔偿委员会可以向有关单位和人员调查情况、收集证据。

【条文精义】

本条规定赔偿委员会有权要求赔偿义务机关、赔偿请求人提供或者补充证据,并规定赔偿委员会依职权调查取证的范围。在国家赔偿审理程序中,赔偿请求人与赔偿义务机关负有举证责任,提供证据是举证活动的核心,赔偿委员会作为裁决者不负有举证责任。在起草过程中,不少地方法院建议,考虑到国家赔偿案件中权利救济和公权规范的需要,赔偿委员会有必要主动介入赔偿请求人与赔偿义务机关的举证活动,在适度范围内依职权调查取证,起到指导、帮助的积极作用。《质证程序规定》采纳了建议,明确涉及国家利益、社会公共利益或者他人合法权益的事实的,赔偿委员会可以依职权调查取证。在国家赔偿案件中,需要赔偿委员会对涉及程序性事项依职权主动调查取证的情况极少,但不排除随着国家赔偿司法实践的发展会逐步增多,因而在赔偿委员会依职权调查取证范围中规定了"依职权追加质证参加人、中止审理、终结审理、回避等程序性事项"。

第十一条 【举证时限】赔偿请求人、赔偿义务机关应当在收到受理案件通知书之日起十日内提供证据。赔偿请求人、赔偿义务机关确因客观事由不能在该期限内提供证据的,赔偿委员会可以根据其申请适当延长举证期限。

赔偿请求人、赔偿义务机关无正当理由逾期提供证据的,应当承担相应的不利后果。

【条文精义】

本条规定举证期限、延期举证,以及逾期举证的法律后果。《国家赔偿法》及其司法解释未规定举证时限,在司法实践中存在证据随时提出的现象,影响质证乃至整个审理活动的效率,不少地方法院为此强烈建议在《质证程序规定》中确立举证时限制度。本条根据国家赔偿的实际,对国家赔偿举证时限制度作出了原则性、引导性的规定。

国家赔偿法及其司法解释未规定举证时限,在司法实践中存在证据随时提出的现象,证据随时提出主义带来不少弊端:一是容易造成证据突袭,有损程序公正价值；二是容易造成程序回流，破坏了程序的稳定性；三是容易造成新证据的提交而增加案件的改判率，有损决定的既判力。《质证程序规定》倡导证据适时提出主义，对国家赔偿举证时限制度作出了原则性、引导性的规定。

第一，举证期限。举证时限制度是对证据随时提出主义的限制，赔偿请求人、赔偿义务机关必须在举证期间内提供证据。《质证程序规定》规定的是法定举证期限，赔偿请求人、赔偿义务机关应当在收到受理案件通知书之日起十日内提供证据，理由是：(1)《人民法院国家赔偿文书样式》中的样式20为通知赔偿义务机关或复议机关的受理案件通知书样式，其规定赔偿义务机关、复议机关自收到国家赔偿申请书副本之日起10日内递交有关案卷材料。(2)《国家赔偿法》第28条规定人民法院赔偿委员会审理国家赔偿案件的期限为3个月，短于民事、行政一审案件6个月的审限。由于赔偿请求人申请国家赔偿的很多证据存在于卷宗材料中，举证期限的意义更多地在于督促赔偿义务机关及时提供卷宗材料。国家赔偿案件的举证期限可参考《行政证据规定》第1条关于被告举证期限为10日的规定，规定赔偿请求人和赔偿义务机关的举证期限为10日。(3)民事诉讼中的最低举证期限有缩短的趋势。《最高人民法院关于民事诉讼证据的若干规定》第33条规定人民法院指定的举证期限不少于30日。2014年《最高人民法院关于适用〈中华人民共和国民事诉讼法〉的解释》第99条第2款规定，第一审普通程序案件不得少于15日，当事人提供新的证据的第二审案件不得少于10日。(4)赔偿请求人、赔偿义务机关如因客观事由不能在10日期限内提供证据，可以向人民法院赔偿委员会申请延期举证。

第二，延期举证。赔偿请求人、赔偿义务机关确因客观事由不能在举证期限内提供证据的，人民法院赔偿委员会可以根据其申请适当延长期限。赔偿请求人、赔偿义务机关申请延期举证，应当是因客观事由造成的举证障碍，人民法院赔偿委员会应当根据申请人的举证能力、申请人不能在举证期限内提供证据的原因等因素综合判断，决定是否准许延期举证。延期举证需具备以下三个条件：(1)赔偿请求人、赔偿义务机关确因客观事由不能在举证期限内提供证据。赔偿请求人、赔偿义务机关对在举证期限内因客观事由造成举证障碍的情形负有举证责任，通常以书面的形式向人民法院赔偿委员会提出。(2)赔偿请求人、赔偿义务机关应当在举证期限内向人民法院赔偿委员会申请延期举证。在因客观事由造成举证障碍的情况下,延期举证是当事人的一项质证权利,但延期举证的请求必须在举证期限内提出。赔偿请求人、赔偿义务机关申请的内容限于延期举证,而不是其他。(3)经人民法院赔偿委员会准许。经人民法院赔偿委员会审查,赔偿请求人、赔偿义务机关在举证期限内不能提供证据确因"客观事由"造成的,应当准许其延期举证。对于不具有不能提供证据的"客观事由"的情形,人民法院赔偿委员会应当拒绝其延期举证的申请,并书面说明拒绝的理由。需要注意的是,对于不能提供证据的"客观事由"的情形和举证时限的适当延长,属于人民法院赔偿委员会自由裁量的范围,但要从严掌握,过于宽泛将丧失举证时限的意义。

第三,逾期举证的法律后果。《质证程序规定》作出了宣示性、引导性的规定,即赔偿请求人、赔偿义务机关无正当理由逾期提供证据的,应当承担相应的不利后果。对于逾期举证的法律后果,美国和法国实行严格的证据失权制度,逾期举证通常产生证据失权的法律后果;德国和我国台湾地区相对缓和,规定证据失权的要件主要为:逾期举证行为、(法官依自由心证判定的)诉讼迟滞的可能、直接单独因果关系及可归责性。在起草过程中曾考虑参考德国、台湾地区的证据失权制度,明确逾期举证的最严重后果为证据失权,规定"赔偿请求人、赔偿义务机关因故意或者重大过失逾期提供证据的,赔偿委员会可以不予采纳该证据"。但最终仅对逾期举证的法律后果作引导性的概括规定,理由是:(1)在现行法律、司法解释中,区分逾期举证的不同法律后果为2012年《民事诉讼法》第65条,其规定了逾期举证的不利后果为"不予采纳该证据,或者采纳该证据但予以训诫、罚款"。但因司法解释无权对训诫、罚款作出规定,未予借鉴该规定。(2)现阶段规定逾期举证将承担"相应的不利后果",可以起到规范赔偿请求人、赔偿义务机关及时举证的引导作用。同时,不利后果的内涵和外延更为丰富,便于人民法院赔偿委员会根据案情灵活掌握,如可以责令拖延方承担因逾期举证给对方增加的费用,也可以对因故意或重大过失逾期提交的主要证据、关键证据等予以采纳。(3)《质证程序规定》颁行后,通过实践继续探索如何合理区分逾期举证的不利后果,待时机成熟再作规定更为稳妥。

第十二条 【证据交换】对于证据较多或者疑难复杂的案件，赔偿委员会可以组织赔偿请求人、赔偿义务机关在质证前交换证据，明确争议焦点，并将交换证据的情况记录在卷。

赔偿请求人、赔偿义务机关在证据交换过程中没有争议并记录在卷的证据，经审判员在质证中说明后，可以作为认定案件事实的依据。

【条文精义】

本条规定证据交换的适用范围、目的和法律效果。在实践中，一些人民法院对于证据较多或者疑难复杂的国家赔偿案件，在质证之前组织赔偿请求人、赔偿义务机关进行证据交换，取得了明确争议焦点、提高质证效率的良好效果。本条总结了实践经验，第1款规定对于证据较多或者疑难复杂的案件，可以进行质证前的证据交换，明确争议焦点，并将交换证据的情况记录在卷；第2款规定在证据交换过程中没有争议并记录在卷的证据，经审判员在质证中说明后，可以作为认定案件事实的依据，即这些证据视为已经质证的证据或者无须质证的证据。

第十三条 【质证通知】赔偿委员会应当指定审判员组织质证，并在质证三日前通知赔偿请求人、赔偿义务机关和其他质证参与人。必要时，赔偿委员会可以通知赔偿义务机关实施原职权行为的工作人员或者其他利害关系人到场接受询问。

赔偿委员会决定公开质证的，应当在质证三日前公告案由，赔偿请求人和赔偿义务机关的名称，以及质证的时间、地点。

【条文精义】

本条规定质证通知期限、通知对象，以及公开质证通知期限和公告内容。在实践中，存在赔偿委员会根据案情不同指定1～3名不等的审判员组织质证的情况，《质证程序规定》总结了这一实践经验，规定"赔偿委员会应当指定审判员组织质证"，组织质证的审判员人数视案件难易情况而定。"质证三日前"的质证通知期限、公开质证通知期限，参照了《民事诉讼法》第136条、《刑事诉讼法》第182条相关规定。在征求意见过程中，有意见建议，有些赔偿请求人住地偏远，将质证通知改在质证前7日更为妥当。我们认为，"质证三日前"与其他诉讼法的开庭通知期限一致，能够涵括"质证前七日"的表述，具体通知时间可由承办法官在案件审理过程中视情况而定。

在起草过程中，一些地方法院提出，有些国家赔偿案件的审理，需要通过质证向赔偿义务机关作出原职权行为的工作人员，或者有利害关系的公民、法人或者其他组织了解情况，但赔偿委员会没有依据要求相关人员参加质证，导致一些事实无法查清。为此，本条第1款中规定："必要时，赔偿委员会可以通知赔偿义务机关作出原职权行为的工作人员，有利害关系的公民、法人或者其他组织到场接受询问。"

第十四条 【质证效力】适用质证程序审理国家赔偿案件，未经质证的证据不得作为认定案件事实的依据，但法律、司法解释另有规定的除外。

【条文精义】

适用质证程序审理的国家赔偿案件，坚持证据裁判原则，原则上只有经过质证的证据才能作为认定案件事实的依据，遵循了证据法一般原则，与三大诉讼保持一致。但书规定的例外情形主要包括：对于证据交换中没有争议的证据，自认事实、免证事实甚至因妨碍举证而推定的事实所对应的证据，无须进行质证。

关于应否规定"未经质证的证据不得作为认定案件事实的依据"，在起草过程中存在正反两种不同意见。反对意见的理由是：(1)国家赔偿案件的审理是以书面审理为原则，不同于三大诉讼的以开庭审理为原则。如作规定，在立法上缺乏依据。(2)如作规定，将导致书面审理案件和质证案件在定案依据要求上的截然不同。按照《国家赔偿法》规定，适用质证程序审理案件的证据，必须经过质证才能作为定案依据，而适用书面程序审理案件的证据，无须质证即可作为定案依据，将产生书面审理案件和质证案件之间的悖论。赞成意见的理由是：(1)《国家赔偿法》第27条规定了赔偿委员会"可以"进行质证，属于授权性规定，法律已经授权赔偿委员会决定是否进行质证和质证的法律效果。(2)质证已成为赔偿委员会审理国家赔偿案件特别是非刑事司法赔偿案件的主要审理方式，多数中级人民法院赔偿委员会质证率在90%以上，高级人民法院赔偿委员会质证审理案件普遍多于书面审理案件，需要对质证的法律效果予以规定。(3)如不规定未经质证的证据不能作为认定案件事实的依据，将在客观上助长拒不参加质证现象的发生，最为极端的后果就是国家赔偿案件的审理全部回归到书面审理形式。(4)未经质证的证据不能作为认定案件事实的依据，是三大诉讼都遵循的证据法一般原则。最终，《质证程序规定》采纳了后一种意见及其理由。

第十五条　【质证内容】赔偿请求人、赔偿义务机关应围绕证据的关联性、真实性、合法性，针对证据有无证明力以及证明力大小，进行质证。

【条文精义】

本条规定质证内容，即赔偿请求人、赔偿义务机关应当围绕证据的“三性”、证据的证明力进行质证。本条规定了赔偿请求人、赔偿义务机关进行质证的两个主要标准：一是证据是否具有证据能力。证据的关联性、真实性、合法性的证明存在逻辑上的先后顺位关系。二是证据对案件事实的证明程度。在确定证据具有“三性”的基础上，确认证据的证明力。

第十六条　【质证准备】质证开始前，由书记员查明质证参与人是否到场，宣布质证纪律。

质证开始时，由主持质证的审判员核对赔偿请求人、赔偿义务机关，宣布案由，宣布审判员、书记员名单，向赔偿请求人、赔偿义务机关告知质证权利义务以及询问是否申请回避。

【条文精义】

本条规定质证程序开始前书记员和主持质证的审判员应做的程序性预备工作。本条总结了国家赔偿司法实践的普遍做法，参考了《民事诉讼法》第 137 条、《刑事诉讼法》第 185 条的规定。考虑到质证活动可能在合议庭组织下进行，也可能在一名或者两名审判员组织下进行，本条未规定由审判长而是由主持质证的审判员进行核对、宣布和询问。

第十七条　【质证顺序】质证一般按照下列顺序进行：

（一）赔偿请求人、赔偿义务机关分别陈述，复议机关进行说明；

（二）审判员归纳争议焦点；

（三）赔偿请求人、赔偿义务机关分别出示证据，发表意见；

（四）询问参加质证的证人、鉴定人、勘验人；

（五）赔偿请求人、赔偿义务机关就争议的事项进行质询和辩论；

（六）审判员宣布赔偿请求人、赔偿义务机关认识一致的事实和证据；

（七）赔偿请求人、赔偿义务机关最后陈述意见。

【条文精义】

本条规定质证活动进行的先后顺序。本条总结了司法实践的相关做法,参考了《民事诉讼法》的相关规定。在征求意见过程中,部分地方法院提出,实践中存在不同案件的质证参加人诉讼能力差距较大,案件审理的繁简难易程度差距较大,是否可以在质证程序中进行调解亦有不同,应根据案件具体情况灵活掌握质证活动的环节,建议不对质证顺序作强制性规定。《质证程序规定》采纳了建议,规定一般按照本条的顺序进行质证。各级人民法院在实践中可根据案件审理的繁简难易、是否需要在质证活动中进行调解等情况,精简或者增补质证程序的具体环节。

第十八条 【赔偿委员会调取证据的质证】赔偿委员会根据赔偿请求人申请调取的证据,作为赔偿请求人提供的证据进行质证。

赔偿委员会依照职权调取的证据应当在质证时出示,并就调取该证据的情况予以说明,听取赔偿请求人、赔偿义务机关的意见。

【条文精义】

本条规定赔偿委员会依申请、依职权调取的证据的质证方式。本条第一款规定赔偿委员会根据赔偿请求人申请调取的证据,在质证中作为赔偿请求人提供的证据。赔偿请求人对该证据的证明力等情况较为了解,赔偿委员会因赔偿请求人收集证据能力有限帮助其调取的证据,仍应作为赔偿请求人举证范围内的证据。本条第2款规定赔偿委员会依照职权调取的证据应当在质证时出示,并就调取该证据的情况予以说明,听取赔偿请求人、赔偿义务机关的意见。对于赔偿委员会依照职权调取的证据,赔偿请求人、赔偿义务机关对其证明力等情况不够了解,赔偿委员会主动依职权调取证据体现了赔偿委员会的意志,应由居中审理的赔偿委员会出示该证据,加以必要的说明。

第十九条 【自认】赔偿请求人或者赔偿义务机关对对方主张的不利于自己的事实,在质证中明确表示承认的,对方无需举证;既未表示承认也未否认,经审判员询问并释明法律后果后,其仍不作明确表示的,视为对该项事实的承认。

赔偿请求人、赔偿义务机关委托代理人参加质证的,代理人在代理权限范围内的承认视为被代理人的承认,但参加质证的赔偿请求人、赔偿义务机

关当场明确表示反对的除外;代理人超出代理权限范围的承认,参加质证的赔偿请求人、赔偿义务机关当场不作否认表示的,视为被代理人的承认。

上述承认违反法律禁止性规定,或者损害国家利益、社会公共利益、他人合法权益的,不发生自认的效力。

【条文精义】

本条规定赔偿请求人、赔偿义务机关在质证程序中的自认、拟制自认、代理人的自认以及不发生自认效力的情形。赔偿委员会审理国家赔偿案件特别是组织赔偿请求人、赔偿义务机关进行质证,常遇到自认的情形,但《国家赔偿法》及其司法解释未有相关规定,需要予以规范。

自认事实属于免证事实,具有约束质证双方和赔偿委员会的法律效力。本条第1款规定赔偿请求人、赔偿义务机关在质证程序中对对方主张的不利于自己的事实向赔偿委员会予以承认,从而免除对方对自认事实的举证责任。赔偿请求人、赔偿义务机关自认包括明确自认和拟制自认,拟制自认是指既未表示承认也未否认,经审判员询问并充分说明法律后果后,仍不作明确表示的,发生拟制自认的法律效果。本条第2款规定代理人在质证程序中的自认,代理人在代理权限范围内的承认发生自认的法律效果,但参加质证的赔偿请求人、赔偿义务机关明确表示反对的除外;对于代理人超出代理权限范围的承认,如果参加质证的赔偿请求人、赔偿义务机关不作否认表示,亦发生自认的法律效果。本条第3款规定不发生自认效力的例外情形,第1款、第2款规定的承认违反法律禁止性规定,或者损害国家利益、社会公共利益、他人合法权益的,不发生自认的法律效力。

第二十条 【免证事实】下列事实无需举证证明:

(一)自然规律以及定理、定律;

(二)众所周知的事实;

(三)根据法律规定推定的事实;

(四)已经依法证明的事实;

(五)根据日常生活经验法则推定的事实。

前款(二)、(三)、(四)、(五)项,赔偿请求人、赔偿义务机关有相反证据否定其真实性的除外。

【条文精义】

本条规定自然规律以及定理、定律,众所周知的事实,根据法律规定推定的事实,已经依法证明的事实,根据日常生活经验法则推定的事实,属于免证事实;其中,自然规律以及定理、定律属于不可推翻的绝对免证事实,其余四项属于可推翻的相对免证事实。

第二十一条 【妨碍举证的推定】有证据证明赔偿义务机关持有证据无正当理由拒不提供的,赔偿委员会可以就待证事实作出有利于赔偿请求人的推定。

【条文精义】

本条规定赔偿义务机关妨碍举证时,赔偿委员会可以就待证事实作出有利于赔偿请求人的推定,与第6条第3项的规定相呼应。在起草过程中,部分地方法院提出,实践中存在赔偿义务机关妨碍举证的情形,但因国家赔偿法及其司法解释未有相关规定,赔偿委员会无法予以规制。为此,《质证程序规定》参考《民事证据规定》第75条、《行政证据规定》第69条的规定,起草本条规定以促使赔偿义务机关提交证据,加大保护赔偿请求人权益的力度。

第二十二条 【赔偿委员会认证的原则】赔偿委员会应当依据法律规定,遵照法定程序,全面客观地审核证据,运用逻辑推理和日常生活经验,对证据的证明力进行独立、综合的审查判断。

【条文精义】

本条规定赔偿委员会对证据进行认定的基本原则,即赔偿委员会在认定证据时应当依据法律的规定,遵照法定程序,全面、客观地审核证据,运用逻辑推理和日常生活经验,对证据的证明力进行独立、综合的审查判断。在起草过程中,除本条之外,还草拟了证明标准的条款,后因各方对国家赔偿证明标准为高度盖然性标准还是多元标准的认识分歧较大,最终决定暂不予规定,留待实践继续探索。证明标准不仅涉及赔偿请求人、赔偿义务机关对其负举证责任事实的证明要求,也涉及赔偿委员会运用司法裁量权对质证双方所举证据的认定要求。本条从赔偿委员会认证的角度,在一定程度上缓解了证明标准规范暂缺的问题。

第二十三条 【质证笔录】书记员应当将质证的全部活动记入笔录。质

证笔录由赔偿请求人、赔偿义务机关和其他质证参与人核对无误或者补正后签名或者盖章。拒绝签名或者盖章的，应当记明情况附卷，由审判员和书记员签名。

具备条件的，赔偿委员会可以对质证活动进行全程同步录音录像。

【条文精义】

本条规定质证笔录制作，以及赔偿请求人、赔偿义务机关和其他质证参加人签名或者盖章的具体程序。质证笔录是质证全部活动的再现，也是赔偿委员会作出裁决的依据，应当予以规范。本条要求书记员应当将质证的全部活动记入笔录，质证笔录由赔偿请求人、赔偿义务机关和其他质证参与人核对无误或者补正后签名或者盖章。《质证程序规定》还根据人民法院审判实践的经验，规定审判员和书记员签名的前提为赔偿请求人、赔偿义务机关和其他质证参与人拒绝签名或者盖章。与此同时，本条还对质证活动的录音录像作出了规定，要求具备条件的人民法院对质证活动进行全程同步录音录像。

第二十四条　【拒不质证的后果】赔偿请求人、赔偿义务机关经通知无正当理由拒不参加质证或者未经许可中途退出质证的，视为放弃质证，赔偿委员会可以综合全案情况和对方意见认定案件事实。

【条文精义】

在司法实践中，仍存在赔偿请求人、赔偿义务机关拒不参加质证的现象。赔偿请求人、赔偿义务机关经通知无正当理由拒不参加质证或者未经许可中途退出质证的，视为在程序上放弃质证的权利，其法律效果类似于庭审缺席，不能就对方的证据和主张等发表意见，但不影响人民法院赔偿委员会综合全案情况和对方意见认定案件事实，从而保证既能督促赔偿请求人、赔偿义务机关参加质证，又能实现国家赔偿法救济私权和规制公权的宗旨。

在起草过程中，大多数意见赞成规定拒不参加质证的法律后果，否则无法督促赔偿请求人、赔偿义务机关积极参加质证，不利于查清案件事实和化解矛盾。对于如何规定拒不质证的法律后果，在征求意见过程中形成了以下三种不同意见：第一种意见建议规定为“不影响赔偿委员会综合全案件情况和对方质证方意见认定案件事实”，从而最大限度地寻求救济赔偿请求人权利和维护纳税人权利之间的平衡点，实现国家赔偿的实质正义，同时也符合国家赔偿案件以书面审理为原则的特点。第二种意见建议对于赔偿请求人应“视为撤回赔偿申请”;对于赔偿义务机关应“视为放弃质证权利”,从而与民事诉讼、行政诉讼拒不到庭的效果一致。但该意见对赔偿请求人和赔偿义务机关规定了不同的法律后果,对处于弱势地位、需要寻求救济的赔偿请求人过于严厉。第三种意见建议规定为“视为放弃质证权利”,类似于缺席庭审的法律效果。该意见实质上是将是否参加质证纳入赔偿请求人和赔偿义务机关的处分权行使范畴。在软化拒不质证的法律效果的同时,通过“未经质证的证据不能作为认定案件事实的依据”的刚性规定,形成对赔偿请求人和赔偿义务机关刚柔相济的实质性约束,既能督促赔偿请求人、赔偿义务机关参加质证,又能实现国家赔偿法救济私权和规制公权的宗旨。最终,《质证程序规定》在综合第一种和第三种意见的基础上对本条作出了规定,以最大程度地寻求救济赔偿请求人权利和维护纳税人权利之间的平衡点,实现国家赔偿的实质正义。

第二十五条 【延期质证】有下列情形之一的,可以延期质证:

(一)赔偿请求人、赔偿义务机关因不可抗拒的事由不能参加质证的;

(二)赔偿请求人、赔偿义务机关临时提出回避申请,是否回避的决定不能在短时间内作出的;

(三)需要通知新的证人到场,调取新的证据,重新鉴定、勘验,或者补充调查的;

(四)其他应当延期的情形。

【条文精义】

本条规定可以延期质证的情形。在实践中,会因某些事由出现,致使赔偿委员会已经确定质证日期的质证活动不能如期进行,或者已经开始的质证活动无法继续进行,但国家赔偿法及其司法解释未规定何种事由可以延期质证,需要加以明确。为此,《质证程序规定》明确具有赔偿请求人、赔偿义务机关因不可抗拒的事由不能参加质证的,赔偿请求人、赔偿义务机关临时提出回避申请的,需要通知新的证人到场,调取新的证据,重新鉴定、勘验,或者补充调查的,以及其他应当延期的情形,赔偿委员会可以延期质证。需要说明的是,考虑到及时救济赔偿请求人权利和国家赔偿案件审限较短的需要,本条第1项规定将赔偿请求人、赔偿义务机关不能参加质证的事由限定为“不可抗拒的事由”，其范围窄于民事诉讼法上的“正当理由”，相当于《行政证据规定》第1条第2款规定的“不可抗力或者客观上不能控制的其他正当事由”。

第二十六条 【本规定适用效力】本规定自2014年3月1日起施行。

本规定施行前本院发布的司法解释与本规定不一致的，以本规定为准。

【条文精义】

本条规定《质证程序规定》适用效力。考虑到《质证程序规定》将对质证程序的进行、赔偿请求人与赔偿义务机关的举证责任分配、赔偿委员会的职责等方面产生较大影响，需要为赔偿请求人、赔偿义务机关和赔偿委员会预留必要的熟悉时间，将施行日期规定在《质证程序规定》公布两个月以后。本条文还规定本司法解释施行前我院发布的司法解释与《质证程序规定》的内容发生冲突的，应当适用《质证程序规定》。

起草过程中存在另一种意见，建议在本条第1款增加规定：“2014年3月1日尚未审结的国家赔偿案件不适用本规定。”增加第2款规定：“本规定施行前已经审结的国家赔偿案件，赔偿请求人、赔偿义务机关以违反本规定为由提出申诉的，赔偿委员会不予支持。”增加第3款规定：“本规定施行后根据国家赔偿法第三十条决定审查的国家赔偿案件，适用本规定。”同时，原第2款顺延为第4款。对此，我们认为：(1)关于是否规定“2014年3月1日尚未审结的国家赔偿案件不适用本规定”的问题。《质证程序规定》关于质证程序的规定，属于程序性规定，可以适用于尚未审结的案件；关于证据规则特别是举证责任分配的规定，涉及实体性权利，一般不适用尚未审结的案件，因此不宜将尚未审结的案件是否适用本司法解释的问题绝对化。考虑到质证程序为选择性而非必经程序，由赔偿委员会视案情决定是否适用质证程序来适用本司法解释，更能符合案件审理的实际需要。(2)对于“本规定施行前已经审结的国家赔偿案件，赔偿请求人、赔偿义务机关以违反本规定为由提出申诉的，赔偿委员会不予支持”，在理论和实务中已达成基本共识，司法解释中现已少有类似规定。(3)关于是否规定“本规定施行后根据国家赔偿法第三十条决定审查的国家赔偿案件，适用本规定”的问题。在其他诉讼法上，对于司法解释是否适用再审案件规定并不一致。从国家赔偿法现暂未区分再审案件和申诉案件，《质证程序规定》关于举证责任分配等内容可能影响到赔偿请求人、赔偿义务机关的实体权利,司法解释对社会的可预期性影响,既判力优先于溯及力原则等角度考虑,暂不宜作出此规定。

(作者单位:最高人民法院赔偿办)

【理论研究】

罚没收入作为国家赔偿费用来源的可行性分析

焦玉珍　安子明

一、问题的提出：新旧法面临的共同困难

（一）旧法实施的困难：441.67 元国家赔偿费用背后的机关博弈

2005 年云南省检察院对一起 441.67 元的国家赔偿案件进行法律监督时，却意外地引发了一场公、检、法三机关联合向省财政部门施加压力的机关博弈。李某曾因涉嫌包庇罪被刑事拘留，后因证据不足，案件被撤销；他申请国家赔偿，法院于 1999 年 11 月作出决定，由某县检察院向其赔偿 441.67元；该县检察院于 2000 年 3 月向县财政申请核拨经费，但经费一直没有拨付。2005 年年初，该案被云南省检察院发现，经进一步调查，云南省检察院发现财政部门也一直没有核拨另外 4 起刑事赔偿案件的国家赔偿费用，并且还有其他 11 起案件，财政部门在核拨赔偿费用上存在问题。

云南省检察院与省高级法院、省公安厅多次协商，联合向该省财政厅提交报告，建议该省财政厅要求各级财政部门按照《国家赔偿费用管理办法》的规定，将国家赔偿费用列入当地财政预算并及时核拨。经省政府的协调，云南省财政厅就核拨费用问题与该省检察院等相关单位展开磋商。协商的最终结果是，云南省财政厅、省高级法院、省检察院、省公安厅会签了《实施国家赔偿法有关问题的通知》，明确将国家赔偿费用列入同级财政预算，在规定期限内足额核拨。至此，李某也在拿到国家赔偿决定书的 6 年后，终于

领到了441.67元的国家赔偿金。①

2005年年初,云南省检察院发现在财政核拨上存在问题的司法赔偿案件共有16起,而该省自《国家赔偿法》1995年实施到2004年十年间,全省各级人民法院共受理司法赔偿案件414件,决定赔偿152件。② 也就是说,假定云南省检察院的法律监督是全面而彻底的话,该省在决定赔偿的司法赔偿案件中,至少有10%的案件在国家赔偿费用核拨方面存在问题。

(二)新法依然不能解决:制度的含混给了财政部门无限的权力

上述云南省的情况,并非一省个案。根据2004年全国人大法工委组织的对6省市的立法调研显示,直到2004年,山西、辽宁等省的各级财政部门与云南省的情况一样,都没有核拨过国家赔偿费用。

这一问题的旧法背景是这样的:1995年《国家赔偿法》第29条规定:"赔偿费用,列入各级财政预算,具体办法由国务院规定。"于是,国务院于1995年1月25日制定《国家赔偿费用管理办法》,该《办法》第6条规定:"国家赔偿费用,列入各级财政预算,由各级财政按照财政管理体制分级负担。各级政府应当根据本地区的实际情况,确定一定数额的国家赔偿费用,列入本级财政预算。"

国务院的这种由"各级政府应当根据本地区的实际情况,确定一定数额的国家赔偿费用,列入本级财政预算"的规定,是在无限授权地方政府任意设定国家赔偿费用。由于对"本地区的实际情况"可作各种理解,实际上主动权完全交给了地方政府。比如云南省政府是在国务院的《国家赔偿费用管理办法》出台4年后的1999年才"根据本地实际情况"制定《云南省国家赔偿费用管理规定》;直到2005年经过公、检、法三机关的联合交涉,各级财政部门才"明确将国家赔偿费用列入同级财政预算"。而"确定一定数额的国家赔偿费用",实际上是一个灵活到没法操作的规定,随意性之大,几乎接近没有规定。

上述的制度问题,在2010年修改的《国家赔偿法》和2011年国务院的《国家赔偿费用管理条例》中,并没有得到纠正。新法的变化只是把原来由

---

① 杨健鸿、刘廷梅、肖凤珍:《云南杜绝"赔偿白条"》,载《检察日报》2005年9月26日。

② 吴卫:《司法赔偿不让有冤者伤心》,载《云南日报》2005年2月7日。

赔偿义务机关先行支付的做法改为由赔偿义务机关向财政部门申请赔偿费用然后再支付给赔偿请求人，而在财政部门如何确保赔偿费用到位方面没有任何变化。对这个问题，2010 年《国家赔偿法》第 37 条依然规定“赔偿费用列入各级财政预算”，“赔偿费用预算与支付管理的具体办法由国务院规定”；2011 年《国家赔偿费用管理条例》第 3 条依然延续了 1995 年的做法：“国家赔偿费用由各级人民政府按照财政管理体制分级负担”，“各级人民政府应当根据实际情况，安排一定数额的国家赔偿费用，列入本级年度财政预算”。

上述问题的存在，使我们不得不质疑国家赔偿费用制度设置的科学性。笔者认为，在国家赔偿费用的制度设置上，应该在考察我国财政具体构成的基础上，寻找适合用于国家赔偿的专项财政收入作为国家赔偿费用的来源，使我国的国家赔偿制度在赔偿费用的管理方面更加精细和准确，在操作上更加适合我国的实际情况，以使国家赔偿在最终的赔付源头上有真正充分的保障，在国家赔偿费用上做到“专款专用”，对财政部门也进行明确的限制，减小其在支付国家赔偿费用方面的自由裁量权。

二、财政收入构成简析：从国家赔偿费用来源的角度

我国财政收入的构成主要有两大部分：一是税收收入；二是非税收入。我们下面从国家赔偿费用来源的角度，对二者进行简要的考查，以确定财政中哪些收入可作为国家赔偿费用的来源。

（一）税收收入作为国家赔偿费用的理论困境

现有的国家赔偿理论大都是建立在用纳税人的钱作为赔偿费用的基础之上的，但现有的理论并没有解决“为什么要用纳税人的钱为国家机关及其工作人员违法或过错行为埋单”的问题。

之所以在实践和理论上有意无意地回避该问题，是因为由纳税人为国家机关及其工作人员的违法或过错行为埋单，在理论上至少有这些问题不好解决：第一，选民的投票本身能否决定选民要对国家机关和其工作人员的所有行为包括违法或过错行为承担责任？从政治的层面看，国家机关在从组建完成到解散的过程中，是独立于选民的，甚至与选民是对立的，所有的国家机关都已不在选民的控制之下，都已独立于选民而行使职权。那么，基于这样的情况，投票本身能否决定选民要对国家机关和其工作人员的所有行为承担责任？还有就是，很多公民并没有投票，甚至投的是反对票，这部分公民也是纳税人,他们是否应该承担他人选举产生的国家机关和其工作人员的违法或过错行为后果?第二,国家机关能否动用纳税人的钱为自己的违法或过错行为埋单?使用税收作为国家机关的运行经费为纳税人服务,是税收制度的基础,也是国家建立和运行的物质基础,但对于国家机关及其工作人员的违法或过错行为,能否还用纳税人的钱埋单?有人习惯于用卢梭的社会契约论的权力让渡来解释这个问题,认为每个人让渡了一部分自己的权利给国家,其中当然包括自己的部分财产权(即税收)。按照这个思路进一步歪曲卢梭的社会契约论,认为这个财产权的让渡到为国家机关及其工作人员违法或过错行为埋单的程度,甚至进一步发挥为:既然公民概括性的接受现有的国家制度,那么因现有的国家制度的运作带来的不利后果,公民也应该一体承担,等等。实际上,国家赔偿制度的出现,是在突破主权豁免理论基础上产生的,而卢梭的社会契约论则强调主权的最高性、独立性和不可分性等观点,国家赔偿制度的建立刚好是在否定前述卢梭观点的基础上发展起来的;卢梭的社会契约论在处理人民、政府和主权的关系上,认为政府不是契约的产物,而是人民的委托,是独立于人民的,在此假设之上,不但不能产生国家赔偿制度,相反,还限制了国家赔偿制度,它只会导致个人赔偿,因为人民不可能委托政府去做违法或过错的行为,这些行为只能是公务人员的行为,责任也只能由他们承担,而不应由代表主权者的国家承担。第三,即使可以动用,还有人基于不同的纳税人所纳税款的不同提出公平的问题,因为纳税多的人显然多承担了这项费用,而没有从这笔开支中得到更多的利益;甚至还有人从地域的角度提出公平问题,各地对税收的贡献是不一样的,统一由税收负担国家赔偿的费用,势必使多纳税的地方多承担了国家赔偿费用,这对他们是不公平的。因此,把税收作为国家赔偿费用是值得商榷的,至少在理论上目前并不能顺畅地解决它。

基于上述的理论困境,我们应该变换一种思路,在非税收入部分寻求解决问题的办法。[①] 这样做至少避免了纳税人为国家机关违法或过错行为埋

---

① 有的国家和地区实际上对此问题已有明确的认识,如美国的有些州明确规定由罚没收入和社会捐助作为国家赔偿费用的来源,我国的北京市也在这方面进行了尝试,它们都不由国库中的税收收入作为国家赔偿费用的来源,而是在非税收入上做文章。

单的理论困境。而从财政构成本身看,国家赔偿费用也并非是全部由税收收入作为来源,因在概括性规定由财政负担的情况下,是不能分清到底是由财政中的哪一笔收入作为国家赔偿费用的。非税收入也是由多部分构成的,既然我们假设完全由税收收入作为国家赔偿费用是不可取的,那么概括性地由非税收入作为国家赔偿费用又是否可行呢?我们还需要对非税收入的构成进行具体的分析。

(二)对非税收入的构成和使用方向的简要分析

按照我国现行做法,政府非税收入是政府财政收入的重要组成部分,主要包括:行政事业性收费、政府性基金、国有资源有偿使用收入、国有资产有偿使用收入、国有资本经营收益、彩票公益金、罚没收入、以政府名义接受的捐赠收入、主管部门集中收入以及政府财政资金产生的利息收入等。

按照我国已有的明确规定,这些非税收入的使用方向分别是:行政事业性收费的使用主要是为满足社会公共管理需要,合理补偿管理或服务成本等方面;彩票公益金坚持按彩票发行宗旨使用,即用于扶老、助残、救孤、济困等方面,并有明确的分配方案;政府性基金全额纳入预算管理,实行收支两条线,收入全额上缴国库,先收后支,专款专用,在预算上单独编列,自求平衡,结余结转下年继续使用;国有资源有偿使用收入、国有资产有偿使用收入除安排相应的补偿性征收成本和手续费(佣金)支出外,其余由政府统筹安排使用;国有资本经营收益、主管部门集中收入以及政府财政资金产生的利息收入等也都有自己专门的使用方向。[①] 但罚没收入和以政府名义接受的捐赠收入进入财政后,并没有固定的使用方向。

(三)罚没收入使用去向不明[②]和国家赔偿费用之间关系的初步分析

笔者认为,在国家财政收入构成中,罚没收入值得从《国家赔偿法》的角度进行研究。

---

① 参照2004年7月23日《财政部关于加强政府非税收入管理的通知》(财综〔2004〕53号);2006年3月29日《财政部关于调整彩票公益金分配政策的通知》(财综函〔2006〕7号);1997年1月1日《政府性基金预算管理办法》(财预字〔1996〕435号);2005年9月21日《嘉兴市政府非税收入管理暂行办法》(嘉政发〔2005〕65号)。

② 罚没收入尽管在实践中各种机关趋之若鹜,但拿到以后做什么用,在我国现行的各种规定中莫衷一是,实际上是一笔糊涂账。对此问题的探讨,参见王周户、安子明:《罚没收入使用制度研究》,载《行政法学研究》2007年第4期。

罚没收入是指行政机关(含法律、法规授权的具有管理公共事务职能的组织和行政机关依照法律、法规或规章的规定在法定权限内委托的管理公共事务的事业组织)对公民、法人或其他组织违反行政管理秩序的行为依法给予罚款、没收违法所得和没收非法财物等行政处罚所取得的资金和财物变价款。

"罚没收入"是一个特殊的收入种类,它是基于个别公民的违法行为而产生的财政收入,由于它的来源的特殊性,决定了它的使用也与其他的收入使用方向应有所区别。其他财政收入事项或根据法律或根据政策,其起源总体上是基于公民、法人或其他组织的正常义务,或是基于国有财产的收益,根源上并不带有非难性,因此,根据专款专用的原则,大多都有自己的使用方向。国家赔偿费用的支出是由国家机关及其工作人员的非难性行为——违法或过错行为所导致的财政上的损失。因此,在罚没收入作为基于他人的非难性行为给国家带来的收入,且使用去向不明的情况下,我们是否可以考虑它与国家赔偿费用之间的关系。笔者认为,这两种基于非难行为给财政带来的得失之间应该有某种联系。

三、财政之罚没收入作为国家赔偿费用来源的理论和现实基础

在因"民"的违法而导致的财政收入增加和因"官"的违法给财政收入导致的减少之间,是否存在某种互补性?财政中的罚没收入能否作为国家赔偿费用的专项资金来源?前者能否充分保证后者的需要?这些问题的答案无疑对国家赔偿制度的完善很有意义。

(一)罚没收入和国家赔偿费用在法律性质上的同一性

从性质上看,罚没收入是一种基于国家权力对他人违法行为进行惩罚而获得的收入,简单地说,就是一种基于他人违法行为而获得的收入;而国家赔偿费用是基于国家机关或其工作人员违法行为而使国家财政作出的开支。二者的产生,虽然在主体上截然不同,但在起因上,都是基于违法或是其他应受非难的原因,在这一点上,二者是相通的。法是国家意志的体现,任何主体违法都是对国家意志的违背,都要承担相应的法律责任。在这一点上,公民违法和国家机关违法并无不同。因此,罚没收入和国家赔偿费用支出在起因上性质是一样的。这种起因上性质的一致性,也决定了二者在法律性质上的一致:罚没收入是违法公民对自己违法行为承担法律责任的结果;国家赔偿费用支出是国家对其机关和工作人员违法行为承担法律责任的结果。

二者在法律性质上的同一性,决定了二者在某种程度上的联系,为进一步探讨国家赔偿费用的来源奠定了基础。正是由于二者在性质上的同一性,笔者认为,从它们对国库造成的一收一支的后果上来看,二者是具有互补性的,但这种表面上的互补性,能否决定国家赔偿费用与罚没收入的实质关系,还需要进一步的探讨。

(二)罚没收入和国家赔偿费用支出的关系:多层面的互补

正是由于罚没收入和国家赔偿费用发生原因在性质上的一致性,它们在财政上的一收一支之间也存在互补性。

1. 在执法的国家机关层面:“执法收益”与“执法额外成本”的互补

罚没收入是国家机关在执法过程中对违法的公民进行处罚或没收带来的税外收入,从表面上看,很像是“执法的收益”,实际上是国家机关为了维护公共利益而对部分给公共利益造成损害的公民进行惩罚,从而使国库增加的收入。国家赔偿费用支出是国家机关及其工作人员执法或司法过程中的“附加成本”,即在正常的经费以外因违法行使职权而对公民进行赔偿,使国库受到的损失。[①]

上述针对国库总量来说的一增一减,为了使国库收入达到一种平衡,二者之间进行相应的冲抵,从纯粹的数学意义上看,是有道理的;但问题并不能如此简单机械地加减运算,还需要从更加深入的层面上认识该问题。由于一增一减都是因为国家机关的行为导致的,它造成的损失,用它带来的“收益”进行补偿,未尝不可。具体原因如下:罚没也好,赔偿也好,都是国家机关为了执行公务而导致的后果;罚没收入并不归属于执法机关,赔偿费用也不是出自执法机关,都是国库的事情;罚没收入是正常执法给国库增加的非正常收入,赔偿费用是执法造成的国库非正常损失;且罚没收入来源于个别公民,赔偿费用的使用对象也是个别公民,因此,使“执法收益”与“附加成

① 这是两个比喻性的概念,并非意指罚没收入即国家机关执法的收益,因为对公民、法人和其他组织的罚没,目的在于使其守法,而非为了国家机关的收益,此处之所以使用这个概念,纯粹是从表象上看的;执法的“附加成本概念”一词也是在前述的意义上使用的,并非就是执法成本本身。

本”进行折抵,是可行的。

2. 在公民层面:来源与去向上的一致——另一种模式的“取之于民,用之于民”

罚没收入不是来源于全体公民,它来源于个别有违法行为的公民,这是它与财政收入中的其他构成部分不同的地方,这也决定了它的使用方向的特殊性。

国家赔偿费用的支出针对的是个别受损害的公民。国家机关及其工作人员的违法造成的损害,在国家赔偿方面是针对个别公民的损害来说的,这与个别公民违法行为给公共利益造成的损害并不对应,因为个别公民的违法行为并不是国家机关违法行为的原因,二者之间并无因果关系。

但就罚没收入来源的个别性,与国家赔偿费用支出对象的个别性上,在不考察具体发生层面的因果关系时,而仅在国库的收支层面考察时,二者是具有互补性的;还有,二者一个是来自公民,另一个是去向公民,也多少带有“取之于民,用之于民”的色彩,在道义上也说得过去,至少避免了国家机关依靠他人违法行为运作的难堪。

3. 在国库层面:让两种因违法行为导致的收支折抵

罚没收入来源于他人行为的违法性,决定了它的使用不宜用于国家机关的经费开支和其他福利开支。国家机关的经费和其他福利不能建立在他人违法行为的基础之上,而应建立在税收基础上。税收是基于公民的合法行为,而罚没收入是基于公民的违法行为;税收是基于公民对国家的承诺或基于契约精神,即是基于自愿,这也是国家存在的基础,国家机关经费和其他福利是由税收作保障的。那么,罚没收入总要有使用的地方。

从国家机关及其工作人员的行为给国库造成的一得一失的状况来看,罚没收入和国家赔偿费用支出是具有互补性的。并且从承担责任的方向上来看,因为公民的违法行为增加了国库的收入,而国家机关的违法行为减少了国库的收入,二者从国库收入的增减上看,是具有互补性的。

因此,笔者认为,应该打破原来由国库概括性地承担赔偿责任的粗放型制度设置,用国库中的罚没收入作为国家赔偿费用的专项来源,以使国家赔偿制度的建构更加精致和科学。这种设置仅仅在理论上可行还不够,还需要进一步的可行性论证。

（三）可行性分析：罚没收入总量足以保障国家赔偿费用的支出

罚没收入是否可作为国家赔偿费用专项来源的现实基础，关键在于罚没收入是否能够保证国家赔偿费用支出的需要，为说明这个问题，还需要进行实证分析。下面我们以国家赔偿法实施十年间（1995～2004年）的国家赔偿费用开支和其间的罚没收入进行比较，以期寻求前述问题的答案。

全国列入财政预算管理的罚没收入情况如下：1999年，260.5548亿元；2000年，302.2454亿元；2001年，356.6920亿元；2002年，394.7191亿元；2003年，431.2379亿元；2004年，522.6014亿元，六年合计是2268.0506亿元。由于我国统计机关对罚没收入的统计是从1999年开始的，对于此前的数据我们无从查考，但从这几年的数据我们看出：罚没收入数额巨大，并且在逐年增加。[①]

而这一组来源于《国家统计年鉴》的罚没收入数据，仅仅只是列入财政管理的部分，实际上没有列入财政预算的罚没收入到底有多少，可能谁都说不清楚，我们对它也只能从一些地方公布的数据来管中窥豹。如北京市2005年仅交通罚款一项就超过10亿元[②]；而根据国家统计局2006年公布的《国家统计年鉴》的数据，北京市2005年全年进入财政的罚没收入总额是18.8420亿元。一个交通部门仅仅"罚款"就"超过10亿元"，那么北京市各个部门罚款的总量比起列入财政的18.8420亿元来说，应该有十分巨大的差距，而这还只是指罚款，还没有算上没收带来的收入。北京市如此，那么全国的情况就不得而知了。至于国家赔偿费用的支出，目前没有像罚没收入那样有全国性的数据，但有其他的数据可供参考。最高人民检察院于2004年12月31日召开纪念《国家赔偿法》实施十周年座谈会上透露，自1995年1月1日《国家赔偿法》施行以来，截至2004年11月，全国各级检察机关共支付赔偿金4819.53万元，平均每年不足500万元。截至2010年10月，十五年来，全国各级法院审结的89123件国家赔偿案件中，一审行政赔偿案件赔偿金额17.17亿元；司法赔偿金额39220.7万元，平均每年1.4亿元。由

---

① 本部分所用数据皆来源于中华人民共和国统计局网站（http://www.stats.gov.cn/tjsj/ndsj/）历年的《中国统计年鉴》。

② 汤阳：《北京去年交通罚款逾10亿元　统一预算后拨给单位》，载《新京报》2006年1月13日。

于在国家赔偿金支付方面没有准确的量化资料,我们不能断然得出罚没收入能足够保证国家赔偿费用的结论。但从上述数据看,财政中的罚没收入总量已经不小,而且潜在增加的数量也很大。因此,将罚没收入用于满足支付国家赔偿的费用,其现实可行性应该是具备的。

四、罚没收入作为国家赔偿费用的制度设计对具体问题的解决

罚没收入作为国家赔偿费用来源的制度设置,可以为解决现行制度面临的如下问题作出自己的贡献:

(一)从根本上解决国家赔偿费用的来源问题

我国现行的国家赔偿的费用是由各级财政承担,即由财政部门每年在预算时单列一项资金作为国家赔偿费用。在地方财政宽裕的地方,是能保证列支的,但对财政紧张的地方,这笔费用往往很难保证到位。即使是财政现在宽裕的地方,也很难说它将来什么时候会出现财政紧张的时候,那时是否还能保证赔偿费用的列支到位,都是未知数。因此,只有明确由财政中的哪一笔资金作为国家赔偿费用,才能真正解决国家赔偿费用的来源问题,由罚没收入作国家赔偿费用的来源,只要罚没不停止,国家赔偿费用就不会枯竭;罚没没有了,是因为公民违法的情形大大减少,甚至不违法;而届时国家机关和其工作人员违法执法的概率也会大大减小,甚至不违法。

(二)解决机关赔偿的困境

尽管新《国家赔偿法》取消了赔偿义务机关先行支付的制度设置,但并没有让赔偿请求人直接向财政部门申请赔偿金,而是通过赔偿义务机关申请,客观上依然留下了机关赔偿的空间。旧法造成这个弊端,新法依然难以改变。根本原因,一是向财政要钱存在困难;二是即使要到了钱,赔偿义务机关还担心财政机关在下年的经费预算上刁难自己。如果把罚没收入作为专项的国家赔偿费用,使其与国家机关的经费脱钩,财政机关只需要建立专门的账户,负责罚没收入的进入和国家赔偿费用的支出即可,从而解除赔偿义务机关在经费上的后顾之忧,也解决了目前普遍存在的机关赔偿问题。[①]

---

① 当然,机关赔偿问题的存在,也有赔偿义务机关惧怕监督的原因在里面,即怕财政机关把其违法的情况向审计和其他监督机关反映,从而不愿意向财政要钱。这个问题确实不是国家赔偿费用的制度设置所能解决的问题,甚至也不是国家赔偿制度所要解决的问题,而是对国家机关的管理和规范领域的问题。

（三）在具体支付和管理方面与现行制度的衔接

我国的罚没收入中重要管理方式有两种：一是由被处罚人直接到指定的银行缴纳，而后由该银行定期上缴财政；二是由处罚机关直接上缴财政。在这种现有的制度基础上，在财政中把该项收入单列，并保证专门用于国家赔偿支出即可，并不需要做大的变动，只要做好衔接工作就可实现制度上的根本转变。当然，也可与近些年来学者们提出的建立国家赔偿基金的方案结合起来，把罚没收入作为该项基金的基本来源，充分保证该基金的源头活水：该基金可设在财政部门，在财政中把罚没收入直接注入，或者由财政部门把该基金设在银行，所有的罚没收入一概直接缴纳到该指定的账户即可。

（四）解决财政上罚没收入去向不清的问题

我国现有的法律、法规对罚没收入的规定，多是对罚没收入的收缴和管理方面的规定，如何使用这笔资金，并没有明确的规定。这种罚没收入在法律上去向不明的立法现状给我国有罚没权的国家机关留下过大的裁量空间，以至于一度成为机关创收的主要渠道之一，"罚款指标"、"罚款回扣"、"罚款返还"等刺激执法人员多罚款或是强迫执法人员多罚款的现象至今没有得到彻底遏制，其严重的危害此处不作赘述。这个问题的存在，与罚没收入的使用去向在立法上不明确有直接的关系。在罚没收入直接进入国家赔偿专项资金的制度设置下，可以使罚没收入有明确的去向，断绝机关在罚没上的利益追求，使危害严重的乱罚款成为历史。

（作者单位：陕西省高级人民法院、西北政法大学）

我国国家赔偿制度的地方司法实践

杜仪方

一、引言

自1994年我国的国家赔偿制度正式建立以来,国家赔偿制度在当事人权利的保障和救济方面确实发挥了一定积极作用。然而,由于立法和实践层面对于国家赔偿所采取的谨慎态度,最终能够获赔的案件可谓少之又少。2010年4月,《国家赔偿法》进行了颁布之后的首次全面修正,2012年10月又进行了第二次修正,修正后的法条在规范层面和操作层面都获得了长足的发展。随着新法实施两年有余,各种优劣逐渐浮出水面,借此对我国的国家赔偿制度,尤其是该制度在地方司法领域的实施现状作一个客观评价就显得有所必要。

本文聚焦于《国家赔偿法》修改后国家赔偿制度在全国各地的司法实践,试图探究国家赔偿这一传统集权制度在各地方司法体制中的发展,尝试通过充分梳理国家赔偿制度的运行现状,呈现这一制度在中国的真实存在。随着"地方性知识"被逐渐普及,越来越多的学者开始意识到过去被奉为圭臬的知识系统原来也是人为"建构"出来的,从价值上看与形形色色的"地方性知识"并没有高下优劣之分,只不过被传统认可成了唯一标准的和普遍性的。用吉尔兹的话说,知识形态从一元化走向多元化,是人类学给现代社会科学带来的进步。[①] 而国家赔偿制度在各地所呈现出的纷繁图景,正能为我们拼凑真实完整的国家赔偿制度提供有益素材。因此,在对我国国家赔偿

---

① [美]克利福德·吉尔兹:《地方性知识》,王海龙、张家瑄译,中央编译出版社2004年版,第2页。

地方司法实践进行梳理的同时,也期许基于这些整理能够归纳出我国国家赔偿制度所面临的困境和症结所在,从而为转型期国家赔偿制度寻找一条可能的出路。

二、我国国家赔偿制度实施概述

2010 年 11 月,修正后的《国家赔偿法》实施前夕,在最高人民法院召开的全国法院国家赔偿工作会议上,时任最高院院长的王胜俊同志强调:“各级人民法院要更加重视国家赔偿工作,及时、全面、有力地保护赔偿请求人的合法权益;要更加严格地执行国家赔偿法,准确把握国家赔偿工作的新要求;要更加主动地履行作为赔偿义务机关的责任,依法纠正自身出现的错案,切实履行赔偿义务;要更加积极地加强自身建设,健全国家赔偿工作机构,充实人员力量,创新工作机制,提高工作水平。”①随之,地方各级法院也都纷纷召开类似会议,强调切实履行国家赔偿制度,保障当事人的权益。在此大背景下,修正后的国家赔偿制度似乎终于可以一扫往日“国家不赔法”的阴霾,守得云开见月明。

然而现实却仍并不容乐观。诚然,近年来国家赔偿案件量一直处于持续增长的状态,据统计,自《国家赔偿法》制定翌年,即 1995 年至 2009 年,全国法院共办理国家赔偿案件 27614 件,年均递增 31.09%,使一定数量的公民获得了司法救济;②2010 年,全国法院新收国家赔偿案件 7919 件(其中,刑事赔偿 1372 件,行政赔偿 6547 件),再创新高。然而 7919 件是什么概念呢,2010 年全国法院新收各类案件 10866955 件,国家赔偿仅占总量的0.08%;在 2011 年,新《国家赔偿法》实施的第一年,全国法院新收国家赔偿案件 7044 件(其中,刑事赔偿 2108 件,行政赔偿 4936 件),占当年新收案件的 0.06%,虽然刑事赔偿案件数同比大幅上升 53.64%,但是由于行政赔偿案件数同比下降 24.61%,因此国家赔偿案件在总数上并未出现学者之前所预

---

① 中国法院网:http://www.google.com/url? sa = D&q = http://www.chinacourt.org/article/detail/2010/11/id/436919.shtml&usg = AFQjCNEGWP7Xw_r2DXlfOguNOUKPjlcAwg,最后访问日期:2013 年 3 月 1 日。

② 最高人民法院:《数说人民法院审判工作 60 年》,载中国法院网:http://www.court.gov.cn/qwfb/sfsj/201002/ t20100221_1368.htm,最后访问日期:2013 年 3 月 1 日。

见的井喷现象。[①] 曾有学者在对行政案件数量作出统计后发出“微不足道”的感叹,[②]而事实上相比较于平均占案件总数1.8%的行政案件而言,国家赔偿案件更是少,甚至与国内高达千万计的信访案件相比,国家赔偿案件也是微不足道的,单是每年国家信访局登记的上访人次都比它多得多。

我们不免要问,为何修法之后的国家赔偿制度仍然没有在权利救济上实现根本改变?究竟是什么造成了理想与现实的隔阂?我国的国家赔偿制度到底是“心有余”还是“力不足”?为使下文的议论可以层次分明地展开,笔者在整理国家赔偿相关地方司法制度后,不揣冒昧地在此提供一个分析框架。亦即,一方面,我国的国家赔偿极尽救济制度之可能性,试图充分保护相对人的求偿权,以使更多的案件能够进入赔偿诉讼之中,从而保障公民权益;而另一方面,由于国家赔偿案件是国家权力部门(法院、检察院和行政机关)在司法和行政过程中的违法行为的反映,其案件数量往往直接影响着相关部门的考核结果,因此如何从源头上规范权力机关行为、从结果上减少甚至避免国家赔偿诉讼的发生也成了某些国家赔偿制度设计所考虑的重点。借用最高人民法院2010年工作报告中对于国家赔偿的价值定位:“加强国家赔偿工作,保障公民合法权益,促进国家机关依法行使职权”,[③]在对国家赔偿地方实践的考查过程中,笔者也尝试将具体制度划分为两大部分,服务于保障人权的制度以及促进国家机关履行职权的制度。同时,除上述目的外,法院也会基于自身审判便捷的考量而设立一些其他制度。

三、碎片整合:我国国家赔偿制度的现实图景

为呈现国家赔偿制度在我国地方司法中的真实存在,尽可能保障标本的权威性和真实性,本文的研究资料来源由以下两部分构成:(1)中国法律年鉴及各省法律年鉴;(2)最高人民法院以及各省、自治区、直辖市高级人民法院(不包括台湾)的官方网站,通过网站中的搜索功能,键入“国家赔偿”的

---

① 最高人民法院:《2012年最高人民法院工作报告》,载中国网:http://www.china.com.cn/news/2012lianghui/2012-03/19/content_24933447.htm,最后访问日期:2013年3月1日;最高人民法院司法数据权威发布,载中国法院网:http://www.court.gov.cn/qwfb/sfsj/201206/t20120628_177547.htm,最后访问日期:2013年3月1日。

② 何海波:《困顿的行政诉讼》,载《华东政法大学学报》2012年第3期。

③ 最高人民法院:《2012年最高人民法院工作报告》,载中国网:http://www.china.com.cn/news/2012lianghui/2012-03/19/content_24933447.htm,最后访问日期:2013年3月1日。

关键词，对每条新闻进行排查，以求获取有关国家赔偿的地方性知识点滴。而在时间段的选择上，本文限于对修法后，即 2010 年 12 月 1 日至 2012 年 12 月 31 日的地方司法资料进行统计，当然也包括在 2010 年之前已经出台但是修法后依然沿用的制度和规范性法律文件。虽然笔者尽可能以资料穷尽作为目的，但是需要说明的是，由于上海、内蒙古、山西、安徽、四川和新疆这几个省份的网站或是不存在搜索引擎（上海、内蒙古、山西、安徽、新疆）或是搜索引擎存在不正确链接（四川），因此上述六省份不在本文的统计之内。而基于上述原因，本文所得出的结论难免以偏概全或者存在误差，特此说明。

（一）有利于保障公民基本权利的制度

2012 年 4 月，山东省召开全省中级法院国家赔偿工作绩效评查暨座谈会，时任省法院副院长叶赞平出席会议并在讲话中指出，修改后的《国家赔偿法》扩大了赔偿范围、畅通了申请渠道、降低了受案门槛，但我省法院受案并未明显增多，要分析研究原因，采取恰当措施，依法受理案件，公正裁判，积极协调，切实保障赔偿请求人的合法权益。① 事实上，在全国范围内与之类似的动员和号召并非少数，而与之相适应，各地也出台了一系列保障相对人权利的制度。②

1. 简化立案和审案方式

辽宁省芦岛中院通过互联网实现国家赔偿远程立案。当事人在互联网上点击该院网址，打开网页后点击远程立案的窗口就可以看到明确的立案提示，按照提示下载或复制表格，将起诉材料、身份证明、主要证据材料等立案材料通过电子邮件、传真、邮寄的方式与该院立案庭或行政庭联系；经立案法官审查后通知其是否符合立案条件，即通过互联网、传真或电话通知当事人通过特快专递寄来全部立案材料原件，并通知当事人在住所地银行交纳诉讼费；受案法院在接到全部立案材料原件，收到当事人交纳的诉讼费后，即可立即办理立案相关手续予以立案。③ 同样还是在辽宁，法院根据当

---

① 王颖：《全省中院国家赔偿工作绩效评查暨座谈会召开》，载山东法院网：http://sdfy.chinacourt.org/public/detail.php? id = 9248，最后访问日期：2013 年 3 月 1 日。

② 在北京、山东、广西等高院工作会议上都有类似表述。

③ 鲁平：《沈阳沈北新区法院开展六项司法服务》，载辽宁法院网：http://lnfy.chinacourt.org/public/detail.php? id = 110，最后访问日期：2013 年 3 月 1 日。

事人的具体情况,积极推行巡回审判。对距离法院路途较远、年老多病、身体残疾、经济困难的当事人实行巡回办案,到当地办案,解决部分案件当事人申请国家赔偿的实际困难。①

2. 加快办案节奏

辽宁法院深入开展"人民法官为人民"主题实践活动,法院要求主审法官应于收到案件之日起七日内送达书面受理案件通知,十五日内向原作出司法行为的法院、赔偿义务机关送达通知书及申请书副本,重大疑难案件应在一个月内召开听证会。不需召开听证会案件,应当一个月内同当事人见面,同时做法律解释和释明工作。②

3. 设置国家赔偿听证程序

国家赔偿听证为广西法院首创,这一模式被最高人民法院称为"国家赔偿工作的广西模式",并得到最高人民法院江必新副院长多次表扬,2010年11月在北京召开全国法院国家赔偿工作会议上,广西高院被选定在会上作先进经验介绍。从数据上看,自2007年以来,广西壮族自治区全区法院共审结国家赔偿案件314件,而近三年来各类赔偿案件数量呈不断下降趋势,而申诉率则逐年下降。③ 继广西之后,众多省份相继采取国家赔偿听证制度,虽然名称各异,但目的都是将听证程序引入国家赔偿之中。在笔者能找到的范围内,正式颁布赔偿听证的相关规范性法律文件的为青海省。《青海省高级人民法院关于审理国家赔偿案件听证程序的暂行规定》制定于2004年,分为"一般规定"、"听证参加人"等章节。④ 山东省推行的圆桌听证制度则在形式上较为特殊。2012年4月8日至9日,时任山东省高院叶赞平副院长在出席山东省中级法院国家赔偿工作绩效评查暨座谈会时指出,要根

---

① 辽宁省法院赔偿办:《省法院赔偿办深入开展"人民法官为人民"主题实践活动 制定八项司法便民措施》,载辽宁法院网:http://lnfy.chinacourt.org/public/detail.php? id = 831,最后访问日期:2013年3月1日。

② 辽宁省法院赔偿办:《省法院赔偿办深入开展"人民法官为人民"主题实践活动 制定八项司法便民措施》,载辽宁法院网:http://lnfy.chinacourt.org/public/detail.php? id = 831,最后访问日期:2013年3月1日。

③ 罗殿龙:《国家赔偿工作要立足新形势把握新要求》,载广西法院网:http://gxfy.chinacourt.org/public/ detail.php? id = 42280,最后访问日期:2013年3月1日。

④ 《青海省高级人民法院关于审理国家赔偿案件听证程序的暂行规定》,载青海法院网:http://qhfy.chinacourt.org /public/detail.php? id = 166,最后访问日期:2013年3月1日。

据修改后的《国家赔偿法》及其司法解释的规定完善国家赔偿工作机制,建立健全办案机构,推行“圆桌听证”,提升法律文书制作水平。①

4. 放宽举证条件

辽宁省法院根据当事人的诉讼能力,改革证据收集方式,针对不同国家赔偿案件当事人的诉讼能力相差较大的特点,对于文化水平不高、法律知识欠缺、诉讼能力较差的案件当事人,做好做细法律解释和释明工作,适当放宽举证条件,必要时由法院依当事人的申请收集证据。②

5. 确保赔偿费用

在广西,国家赔偿积极争取费用多次被领导提及。在第六次广西法院国家赔偿工作会议上,时任自治区高级人民法院党组书记、院长罗殿龙要求,一旦发生司法侵权导致赔偿,法院要主动与受害人协商赔偿事宜,并积极争取地方党委政府在赔偿费用问题上的支持,不要等案件进入司法赔偿程序才去解决。③ 在此指导思想下,广西田林县法院主动履行国家赔偿维护当事人权益,自赔偿申请人申请国家赔偿后,该院主要领导主动向当地党委、人大汇报国家赔偿工作,重点汇报国家赔偿工作的重要性和存在的困难,努力争取政府的理解和资金支持,并最终落实了国家赔偿资金。④

(二)有利于促进国家机关依法行使职权的制度

除尽可能将案件纳入国家赔偿制度、保障当事人权益以外,如何促进国家机关依法行使职权也是各地国家赔偿实践考量的重点。为更好实现这一目的,各地都推出了各项保障性制度。在河南省法院国家赔偿工作会议上,时任河南省法院副院长、赔偿委员会主任孔志提出,全省法院要以《国家赔偿法》的修改为契机,善于从国家赔偿案件中发现审判、执行工作存在的突

① 王颖:《全省中院国家赔偿工作绩效评查暨座谈会召开》,载山东法院网:http://sdfy.chinacourt.org/public/detail.php? id =9248,最后访问日期:2013 年 3 月 1 日。

② 辽宁省法院赔偿办:《省法院赔偿办深入开展“人民法官为人民”主题实践活动 制定八项司法便民措施》,载辽宁法院网:http://lnfy.chinacourt.org/public/detail.php? id = 831,最后访问日期:2013 年 3 月 1 日。

③ 罗殿龙:《国家赔偿工作要立足新形势把握新要求》,载广西法院网:http://gxfy.chinacourt.org/public/ detail.php? id =42280,最后访问日期:2013 年 3 月 1 日。

④ 邓云华:《田林法院主动履行国家赔偿维护当事人权益》,载广西法院网:http://gxfy.chinacourt.org/public/detail.php? id =24 351,最后访问日期:2013 年 3 月 1 日。

出问题,结合国家赔偿案件开展警示教育,规范司法行为,从源头上避免和减少国家赔偿案件的发生。[①] 在此背景下,河南周口川汇区法院[②]、睢县法院[③]等结合正在开展的"除骄横、除冷漠、除懈怠、除私情、除贪腐"专项活动,切实解决干警工作作风等方面存在的问题,认真执行法官职业道德基本准则和法官行为规范,公正执法,廉洁办案,从源头上避免和减少国家赔偿案件的发生。在河北,在修改后的《国家赔偿法》实施一周年之际,河北省高级人民法院组织召开国家赔偿法审判工作电视电话会议,提出要提高责任意识,结合《国家赔偿法》中涉及的案件审理、执行工作中如何正确行使职权、依法办案的内容,要求全体审判人员增强责任意识和大局意识,教育干警正确行使手中的权力,减少和避免国家赔偿案件的发生。[④]

促进依法治国,关键在于规范国家权力机关的职权行为、减少违法行为发生。为防止违法行为的发生,多地出台错案追究制度,对引发国家赔偿的机关和个人进行追究,以实现惩戒和教育功能,从而在源头上减少国家赔偿案件的发生。就此,作为救济制度的国家赔偿诉讼在实施过程中也延伸出了追查执法责任或者错案追究的功能。基于此,为降低被追究的可能性,各国家机关一方面在实质层面尽可能确保权力依法行使,同时在此基础上如何在最大程度上减少国家赔偿案件数量也成为其努力的方向。如按此思路分类,实践中促进国家机关依法行使职权的制度可以再具体为两部分:从源头上规范国家机关行为,促进实质意义上依法行政的制度,以及从结果上减少国家赔偿案件数量,形成形式意义上依法行政的制度。

1. 从源头上规范国家机关行为的制度

(1)邀请行政机关旁听庭审。长春市宽城区法院行政审判庭在审理一起行政赔偿案件时,邀请长春市宽城区公安分局副局长及驻地辖区各派出

---

① 《河南全省法院国家赔偿工作会议在郑州召开》,载河南法院网:http://hnfy.chinacourt.org/public/detail.php?id=113211,最后访问日期:2013年3月1日。

② 冯海燕:《周口川汇区法院认真落实全省法院国家赔偿工作会议精神》,载河南法院网:http://hnfy.chinacourt.org/public/detail.php?id=113311,最后访问日期:2013年3月1日。

③ 梁锦华、杨艳华:《睢县法院三项措施认真贯彻全省法院国家赔偿工作会精神》,载河南法院网:http://hnfy.chinacourt.org/public/detail.php?id=113252,最后访问日期:2013年3月1日。

④ 袁利、马志伟:《昌黎法院出台新举措贯彻落实国家赔偿法审判工作会议精神》,载河北法院网:http://www.hbcourt.org/public/detail.php?id=8123,最后访问日期:2013年3月1日。

所负责人、警长等30余名公安干警来法院旁听庭审。虽然该案原来只涉及被告长春市公安局宽城分局孟家桥派出所,但是庭审却也是一次生动的法制宣传教育课,有利于广大干警在今后的工作中更加理性、文明、平和执法。①

(2)发放司法建议书。湖北黄石港区法院在审结原告黄巍不服被告黄石市房地产管理局作出的行政赔偿处理决定后,向黄石市房产管理局发出司法建议书,建议市房产管理局加强工作人员的责任心,对有关的申请材料进行严格审查。② 陕西省高院赔偿办向检察机关发出司法建议针对在审理因检察机关错误逮捕引起的国家赔偿案件时,发现的批捕工作中存在的一些普遍性问题,省法院赔偿办向有关省、市、县检察机关发出司法建议。③

2. 从结果上减少国家赔偿案件发生的制度

虽然规范国家机关职权行为是国家赔偿制度的目标,但是这一目标毕竟属于无法量化的价值导向,实践中对国家机关行为是否合法最为直接的考量指标就是国家赔偿案件数量的多少。对于国家赔偿制度而言,通过协调而使原告撤诉,也许是减少国赔案件数量尤其是败诉数量的最佳方式。在全国法院大调解的背景下,协调、调解以及相关报道几乎占据了笔者所收集资料中的十分之一。虽然采取的方式各有不同,但是绝大多数法院在国家赔偿案件中都对调解采取了积极立场。

广西法院指出,要进一步增强主动性,把调解机制引入赔偿审判工作中,一旦发生司法侵权导致赔偿,法院要主动与受害人协商赔偿事宜,通过主动做好善后工作,充分发挥国家赔偿的救济功能、抚慰功能、息诉息访功能,实现国家赔偿工作法律效果和社会效果的有机统一。④ 在此原则下,一起拖延了八年的赔偿纠纷案件终于圆满解决。广西高院赔偿办通过认真贯彻调解优先原则,举行听证会,以有理有据的分析说服了原告郑少斌、李艳

① 吴栋:《长春市宽城区法院邀请公安干警旁听庭审》,载吉林法院网:http://jlfy.chinacourt.org/public/detail.php? id =5679,最后访问日期:2013年3月1日。

② 唐业继、刘锦源:《黄石港区法院向黄石市房产管理局发出“司法建议书”》,载湖北法院网:http://hubeigy.chinacourt.org/ public/detail.php? id =18314,最后访问日期:2013年3月1日。

③ 焦玉珍:《陕西高院赔偿办向检察机关发出司法建议》,载陕西法院网:http://sxfy.chinacourt.org/public/detail.php? id = 19649,最后访问日期:2013年3月1日。

④ 罗殿龙:《国家赔偿工作要立足新形势把握新要求》,载广西法院网:http://gxfy.chinacourt.org/public/ detail.php? id =42280,最后访问日期:2013年3月1日。

夫妇放弃了原先坚持要求赔偿8万元的请求;同时对于被告青秀区法院的过失及应承担的责任范围,高院赔偿办主动两次请南宁市中院领导参加一起与他们商讨。最终,高院赔偿办建议赔偿4万元,双方达成共识并愉快接受并签订了赔偿撤诉的协议。对于此案,广西高院的评价是:“此案的和解解决,既化解了一起社会矛盾,又避免了正式启动国家赔偿程序给广西法院及当事法院的考核扣分,是贯彻调解优先原则在审理赔偿案件中的成功探索。”①

在陕西,通过行政协调化解纠纷的做法也被推广。陕西眉县法院行政审判庭在一起行政处罚案件中充分运用协调手段化解国家赔偿纠纷。办案法官一方面耐心地做原告思想工作,辨法析理,使其认识到了自己行为的违法性,依照法律规定应受到治安处罚;另一方面又与被告单位领导交谈,指出其《行政处罚决定书》中存在的瑕疵问题。经过协调,被告单位当即给原告赔礼道歉,并赔偿其经济损失8000元,原告亦自愿申请撤回起诉,案件终了。②

在宁夏,当调解成功后,当事人还需要签订专门的息诉罢访协议。银川中院赔偿办通过调解解决一起发生在1981年的国家赔偿案件。银川中院赔偿办受理该案后,查清事实,被告该案某监狱在管理上确实有责任,但该案距今近30年,存在时效问题。为此,银川中院赔偿办根据修正后的《国家赔偿法》的精神,努力化解矛盾,解决赔偿争议,维护稳定。主办人多次奔波于双方当事人之间,通过当面沟通和电话沟通等方式,不厌其烦地通过背靠背、面对面做调解工作,最后双方达成协议,赔偿义务机关某监狱给付赔偿请求人田某某、马某某补偿款5万元,赔偿请求人自愿请求撤回赔偿申请。2012年4月5日,赔偿义务机关某监狱当场向赔偿赔偿请求人履行了全部赔偿款,后者在息诉罢访协议上签了字,并承诺不再就此案继续上访,该案件最后以法院准予其撤回申请的方式结案。③

---

① 广西高院赔偿办:《一起拖延了八年的赔偿纠纷案件终于圆满解决》,载广西法院网:http://gxfy.chinacourt.org/public/ detail.php? id =30124,最后访问日期:2013年3月1日。

② 王贵琴、闫占彬:《行政协调化纠纷案结事了促和谐》,载陕西法院网:http://sxfy.chinacourt.org/public/detail.php? id = 22959,最后访问日期:2013年3月1日。

③ 《银川中院成功调解一起国家赔偿案件》,载银川法院网:http://nxyczy.chinacourt.org/public/detail.php? id =978,最后访问日期:2013年3月1日。

（三）有利于维护法院便捷审判的制度

当然，除上述制度除此之外，国家赔偿制度在各地方司法中还存在其他实践。这类制度实践主要是各地方法院基于自身考虑而设置，避免法院在审判过程中花费过多的成本和精力，并抑制法院判决的随意性。例如广东省出台了我国首个国家赔偿金额标准。依照《国家赔偿法》第35条的规定，国家机关及其工作人员违法行使职权致人损害，后果严重的，应当支付相应的精神损害抚慰金。2011年1月20日，广东省高级人民法院国家赔偿委员会办公室、广东省人民检察院刑事申诉检察处和广东省公安厅法制处召开联席会议，会议根据法律规定，参照广东省公安机关、人民检察院和人民法院多年来国家赔偿工作经验和经济社会发展的实际情况，在精神损害抚慰金的适用范围、适用原则、“后果严重”的标准和抚慰金的数额等问题上达成共识，并制定了具体的适用标准。① 这一标准的出台，确实在一定程度上保障当事人的权利，但是其根本目的还是便于法院准确快速地确定个案中的具体赔偿费用，提高审判效率。

四、多中心主义下的我国国家赔偿司法实践

（一）制度评价

评价一项制度的优劣，一般会从该制度的功能和规范两个角度入手，因为前者影响到该制度有用与否，而后者则决定了该制度合法与否。

1. 有利于保障公民基本权利的制度

从功能角度而言，国家赔偿工作是人民法院审判执行工作的重要组成部分，对于落实宪法规定、尊重和保障人权、建设公正高效权威的社会主义司法制度，具有重要意义。② 人权是法治社会中的一个非常重要的概念。作为当代社会的话题和内容之一的人权，受到世界各国政府和人民的关注，尊重人权、保障人权、发展人权已成为衡量一个国家文明程度、法治水平的重要标志。而在人权的法律保障中，最为直接的制度之一便是国家赔偿制度。

---

① 《关于在国家赔偿工作中适用精神损害抚慰金若干问题的座谈会纪要》，载广东法院网：http://www.gdcourts.gov.cn/gdcourt/front/front! content.action? lmdm = LM116&gjid = 20120307044242242147，最后访问日期：2013年3月1日。

② 最高人民法院：《2012年最高人民法院工作报告》，载中国网：http://www.china.com.cn/news/2012lianghui/2012 -03/19/content _ 24933447.htm，最后访问日期：2013年3月1日。

德国行政法学家哈特穆特·毛雷尔就曾经指出:"基本权利的意义表明:如果不只是将其视为单纯的防御权,而是从更为广泛的角度理解,那么,就应当从防御请求权进一步发展到赔偿请求权"。[①] 国家赔偿取得权作为公民的基本权利,对应的是国家的给付义务,国家有责任保障国家赔偿取得权的实现。基于国家赔偿取得权的性质,国家赔偿制度保障的重点应当是国家赔偿的取得,具体包括受害者提出赔偿请求后国家公正、及时作出赔偿决定、判决或裁定并及时支付赔偿金的义务,保障请求人在赔偿决定程序中的陈述、听证等正当程序权利,而不仅仅是国家赔偿的申请权。[②]

因此,只要是有助于实现国家赔偿请求权的制度,其功能意义就是毋庸置疑的,而上述所列各项制度均符合这一标准。然而,有用并不等于合法。从规范角度出发,各地方所施行国家赔偿制度除应遵守国家赔偿法的规定外,还需要遵守《最高人民法院关于人民法院赔偿委员会审理国家赔偿案件程序的规定》、《国家赔偿费用管理条例》以及《最高人民法院关于适用〈中华人民共和国国家赔偿法〉若干问题的解释》等规范性法律文件。从规范角度对上述各地实践进行考察后可以发现,绝大多数制度确实是在现有规范的框架之内创设的,符合法律规定。

2. 有利于促进国家机关依法行使职权的制度

(1)从源头上规范国家机关行为的制度

从功能角度出发,法院站在中立的角度能够有效预见行政机关以及检察机关可能存在的瑕疵或者欠缺规范的行为,因此,通过邀请参加庭审以及发放司法建议书的方式,避免了将来的国家赔偿诉讼,一方面达到了维护当事人利益的效果,另一方面也实现了从源头上减少国家赔偿案件的效果。因此,只要不影响正常的审判工作,该类做法既是提升法官司法能力的"课外作业",也解决了判决书不能详尽阐述的难言之隐。[③] 同时,邀请观摩庭审以及发放司法建议书作为"能动司法"的典型,虽然不具有强制力,但却与其

---

① [德]哈特穆特·毛雷尔:《行政法学总论》,高家伟译,法律出版社2000年版,第617页。

② 文正邦、邓华平、伍操:《国家赔偿制度发展的宪法支撑研究》,载《现代法学》2005年第4期。

③ 黄学贤、丁珏:《行政审判中司法建议的几个基本问题》,载《苏州大学学报》2010年第11期。

他软法一样,在多中心的司法图景中发挥着实质性作用。[1] 而从规范角度而言,现行国家赔偿立法中并不存在与邀请观摩庭审以及发放司法建议书的相抵触法律条文,因此,二者的规范意义均无可厚非。

(2)从结果上减少国家赔偿案件发生的制度

正如前文所言,在国家赔偿诉讼中,国家机关追求协商撤诉主要是担心承担败诉的实际后果。对被告来说,判决很有可能会意味着败诉,如果能够争取原告撤诉,当然是圆满的结果。这种司法政策是结果主义取向的,原、被告对于可能的选择进行权衡时所考虑的不只是法律,而是这些法律可能带来的后果。用现在通行的话来说,那就是"案结事了"。

协商的法律依据,主要可以分成两部分:先行求偿中的协商以及法院审查中的协商。先行求偿中协商的相关依据是《国家赔偿法》第 13 条、第 23 条和第 38 条的规定,即在行政赔偿、刑事赔偿和司法赔偿的先行求偿程序中,赔偿请求人与赔偿义务机关可以就赔偿方式、赔偿项目和赔偿数额进行协商。所谓"协商",是赔偿请求人与赔偿义务机关直接沟通。先行求偿中的协商是由赔偿纠纷当事人沟通,在没有第三方中介的前提下,以合意为基础所作出的协商。对于法院审查中的协商而言,现行《国家赔偿法》没有明确规定赔偿委员的协商功能,但是《最高人民法院关于人民法院赔偿委员会审理国家赔偿案件程序的规定》第 9 ~ 11 条明确规定,赔偿委员会可以在审理赔偿案件中组织纠纷双方依法协商。与先行求偿中的协商相比,赔偿委员会审查中的协商有第三方介入,即赔偿委员会成为协商的组织者、审查者和最终确认者。因此,如果先行求偿程序是当事人的"自主协商",那么赔偿委员会审查中的协商就是"有组织的协商"。在地方层面,被冠以"调解"、"协调"、"和解"等名而得以被重视的正是法院赔偿委员会所主导的协商制度,并且绝大多数案件都由协商而最终走向撤诉。《最高人民法院关于人民法院赔偿委员会审理国家赔偿案件程序的规定》第 11 条规定,赔偿请求人和赔偿义务机关经协商达成协议的,赔偿委员会审查确认后应当制作国家赔偿决定书。基于上文分析,人民法院的协商制度在规范上存有依据,而需要讨论的就是,因协商而导致撤诉的合法性。

---

① 季卫东:《程序与混沌的临界》,法律出版社 2008 年版,第 20 页。

撤诉能够有效解决争端,前提是各方和平、理性地对待诉讼,尊重对方的基本权利。可是,如果一方不讲 fair play,那么,就剩下赤裸裸的实力的较量。[①] 多数情况下,国家赔偿诉讼显然是一场实力过于悬殊的较量。实践中,一些赔偿义务机关为尽快达成和解,常在赔偿决定书确定的金额之外,为赔偿请求人再行提供另一部分补偿甚至给予更多“好处”。对此,时任最高人民法院赔偿委员会办公室主任杨临萍认为,以赔偿之外再行补偿的方式,鼓励赔偿请求人接受协商调解处理,有利于提高纠纷解决效力,也有利于实现有效救济,但必须符合资金来源合法、补偿比例合理以及审慎补偿的要求。[②] 但是杨法官也同时指出,这种补偿强调的是国家赔偿法定赔偿之外的补偿手段。也就是说,从权利救济角度出发,国家赔偿制度并不反对甚至还鼓励作为被告的行政机关或者法院给予当事人尽可能多的补偿款,但是补偿款的给予并不能够替代国家赔偿制度。毕竟,现行《程序规定》明确协商制度应当符合合法原则,因此规范协商协议,防止赔偿程序的非规范化应是我国国家赔偿协商制度的应有之义。而除了给予好处这点相对能够被放到台面上的撤诉原因外,赔偿义务机关可能还会以别的手段迫使赔偿请求人撤诉,至于具体手段,将视赔偿请求人实力和案件情势而定。因此,如果一味地强调撤诉,很可能会使实践和国家赔偿制度目的渐行渐远,法治图景殆失。

3. 有利于维护法院便捷审判的制度

相对于保障公民权利和促进依法行使职权的制度而言,这一类型的制度设计更体现了法院自身的利益。毕竟,在新中国法治发展经历了一个甲子之后,作为国家职权机关组成部分的当代法院在一般日常判决中已并不刻意强调法官造法,而是希望通过更为制度化的设计来实现同案同判并定分止争。[③]

(二)法院在国家赔偿实践中的多重定位

从上文的梳理中我们不难发现,国家赔偿制度在各地方的实践虽从表

---

① 何海波:《行政诉讼撤诉考》,载《中外法学》2001 年第 2 期。

② 杨临萍、杨磊:《和谐视野下的权利救济》,载《中国审判》2011 年第 70 期。

③ [美]本杰明·卡多佐:《司法过程的性质》,苏力译,商务印书馆 2000 年版,译者前言。

面上看似纷繁多样，但究其根本，各项制度设计其实都是由于法院的不同定位所导致的。在国家赔偿中，法院要体现百姓利益，维护人权，保障受损权利获致救济，各地所采取的简化国家赔偿立案方式、加快办案节奏等做法就是基于这一出发点而设置的；在国家赔偿中，法院要维护地方政府形象，既要降低地方权力机关被问责的可能性，同时也应尽可能地减少国家赔偿地方财政支出，因此，国家赔偿调解、协商等做法就可以被理解；在国家赔偿中，法院也希望能够确保自我政绩实现，获取收益成本的最大化，典型例证就是精神损害标准的出台。由此可见，如果从制度目的着手，法院在国家赔偿实践中承担着三重角色：实现正义的中立机构、履行职权的权力机构以及追求自我利益的审判部门。国家赔偿制度中的法院会基于三种目的的不同而转化成三种不同的角色，而上述不同角色的转变就会使得法院一方面在形式上极尽可能扩大国家赔偿制度的适用，而在另一方面尽可能压制国家赔偿案件的数量。这也就是法院逡巡于"赔"与"不赔"之间的主要原因。

法治，说到底是以一种看得见的讲理方式实现社会的治理。而对于讲理中的"理"，东西方有不同的认知，西方是不证自明的自然真理，是天赋人权；而中国之理是大众的常识判断。[①] 因此在中国，在设计法律制度的时候既要符合自然正义的相关要求，同时又要适应中国国情，体现中国的国家意识。中国的司法制度，用一句有中国特色的话语来表述，那就是注重法律效果与社会效果的统一。所谓两个效果的统一的说法，可以说是直观地揭示了中国司法制度的独特面向。在法律效果之外的社会效果的尺度，可能是社会稳定、与政府关系、党的领导、群众情绪、经济发展等因素，而这些因素都是外生于法律规范的情景性的因素。[②] 由于党和政府长期以来的鼓励推行诉讼的社会效果，使得法院在审理案件过程中表现出了明显的治理化的诉求。而这些法治和治理相结合的司法实践也就构成了韦伯所言的"实质非理性"的勃发与"形式理性化"的降低。[③]

司法的这一特点在我国的国家赔偿领域则更为明显。国家赔偿制度一

---

① 秦前红：《跳出圈外看国家赔偿法修改争议》，载《中国审判》2009 年第 12 期。

② 汪庆华：《中国行政诉讼：多中心主义的司法》，载《中外法学》2007 年第 5 期。

③ ［德］马克斯·韦伯：《法律社会学》，康乐、简惠美译，广西师范大学出版社 2011 年版，第 2 页。

方面作为司法制度的一部分,发挥着彰显公平正义、保障基本人权的作用;而与此同时,我国的国家赔偿制度又与国家的政治体制存在天然密切关系,承担了维护政府形象、维持社会稳定的功能。因此,从中央到地方,各级法院的价值定位就必须在百姓、地方政府以及自我利益之间不断寻求平衡,形成我国多中心主义的国家赔偿制度。

然而,徘徊于不同角色中的法院却也可能基于单独一种角色而阻却正义的实现。[①] 虽然作为一个职业群体和一个肩负特殊职责的机关,我们可以假定法院主观上是倾向于秉公办事依法裁判的。可是,在国家赔偿诉讼管辖制度下,绝大多数案件是由赔偿义务机关所在地的法院管辖。法院所面临案件中的被告则是处于同一权力体系中的行政机关、检察机关甚至其他法院。因此,在众多利益交杂的国家赔偿诉讼中,法院为取得各方利益的平衡,不得不考虑一些其他因素。此时,某一角色所拥有的表象特征就可能会被作为"正当理由"而成为法院向他方解释甚至自我安慰的借口。从这点而言,国家赔偿制度的多中心主义所影射的依旧是制度背后的法治之殇。

(三)小结

经过上文的分析,我们也许能够很自然地得出结论:正是由于法院定位的多中心主义导致了各地方法院在实践国家赔偿制度过程中的摇摆不定。因此,要真正实现国家赔偿领域中的法治,必须保障司法权的中立审判职能,确保法院的独立主体地位,否则,即使立法上的《国家赔偿法》几近完善,司法领域的国家赔偿制度也只可能是镜花水月。

五、探寻我国国家赔偿制度的实践土壤

修正后的国家赔偿制度一度被寄予厚望。国家赔偿制度试图通过法院中立和独立的司法判决创设个人追究国家责任的可能性,给予公民寻求权力侵犯后的最后救济,同时彰显法治的基本精神。然而现实的数据和人们的期望之间显然尚有距离。国家赔偿制度在现实中的生存状况,折射出法院在审判中,尤其是面对审判对象为公权力主体时的尴尬妥协。

---

① [美]米尔伊安·R.达玛什卡:《司法和国家权力的多种面孔》,郑戈译,中国政法大学出版社2004年版,第145页。

司法应当中立，这是由司法权的性质决定，对此，人们已经基本达成了共识。[①] 然而在涉及国家和个人关系时，人们对于司法机关的期待显然走得更远。即使是在行政法律关系中强调平衡论的学者也不得不承认，在公民和国家的关系中，国家机关的主导地位和公民的地位是其中的主要特征。尤其在我国现阶段，社会正处于转型期，公民的基本权利还无法实现根本保障，而社会整体对于公权力的行使又尚未实现有效的约束，公民权利与公权力之间还没有形成真正有效的“对峙”。[②] 相对于民事诉讼而言，在涉及公权力的行政诉讼以及国家赔偿诉讼中，作为原告的个人与代表着国家权力的被告在原始的诉讼地位上也无法形成诉讼中应有的“平衡”。[③] 此时，如果一味强调司法机关的完全中立可能会导致原、被告在实际诉讼上的不平等。因此，我国的司法机关在行政案件和国家赔偿案件就不得不承担着一部分保障普通公民基本权利的功能。虽然从表面上看这些保障人权的制度有违司法中立原则，但是基于深远意义而言对于推进我国整体法治发展无疑具有积极作用。

司法应当独立，这一认识始于孟德斯鸠创立的权力分立学说。孟氏认为，每一个国家都有三种权力：立法权、行政权和司法权，而司法权是指“惩罚犯罪或裁决私人讼争”的权力，他特别指出：“如果司法权不同立法权和行政权分立，自由也就不存在了。如果司法权同立法权合二为一，则将对公民的生命和自由施行专断的权力，因为法官就是立法者。如果司法权同行政权合二为一，法官便将握有压迫者的力量。”[④]然而，受到我国政治体制和法院审级制度的影响，我国的法院系统更易受到地方权力机关的影响。有学者认为，“从我国现行司法机构的设置、隶属关系以及司法人员的任免上看，我们很难将现行的地方各级司法机关界定为‘国家的’司法机关，从某种意

---

① 我国于20世纪90年代左右出现了大量有关司法中立的译著和论著，[英]彼德·斯坦：《西方社会的法律价值》，王献平译，中国人民公安大学出版社1990年版，第二章；周汉华：《论建立独立、开放、能动的司法制度》，载《法学研究》1999年第5期；齐延平：《司法权中立的内容构成》，载《法商研究》1999年第4期；程竹汝：《司法独立：为什么》，载《政治与法律》2003年第1期；等等。

② 陈端洪：《对峙——从行政诉讼看我国的宪政出路》，载《中外法学》1995年第4期。

③ 罗豪才、沈岿：《平衡论：对现代行政法的一种本质思考——再谈现代行政法的理论基础》，载《中外法学》1996年第4期。

④ [法]孟德斯鸠：《论法的精神》(上)，张雁深译，商务印书馆1961年版，第155页。

义上讲,新中国成立至今尚未形成一个统一的司法系统。"[①]在中央和地方之间的权力博弈中,法院不得不在审判中将地方利益作为其考量因素,而直接关涉到地方政府形象的国家赔偿案件自然首当其冲,这一做法无疑会严重影响到法院的公信力乃至法治的实现。

鉴于此,脱离现阶段社会结构而谈我国法院的定位,显然过于理想化。在社会结构没有根本变化之前,我国的司法机关真正能够获得多大的中立和独立地位仍然难以保证,它只能"在夹缝中生存,在困厄中发展"。[②] 因此,要走出国家赔偿逡巡于"赔"和"不赔"之间的尴尬局面,立法的完善仅仅只是第一步。毕竟,要使得一项法律制度从纸面走向现实,除立法外,也有赖于一个能够相对独立于国家权力的市民社会的成长,有赖于司法权威的加强,还有赖于民主、法治的完善。而这已经是国家赔偿制度所不能承受之重。

六、尾论

行文至此,悲观气氛浓重,鉴于法院在我国现阶段政治体制下所承担的多重角色,国家赔偿制度要在我国最终实现似乎还有很长的路要走。但是换个角度,国家赔偿中司法的多中心主义可能是我国法治转型阶段的必然阶段。我国的国家赔偿制度发展至今不到二十载,制度从产生到发展必然会经历一个过程,而国家赔偿制度功能的摇摆不定正是法治建设的特定阶段、特定情境的产物。尽管饱受诟病,但是不得不承认,从略带戏谑的"国家不赔法"到现如今基本被认可的国家赔偿法,国家赔偿制度在我国的进步已经显而易见。

(作者单位:复旦大学法学院)

---

① 李晓兵:《宪政秩序中法院的角色》,载《法制与社会发展》2007年第3期。

② 何海波:《行政诉讼撤诉考》,载《中外法学》2001年第2期。

走向统一:国家赔偿中精神损害抚慰金的适用

——以精神损害抚慰金的司法现状为切入

李　斌

国家赔偿制度的从无到有,乃至精神损害赔偿制度的萌发,都与国家、个人之间关系对比的强弱变化有关。集权式的国家主义,不可能承认国家也会犯错,“国王不可能为非”,即使有错,也不可能低下头承认并予以赔偿;但随着公民权利、地位的日益提高,国家本位主义的消退,尊重与保障人权原则的树立,《国家赔偿法》不仅应运而生,而且作为其中重要一环的精神损害赔偿制度也开始发展壮大。作为中国法治进程的典型案件,佘祥林、赵作海、张氏叔侄案等,都成为国家赔偿、冤假错案的里程碑事件,虽然这些知名错案的主角,只有发生在最近的张辉、张高平叔侄二人享受了新《国家赔偿法》的福谛,11 年的无辜冤狱,抢劫、强奸的耻辱罪名如影随形,最终获得了国家给予的每人 450000 元的精神抚慰金,被认为是国家赔偿的一次重大突破。其他,如佘祥林、赵作海、胥敬祥等人,由于作出国家赔偿决定之时,尚未有精神损害赔偿的立法,冤情的重大、媒体的发酵,让他们能够享受到法律之外的补偿,往往是以救助款、生活困难补助等形式出现的变相的精神抚慰金,但这种做法名不正、言不顺,一直受到媒体和学界的诟病,因此,随着社会经济发展水平的不断提高和人权保障意识与能力的不断提升,国家赔偿中的精神损害抚慰金制度应时而生。但我们也看到,由于《国家赔偿法》对精神损害抚慰金的规定比较原则、粗疏,导致执法司法实践中面临诸多疑难复杂的问题缺乏处理依据而又亟须解决,从而直接影响精神损害赔偿制度目标和价值的充分实现。本文通过对全国精神损害赔偿案例的适用考察,试图厘清精神损害赔偿制度中问题焦点所在。

一、标准不一:各地适用精神损害抚慰金的司法现状考察

我们通过网络调取了53件刑事赔偿案例,涉及全国14个主要省市,具有较强的代表性。其中上海、河南都有较为完备的刑事赔偿案件分析制度,故采用的案例较多,分别为19件、18件,其他如广东有3件,河北有2件,陕西有2件,安徽、福建、广西、贵州、海南、湖北、辽宁、山东、山西等地各有1件。通过分析样本组精神损害抚慰金的适用情况,试图发现其在实践运行中的问题所在。

(一)样本组的总体情况

1. 涉及罪名情况

53件案件共涉及19个常见罪名,其中排在第一位的是盗窃罪,共涉及7件案件,占总数的13.21%;另外较为多见的几个罪名是妨害公务罪(5件、9.43%)、诈骗罪(5件、9.43%)、强奸罪(5件、9.43%)、故意杀人罪(4件、7.55%)、故意伤害罪(4件、7.55%)、抢劫罪(4件、7.55%)、贪污罪(3件、5.66%)、职务侵占罪(3件、5.66%)、挪用公款罪(2件、3.77%)、票据诈骗罪(2件、3.77%)、抢夺罪(2件、3.77%),均有2件以上的案件涉及,其他只涉及1件案件的罪名有行贿罪、贷款诈骗罪、非法拘禁罪、诽谤罪、拒不执行法院判决罪、聚众斗殴罪、销售假冒注册商标罪等,几乎涵盖了绝大多数常见多发罪名,而且集中在涉及财产权利、涉及人身权利类以及公职人员职务犯罪案件,其中涉及财产权利犯罪共有21件,占全部样本的四成左右,涉及人身权利的有15件,占全部样本的三成左右,涉及职务犯罪案件有8件,占全部样本的15%左右。可以说,实践中这三类犯罪中多靠言词证据定罪,容易发生错捕、错诉、错判,从而导致无罪羁押,产生国家赔偿责任。如甲某盗窃案件,2009年12月27日侦查机关以涉嫌盗窃犯罪对赔偿请求人进行拘留,仅凭嫌疑人口供和现场勘验笔录中显示的"系两人作案"的结论,推断出甲某涉嫌参与此案,检察机关批准逮捕,后经查明案发时甲某一直在上海打工,2010年7月5日侦查机关撤销案件,甲某被释放。

2. 最终处理结果

由于《国家赔偿法》对赔偿责任承担采取的是无罪羁押赔偿原则,从53

件案件的最终处理结果来看，由侦查机关撤案的有 27 件，占全部案件的一半；另有 18 件系法院宣告无罪，占 1/3；检察机关作不起诉处理的有 8 件，约占 1/7。上述案件绝大部分均进入了法院的审判程序，但最终处理并不是均被法院宣告无罪，而是采取了程序倒流的方式，对法院拟判无罪的案件，检察机关为了降低无罪判决率，从法院撤回起诉，一部分在检察机关作不起诉，一部分最终由侦查机关撤销案件。实践中检察机关建议公安机关撤案的，公安机关往往长时间不作出撤案决定，导致赔偿申请人因无案件的最终处理书面意见，而无法提出赔偿申请。

3. 羁押时间与赔偿数额情况

53 件案件中羁押时间最长的达到 4094 天，最短的也有 15 天，平均每件案件羁押时间为 598 天。由于国家赔偿数额与羁押时间长短，尤其是人身羁押赔偿金数额与羁押时间长短呈正相关关系，通常而言，羁押时间长的申请人最终获赔的国家赔偿金也就越高。53 件案件中获赔数额最高的为甲某票据诈骗案，因羁押时间最长，获赔数额也最高，达到 825889 元（其中人身羁押赔偿 665889 元，精神损害赔偿金 160000 元），羁押时间最短的乙某故意伤害案虽然仅被羁押 15 日，但县公安局依据法医出具的假伤害鉴定和乡派出所所长制作的假笔录对其提请批准逮捕，县检察院在犯罪嫌疑人已经外出打工、不在案的情况下，作出批准逮捕决定，致使乙某被执行逮捕。另外，乙某涉嫌伤害案撤销后，负责办理该案的民警没有及时撤销对其的网上通缉，导致某市公安局再次将其作为犯罪嫌疑人抓获，造成乙某自杀身亡的严重后果。其近亲属最终获得的人身羁押赔偿金仅为 2134.95 元，但司法机关另给付 60000 元救助款，这其实就是精神抚慰金的替代名词而已。获得赔偿额最低的是丙某挪用公款案，当事人被羁押 20 天，最终获得人身羁押赔偿 2988.93 元以及 5000 元的精神损害抚慰金，合计获赔 7988.93 元。53 件案件的平均获赔数额为 82863.1 元。

（二）样本组提出精神损害抚慰金情况：比例高，数额大

53 件案件中除部分案件事实不清的（15 件），其余 38 件案件中，明确提出精神损害抚慰金请求的有 31 件，超过了全部样本案件的半数，将近六成。

上述提出精神损害抚慰金要求的案件中，提出具体数额的有 26 件，占全部样本的一半。要求精神损害赔偿数额最高的达到 870000 元，最少的也提

出了5000元的要求,平均赔偿要求为25000余元。这一方面说明精神损害抚慰金没有规定具体数额,赔偿请求人无所依据,盲目要求;另一方面说明赔偿请求人对精神损害抚慰金抱有很大期望值。如丁某赔偿案,丁某因盗窃罪于1992年6月28日被批准逮捕,1996年2月11日被取保候审,造成错误羁押1444天,丁某提出给予精神损害抚慰金600000元,并要求消除影响、恢复名誉、赔礼道歉,检察机关考虑到错误逮捕未对其人身造成损害,在支付羁押赔偿205000元后,支持了在一定范围内消除影响、恢复名誉、赔礼道歉的精神损害赔偿,而没有支付其精神损害抚慰金。

相较于较高的抚慰金提出率,26件案件中的抚慰金获得率不足一半,只有11件案件司法机关给予了适当的精神损害赔偿,赔偿数额最高160000元,最低只有1000元,没有一件达到申请人的预期,与申请人提出的赔偿要求相比,精神损害抚慰金最高只达到申请人要求的75%,57.69%的案件由于各种原因最终未获精神损害抚慰金,26件案件的最终精神损害抚慰金数额仅占申请人请求数额的5.63%,可谓九牛一毛。上述26件案件平均获得精神损害抚慰金14103.85元,平均获得国家赔偿数额为91766.05元,高出53件案件平均获赔额数额10%以上。考虑到平均羁押天数为663天,高出全部样本的平均羁押天数10%左右,上述提出精神损害抚慰金赔偿的案件并未因提出请求而获得更高的赔偿数额,仅是因为其羁押时间更长,因此获赔的数额也就相对较高。

(三)给予精神损害抚慰金的情况:支持少、数额少、随机性大

从司法机关的最终赔偿结果来看,53件案件中的22件(41.51%)给予了精神损害赔偿,其中采用赔礼道歉、消除影响、恢复名誉等非金钱性赔偿方式的大概有1/3,为7件;另有15件(占全部样本的28.30%)给予了具体的精神损害抚慰金,数额从1000~160000元不等,其中有3件同时附加了赔礼道歉、消除影响、恢复名誉。

通常而言,对当事人无罪羁押的时间越长,对其精神的损害也就越大,因此,人身羁押赔偿金与精神损害抚慰金应当是正相关关系。从22件给予具体精神损害赔偿的案件来看,7件并未得到实质的精神抚慰金,其余15件进行具体精神抚慰金给付的案件中,精神抚慰金均不超过人身羁押赔偿金,平均占后者的22.85%左右,反映了精神损害赔偿所具有的精神抚慰、有限

救济性。如某甲赔偿案,某甲于 2002 年 9 月 16 日因涉嫌强奸被某区检察院批准逮捕,检察机关以事实不清、证据不足为由两次退查,后某甲被取保候审,2011 年 3 月 28 日,该市公安局作出撤案决定,某甲要求羁押赔偿,并要求精神损害抚慰金 5000 元,检察机关赔偿其羁押 162 天的赔偿 23000 元,支付精神损害抚慰金 1000 元。但也有部分案件远远超出了人身羁押赔偿金的数额,样本中有 4 件案件精神损害抚慰金的数额超过了人身羁押赔偿的数额,最高的达到人身羁押赔偿金的 42 倍,如某乙赔偿案,其系公司法人代表,2009 年以行贿罪被逮捕羁押 19 天,撤销案件后某乙除要求羁押赔偿外,还要求精神赔偿 160000 元,检察机关出于息诉罢访的考虑,采取了以精神补偿代替精神抚慰金赔偿的方式,共支付其赔偿款 100000 元,除羁押 19 天赔偿 2300 元外,还给付了精神补偿 97700 元。

上述案件也反映出精神损害赔偿案件的特点:上访多、息诉难。据 H 省检察机关针对 2011 年全省办理的 15 件精神损害赔偿案件的统计,精神损害赔偿案件息诉的 5 件,不息诉的 10 件,其中提出复议的 4 件,复议数占不息诉数的 40%。精神损害抚慰金与赔偿申请人的要求存在差距,甚至有的当事人不领取赔偿款,以上访相要挟,以期获得巨额精神损害抚慰金。如某丁申请赔偿案件,某丁于 2006 年 12 月因涉嫌盗窃被依法逮捕,2009 年 6 月公安机关以不应当追究刑事责任为由撤案,某丁于 2011 年 5 月收到撤案决定书后提出国家赔偿申请。检察机关作出对某丁被错误羁押 227 天的赔偿决定,某丁不服提出复议,经复议维持后,某丁又向上级法院提出赔偿申请,法院赔偿委员会最后作出支付侵犯某丁人身自由权 227 天的赔偿金、精神损害抚慰金 5000 元的赔偿决定,某丁才息诉罢访,该案历经刑事赔偿的各个环节,耗时耗力,消耗了大量司法资源。

给予精神损害赔偿的 22 件案件的平均羁押时间为 579 天,略低于全部样本案件的平均羁押天数,提出的精神损害抚慰金数额平均为 35000 余元,获得的精神损害抚慰金数额平均为 20802.9 元,平均获得的国家赔偿数额为 111861 元,不仅高出 53 件样本的平均获赔额 35%,甚至比提出精神损害赔偿请求案件的平均获赔额还要高出 22% 左右。

样本案件中精神损害赔偿情况

	案件数(件)	平均羁押时间(天)	平均获赔额(元)
全部样本	53	598	82863.1
提出精神损害案件	26	663	91766.1
给予精神损害赔偿案件	22	579	111861

综上所述,国家刑事赔偿案件中精神损害抚慰金的提出率已经越来越高,但获得司法机关支持的并不多,赔偿请求人往往是基于长时间的无罪羁押而提出较高数额的精神损害抚慰金,但由于精神损害抚慰金标准的立法空白,导致大量案件并未能获得精神损害抚慰金,即使获得赔偿的案件所获赔偿名目也各异:救助金、补助款等,而且相当多的获赔案件往往是由于多年的上访、上诉,使司法机关迫于维稳的压力而给予一定的补偿,较之法律明文规定的精神损害抚慰金,实践中的做法名不正言不顺,令出多门、标准不一。

二、同中有异:各地对精神损害抚慰金的不同规定

《国家赔偿法》对精神损害抚慰金标准并未加以规定,立法者主要是考虑“国家赔偿涉及公民人身自由、生命健康以及财产等权利,案件情况千差万别,非常复杂,对精神损害赔偿的标准,在实践经验不足的情况下,不宜在法律中作出具体规定,可在司法实践中根据案件的具体情况由司法解释予以明确”①。为解决标准和适用的问题,部分省、市、自治区开始制定地方性精神损害抚慰金的规定,有的采取了人大常委会立法的形式,有的则采取了公、检、法三家联席会议纪要的形式,有的则是检察机关通过会议纪要的形式统一同一省份精神损害赔偿的适用问题,采取上述三种方式各有利弊,下面以广东、河南、重庆三地的做法举例释之。

(一)对适用条件中造成严重后果的理解

广东省、河南省、重庆市三地均将死亡、重伤、残疾、婚姻家庭关系破裂或者引致家庭成员严重伤害作为“造成严重后果”的情形。另外,《广东省关于在国家赔偿工作中适用精神损害抚慰金若干问题的座谈会纪要》(以下简

① 《全国人大法律委员会关于〈中华人民共和国国家赔偿法修正案(草案)〉审议结果的报告》,载刘爱卿主编:《国家赔偿立法与实践》,山东大学出版社2010年版,第375页。

称《广东纪要》)、《河南省检察机关关于办理刑事赔偿案件适用精神损害抚慰金研讨会纪要》(以下简称《河南纪要》)还规定了:精神疾病或者严重精神障碍(虽未达到评残程度,但造成永久伤痕或者精神障碍,严重影响其工作、生活的);因丧失人身自由而失去重要的就业等机会,以及对其生产经营造成严重影响或者重大亏损等,产生重大精神损害等两种情形。另外,河南和重庆两地还强调对无辜者被羁押以及较长时间羁押的重视,如河南省规定"没有犯罪事实或者犯罪事实非其所为而被羁押的"也视为造成严重后果;重庆市《实施〈国家赔偿法〉办法》(以下简称《重庆办法》)规定"受害人被羁押一年以上或者被判处和执行一年以上刑罚的,但是,缓刑除外",即只要被实际羁押时间在一年之上的,就视为已经造成了严重后果。当然,三地均规定了其他情形作为兜底条款,但可以说后二者的做法更加符合精神损害赔偿的实质。事实上的无罪者、未被定罪但被长期羁押的当事人,刑事诉讼程序的不当介入,势必给当事人及其家庭造成名誉、精神上的损伤,故应当认为是致人精神损害造成严重后果的情形。

另外,重庆市还特别规定了致人精神损害后果特别严重的情形,这虽然并不属于立法规定的内容,但特别严重情形的界定,更加有利于司法者有针对性地区分精神损害抚慰金适用的一般情形,标杆意义值得赞许。重庆市将"非正常死亡,而国家机关及其工作人员负有重大责任"、"因超期羁押造成重大人身损害和因刑讯等造成伤残或者精神失常"两种情形作为后果特别严重对待,可以说这两类案件是实践中容易形成媒体热点的类型,对此应当予以特殊关注,并适当提高精神抚慰金的适用标准,可以较好地安抚被害人,减少出现社会矛盾聚集、恶化的效果。

(二)确定精神损害抚慰金的标准

广东省、河南省、重庆市基本上都认为精神抚慰金数额应当与损害程度相适应,并兼顾地区差别。同时广东省还特别强调以丧失人身自由的时间长短为主要依据,结合其他损害或者损失的情况综合确定。

在具体标准规定上,三地均采用了"上限法"的规定方式,如广东省规定一般不超过300000元;重庆市规定最高额不超过国家上年度职工年平均工资的十倍;河南省规定一般不超过羁押赔偿数额,在综合考虑严重后果程度和各种因素后可以适当增减。其中增加精神损害抚慰金数额的情形有以下七种:(1)致人死亡的,100000元以下。情节恶劣或对近亲属造成精神损害后果特别严重的,可酌增,最高额不超过200000元;(2)伤残的,根据伤残程度及造成伤残的原因、手段,按每级伤残赔偿3000元至5000元逐级递增;(3)虽未达到评残程度,但造成永久性伤痕或精神疾病,严重影响工作、生活的,可酌增1000元至10000元;(4)对直接受害人的家庭、婚姻、工作、学业等造成直接不良影响的,酌增3000元至20000元;(5)直接受害人属纯无辜者,按羁押时间长短,每年酌增5000元至10000元;(6)直接受害人为未成年人的,酌增3000元至10000元;(7)其他酌增情形参照以上标准。减少或者不予赔偿精神损害抚慰金的情形有以下四种:(1)存疑无罪、存疑撤案、存疑不起诉;(2)虽没有犯罪事实或犯罪事实非其所为,但有证据证明其违法违纪或严重违反公序良俗的;(3)已经采取了消除影响、恢复名誉、赔礼道歉等救济措施的;(4)其他可以减少或者不予赔偿的情形。

(三)确定精神损害抚慰金的参考因素

三地均认为造成精神损害严重后果的原因、手段、行为方式等具体情节,直接受害人的年龄、身份、职业、民族、宗教信仰、家庭经济状况,当地平均生活水平等因素,是确定精神抚慰金具体数额的重要依据。另外,河南省的规定中,还提到羁押时间长短、涉嫌犯罪轻重(注意区分强奸、故意杀人等严重影响直接受害人名誉的案件和一般刑事案件)、精神补救情况(是否已经适用消除影响、恢复名誉、赔礼道歉等措施)以及无罪原因(准确区分没有犯罪事实、犯罪事实非其所为和事实不清、证据不足)等各个方面,作为确定精神损害抚慰金的适用杠杆。重庆市的规定还把造成社会影响的程度也作为确定因素之一。

三、精神损害抚慰金制度的关键:启动及标准

(一)精神损害抚慰金赔偿的启动:从宽

1. 适用精神损害赔偿的条件适当从宽

由于《国家赔偿法》中规定的精神损害赔偿只限于"有本法第三条或者第十七条规定情形之一,致人精神损害的"情形,因此如何理解精神损害赔偿的条件,也就是《国家赔偿法》第3条、第17条的违法侵权情形与致人精神损害二者之间是递进关系还是同一语强调,对此,实践中有不同看法。一种观点认为,具有《国家赔偿法》第3条、第17条规定情形的,并非都会给受损害人造成精神损害。理由是:感观上的损害并非法律意义上的损害;目前,《国家赔偿法》的规定较为保守,仅有限地承认国家侵权行为的损害后果。因此,对国家侵权行为的精神损害赔偿必须谨慎而行。

另一种观点则认为,只要具有《国家赔偿法》第3条、第17条法定情形的,就会给受害人造成精神损害,不同的情形无非是精神损害的程度有所不同。“致人精神损害”宜理解为对法定情形所包含结果的进一步明确和重申。精神损害具有因人而异性和不可测量性,不宜对其进行客观化的评定和限制。

笔者认为,从国家赔偿、精神损害赔偿制度创设的初衷以及国情、社情来看,应当对精神赔偿的适用条件进行适度放宽。首先,从社会发展趋势看,社会的发展进步,给物质、精神生活的考量带来重大变化。一个人在被羁押状态下,即使物质生活不受影响,但人身自由被剥夺。人身自由与精神损害休戚相关。精神损害的实质,是人身自由受到不应有的限制,原有的精神生活状态产生不良改变,进而造成的痛苦感受。人身自由被限制,必然有精神损害发生,刑事诉讼中无罪判决涉及的无罪羁押引发的精神损害即可成立。其次,从赔偿理念的角度看,《宪法》第41条第3款规定,“由于国家机关和国家工作人员侵犯公民权利而受到损失的人,有依照法律规定取得赔偿的权利”。在人权入宪、突出人权保障观念的大背景下,赔偿义务机关更应当转变执法理念,对精神损害赔偿的掌握宜松不宜紧。一旦出现国家赔偿法规定的情形,受害人的人身权利就已受到侵害,精神损害结果随之产生,理应给予精神损害赔偿。再次,从侵权责任的角度看,刑事赔偿基于特殊侵权行为,适用结果归责原则,以损害事实所造成的结果作为刑事赔偿的依据和标准。结果责任在确定侵权责任时,不考虑赔偿义务机关的主观因素,也不赋予赔偿义务机关抗辩权,仅依据结果来确定责任。以刑事赔偿为例,只要符合《国家赔偿法》第17条的五种法定情形,有物质及精神损害结果,相应的赔偿义务机关就应当承担精神损害赔偿责任。最后,从具体条文设置看,精神损害主要指人身权受到侵害引起的精神痛苦,主要来自生理损害和心理损害。如受害人遭受《国家赔偿法》第17条中规定的非法拘留、刑讯逼供、殴打虐待以及无罪羁押等侵害,定会产生忧虑、怨愤、悲伤等精神痛苦。而且,《国家赔偿法》第35条设置的前提即是肯定了精神损害的存在,在此基础上区分精神损害的轻重程度,确定了两种不同的法律后果。可见,从条文逻辑含义分析,无法得出"存在没有致人精神损害的情形"的结论。

2. 适用精神损害抚慰金的条件适当从宽

实践中有观点认为,对启动精神损害赔偿的条件应当严格把握,即对"精神损害严重后果"的判定,必须依据医学或其他证明材料才能作出。理由主要有以下两个:一是认为从现实国情出发,地区差异、阶层差异在一定范围内存在,公民对法律的情绪化理解多于理性分析,维稳压力尚大,贸然强调只要国家侵权就会造成精神损害,无异于超前消费法律资源;二是认为在司法实践中,目前的基层检察机关大部分赔偿案例都未支付精神损害抚慰金。认定无罪判决中精神损害后果严重的,通常要有一定的二次伤害,如造成精神障碍、精神疾病,或者侦查终结后继续羁押的、羁押时间过长等。在此基础上,还需要提供一定的作证材料。因此,无论从国情还是从司法现状来看,都应严格限制精神损害赔偿的适用。

《国家赔偿法》被视为公民实施权利救济的途径,相关条款应当作出有利于受害人的解释。由于公民与庞大的国家机器无法对抗,权利救济途径应当畅通,不宜设置障碍。法律没有明确规定严重后果的情形不应成为不作为的理由。因此,精神损害后果严重可以客观化,无须专门的精神损害鉴定。从维护社会稳定的角度看,刑事司法工作有偏颇,应当通过刑事赔偿主动弥补,损害后果确实严重的要及时支付精神损害抚慰金,降低维稳成本,放大精神损害抚慰金的社会效果,这样才不失《国家赔偿法》作为纠错、弥补损害的后位机制,在第一时间消除社会矛盾。

(二)精神损害抚慰金的标准:适度

确定精神损害抚慰金的数额标准,我们认为应把握以下四个方面:一是不得高于其他赔偿项目。精神损害抚慰金属于抚慰性质,不是高于实际损失的惩罚性赔偿,也不是相当于实际损失的补偿性赔偿。实践中应结合案情实际情况,从有利于当事人、有利于息诉罢访的角度考量,掌握原则性和灵活性,在协商后按照羁押赔偿金的比例赔偿。对于完全无辜的赔偿请求人,精神损害抚慰金数额可以高于人身羁押赔偿数额。二是不得超过最高限额。精神损害赔偿额以一般最高不超过当地人均 GDP 的两倍为宜。当然,对无罪羁押受损害人的身体健康、名誉权等造成其他严重后果的,如致其生产经营重大亏损的，可单独认定或增加精神损害抚慰金数额。三是赔偿义务机关自由裁量。赔偿义务机关应当根据侵权人的过错程度、行为方式、采取的措施和执行的刑罚对被损害人身体健康、人身自由、经济收入、精神状态及家庭成员的损害程度等进行平衡。四是对无罪羁押“造成严重后果”引发精神损害抚慰金赔偿，在计算方式上不宜纯按日期计算。精神损害结果是不可计量的无形损害，与羁押日期没有一一对应的关系，羁押日期与严重精神损害后果之间也不存在等价交换，精神损害抚慰金的数额一般以丧失人身自由的时间长短为主要依据，并结合其他精神损害情形综合判断，同时，精神损害抚慰金数额也不应受羁押赔偿金数额限制。

在立法体例上，建议以地方人大立法的形式对精神损害抚慰金的适用标准予以规定，如上海市规定可以在刑事赔偿案例的基础上，先由检察机关内部形成规定，待时机成熟再上升为地方立法。

（作者单位：北京市人民检察院第二分院、中国社会科学院法学所）

【裁判文书选登】

狩猎电脑(娱乐)成都有限公司申请四川省高级人民法院错误执行赔偿案

中华人民共和国最高人民法院赔偿委员会
国家赔偿决定书

(2012)法委赔字第6号

赔偿请求人:狩猎电脑娱乐(成都)有限公司。住所地:四川省成都市蜀都大道西段少城路艺苑大厦二楼。

法定代表人:向启福,该公司董事长。

赔偿义务机关:四川省高级人民法院。住所地:四川省成都市金牛区蜀汉路265号。

法定代表人:王海萍,该院院长。

赔偿请求人狩猎电脑娱乐(成都)有限公司(以下简称狩猎公司)因错误执行申请四川省高级人民法院(以下简称四川高院)国家赔偿一案,不服四川高院2012年3月16日作出的(2012)川法赔字第1号不予受理决定,向本院赔偿委员会申请作出赔偿决定。本院赔偿委员会依法对本案进行了审理,现已审理终结。

狩猎公司向本院赔偿委员会请求:确认四川高院对(1997)川执字第51号裁定查封的四川省成都市武侯区永丰乡百花小区(以下简称百花小区)房产监管缺失,以及(1998)川执字第20号民事裁定执行行为违法;赔偿因四川高院错误执行导致最高人民法院民事判决所确认的申请人600万元购房款本金及利息、诉讼费、执行费等损失，以及成都市圣源文博房地产开发公司（以下简称成都圣源公司）抵偿申请人销售的50套商品房折价损失3000万元。

主要理由是：1.申请人虽非产权登记人，但与成都圣源公司签订了《购买在建房屋合同》、《特别授权书》和《抵偿协议》，是该房产实际控制人和代销人，与原产权登记人成都圣源公司具有法律上的利害关系；2.四川高院在裁定查封房屋尚未依法解封的情况下，又以（1998）川执字第20号民事裁定将房产强制转移给他人，造成申请人享有的生效判决确定债权和申请人享有的50套房产灭失。

四川高院向本院赔偿委员会答辩称：1.狩猎公司对成都圣源公司享有的仅是债权，其不是投资人、权利人，亦非该房产所有人，对百花小区不享有权利。最高人民法院（2003）民一终字第19号民事判决，判令狩猎公司与成都圣源公司原签订的《购买在建房屋合同》无效，更进一步确立狩猎公司对成都圣源公司仅享有债权，对百花小区不享有物权。2.狩猎公司不是（1998）川执字第20号裁定的相关权利或义务人，不具备申请确认（1998）川执字第20号裁定错误并申请国家赔偿的主体资格。

本院赔偿委员会经审理查明：1995年10月20日，狩猎公司与成都圣源公司签订《购买在建房屋合同》，该合同约定：百花小区四栋商住楼在建工程为四层砖混结构建筑，面积19056.25平方米，售价1850万元，狩猎公司先付1700万元。1995年11月1日，双方签订《购买在建房屋合同补充协议》，就付款方式进行约定。1995年12月6日、12月22日，狩猎公司分别支付50万元和550万元，余款未予支付。成都圣源公司依约交付在建房屋的有关资料，狩猎公司在《项目转让交乙方材料目录》上签字确认。

1997年5月8日，成都圣源公司以狩猎公司没有房地产开发经营权且不具备履约能力为由，向四川高院提起诉讼，请求确认合同无效，判令狩猎公司赔偿经济损失757.2万元，返还成都圣源公司所有文件并承担本案诉讼费用。四川高院审理期间，双方达成和解协议，四川高院作出（1997）川高法经一调字第05号民事调解书对协议内容予以确认：一、双方1995年10月签订的《购买在建房屋合同》予以解除。由成都圣源公司返还狩猎公司购房款

600万元。由狩猎公司返还成都圣源公司全部房屋并承担该房屋修复费用及成都圣源公司其他损失人民币700万元。上述相抵,由狩猎公司在调解书生效后10日内给付成都圣源公司100万元。二、狩猎公司在本调解书生效后10日内将原合同附件《项目转让交乙方材料目录》所附全部材料退还成都圣源公司,如未按期退还,则赔偿成都圣源公司人民币58万元,并有义务协助配合成都圣源公司补办上述文件等。

民事调解书生效后,成都圣源公司以狩猎公司拒不执行调解协议为由申请四川高院查封百花小区项目。1997年9月10日,四川高院作出(1997)川高法执字第51号民事裁定,对百花小区项目房屋产权查封冻结,并向成都市房管局送达《协助执行通知书》。同年10月23日,四川高院组织双方当事人进行产权证及建设资料移交。

四川高院立案执行期间,成都圣源公司委托该公司董事长谭明波全权处理百花小区在建项目转让事宜。谭明波亦是西藏自治区圣源房地产开发公司(以下简称西藏圣源公司)董事长。1998年3月17日,西藏圣源公司与成都金城房地产经营开发公司(以下简称金城公司)约定将百花小区项目土地使用权和地上在建工程的所有权全部转让给金城公司,西藏圣源公司以百花小区提供担保,该合同经成都市公证处公证并赋予强制执行效力。后因西藏圣源公司未按公证书履行义务,金城公司向四川高院申请执行。四川高院于1998年5月21日作出(1998)川执字第20号民事裁定,将百花小区项目的国有土地使用权和地上在建工程及该项目的全部审批资料等,由成都圣源公司转让给金城公司。

与此同时,狩猎公司因不服(1997)川高法经一调字第05号民事调解书向四川高院申请再审。四川高院决定再审并于2002年8月29日作出(2002)川民再初字第1号民事判决,以双方均未提出调解违反自愿原则的问题,应当认定调解协议合法有效为由,判决(1997)川高法经一调字第05号民事调解书合法有效,予以确认。狩猎公司不服,上诉至本院。2003年8月17日,本院作出(2003)民一终字第19号民事判决,判决:一、撤销四川高院(2002)川民再初字第1号民事判决书;二、撤销(1997)川高法经一调字第05号民事调解书;三、成都圣源公司与狩猎公司签订的《购买在建房屋合同》及《购买在建房屋合同补充协议》无效;四、成都圣源公司在判决生效后15

日内返还狩猎公司600万元,并支付该款自1997年7月11日起至实际履行完毕之日止的银行同期存款利息。狩猎公司据此向四川高院申请执行。四川高院委托广安市中级人民法院(以下简称广安中院)执行。

另查明,广安中院在执行期间,郭宏山向江西省南昌市中级人民法院(以下简称南昌中院)起诉,要求狩猎公司偿还欠款。2009年6月2日,南昌中院作出(2009)洪民二初字第35号民事调解书,内容如下:一、狩猎公司所欠原告郭宏山借款8500990元因未能按时清偿,成都圣源公司同意直接向郭宏山清偿。二、成都圣源公司欠狩猎公司600万元本息债权债务关系同时解除。狩猎公司应在本调解书生效后向广安中院申请撤销终结最高人民法院(2003)民一终字第19号民事判决的执行。三、成都圣源公司同意以百花小区商品房中依法应由四川省交通厅腾退约83套房屋优先处置、变卖或抵偿郭宏山等额债务本息。该调解书生效后,南昌中院依郭宏山申请于2009年6月17日作出(2009)洪中执字第58-1号裁定,查封百花小区。同年9月9日,广安中院依狩猎公司申请作出(2004)广法执字第17-6号民事裁定,准予狩猎公司以本案所确认债权转让他人为由撤回执行申请,裁定执行终结。

2010年9月13日,南昌中院作出(2009)洪中执字第58-2号执行裁定书,裁定解除对百花小区查封。2010年11月16日,南昌中院作出(2010)洪民再字第21号民事判决,以郭宏山与狩猎公司之间不存在真实的债权债务关系,当事人在原审达成的调解协议内容违反法律规定为由,判决撤销该院(2009)洪民二初字第35号民事调解书。

2012年1月9日,狩猎公司以四川高院错误执行为由向该院申请国家赔偿。2012年3月16日,四川高院作出(2012)川法赔字第1号不予受理决定。该决定认为,狩猎公司不是百花小区项目的开发商、权利人,也不是1997年申请查封该项目的申请人,同时不是(1998)川执字第20号裁定的申请执行人与被执行人。因此,四川高院(1998)川执字第20号裁定与狩猎公司没有法律上的利害关系。狩猎公司申请赔偿,不符合《中华人民共和国国家赔偿法》第六条、《最高人民法院关于国家赔偿案件立案工作的规定》第四条第(一)项的规定,据此决定对狩猎公司的申请不予受理。

上述事实,有四川高院(2012)川法赔立字第1号决定书、(1997)川高法经一调字第05号民事调解书、(2002)川民再初字第1号民事判决书、

(1997)川高法执字第51号民事裁定书、(1998)川执字第20号民事裁定书，本院(2003)民一终字第19号民事判决书，南昌中院(2009)洪民二初字第35号民事调解书、(2010)洪民再字第21号民事判决书、(2009)洪民二初字第73号民事判决书、(2009)洪中执字第58-1号、58-2号执行裁定书，广安中院(2004)广法执字第17-3、17-6号民事裁定书，以及《购买在建房屋合同》、《在建项目转让协议》等材料在案佐证。

本院赔偿委员会认为，案涉百花小区在建工程系成都圣源公司投资开发，成都市产权管理机关核准登记其为产权所有人。因成都圣源公司与狩猎公司合同纠纷，经四川高院主持调解并以法律文书形式予以确认双方协议，约定解除《购买在建房屋合同》；由成都圣源公司返还狩猎公司600万元；狩猎公司返还全部房屋并承担各种损失700万元，两者相抵，狩猎公司还应给付成都圣源公司100万元。嗣后，该调解书被本院再审民事判决撤销，判决双方所签《购买在建房屋合同》及《购买在建房屋合同补充协议》无效，成都圣源公司返还狩猎公司600万元及利息。由此可见，狩猎公司既非百花小区投资人和产权所有人，其自始至终对百花小区亦未享有物权。狩猎公司依据本院再审民事判决对成都圣源公司享有债权。四川高院原执行行为是基于狩猎公司与成都圣源公司经人民法院调解书确认的双方约定义务，以及另案生效的法律文书，该执行未针对狩猎公司所有的房产。由于狩猎公司对百花小区房产不享有物权，因此狩猎公司主张的四川高院执行行为造成其50套房产灭失等损失，缺乏事实依据。至于狩猎公司经本院生效判决确定的债权不能实现，直接原因是成都圣源公司无履行能力，亦与四川高院基于另案生效法律文书对百花小区采取的执行行为无法律上的因果关系。综上，狩猎公司以四川高院执行行为违法应予赔偿提出的赔偿申请，缺乏事实及法律依据，本院赔偿委员会不予支持。根据《中华人民共和国国家赔偿法》第二十四条第三款、第二十九条，《最高人民法院关于适用〈中华人民共和国国家赔偿法〉若干问题的解释(一)》第二条第(二)项之规定，本院赔偿委员会决定如下：

驳回狩猎电脑娱乐(成都)有限公司的赔偿申请。

本决定为发生法律效力的决定。

二〇一四年五月三十日

李洪斌申请辽宁省公安厅刑事赔偿案

中华人民共和国最高人民法院赔偿委员会
国家赔偿决定书

(2013)法委赔字第1号

赔偿请求人:李洪斌,男,汉族。

赔偿义务机关:辽宁省公安厅。住所地:辽宁省沈阳市皇姑区岐山中路2号。

法定代表人:王大伟,厅长。

委托代理人:吴越,辽宁省公安厅法制总队副总队长。

复议机关:中华人民共和国公安部。住所地:北京市东长安街14号。

法定代表人:郭声琨,部长。

委托代理人:魏地,中华人民共和国公安部法制局干部。

委托代理人:王永,中华人民共和国公安部法制局干部。

赔偿请求人李洪斌申请辽宁省公安厅违法限制人身自由、扣押财产刑事赔偿一案,不服辽宁省公安厅辽公刑赔字〔2012〕01号刑事赔偿决定和中华人民共和国公安部(以下简称公安部)公赔复字〔2013〕1号刑事赔偿复议决定,向本院赔偿委员会申请作出赔偿决定。本院赔偿委员会依法对本案进行审理,听取李洪斌、辽宁省公安厅的陈述和申辩,组织双方进行质证。本案现已审理终结。

赔偿请求人李洪斌申请称:李洪斌与大连奥斯机械有限公司(以下简称

奥斯公司)因诉讼代理合同发生经济纠纷,辽宁省公安厅违法受理该公司举报,出具虚假刑事鉴定结论,对李洪斌非法拘禁23天、刑讯逼供和扣押数百件财物,致使李洪斌未能取得奥斯公司报酬款,并向沈阳市地方税务局稽查局补缴税费100余万元。辽宁省公安厅非法介入经济纠纷,造成李洪斌人身、财产损害,应当承担刑事赔偿责任,向李洪斌赔偿报酬款、补缴税费、医疗费、亡妻安葬费、精神损害抚慰金、上访费等共计9553552元,并依法追究办案人员法律责任。李洪斌自2004年6月16日刑满释放后多次信访申诉,辽宁省公安厅均不予立案,直至2012年8月21日才受理李洪斌的国家赔偿申请,且李洪斌于2012年11月21日才得知中共辽宁省纪律检查委员会(以下简称辽宁省纪委)案件移交函,其请求赔偿时效应自该日起算,故本案未超过法定时效。

赔偿义务机关辽宁省公安厅答辩称:辽宁省公安厅根据辽宁省纪委案件移交函,对李洪斌涉嫌刑事犯罪一案立案侦查,对李洪斌采取监视居住措施,扣押其17件涉案财物。后辽宁省公安厅将案件移送沈阳市公安局继续侦查,扣押财物亦随案移送。案经人民法院依法审理,李洪斌因犯伪造国家机关证件罪被判处有期徒刑二年。辽宁省公安厅在该案侦查过程中发现李洪斌另有漏缴税费行为,沈阳市地方税务局稽查局据此向李洪斌追缴税费1217170.50元。李洪斌所称辽宁省公安厅插手经济纠纷,对其非法拘禁、刑讯逼供、扣押数百件财物并无证据支持。监视居住不属于国家赔偿法规定的赔偿范围。李洪斌于2012年8月21日提出赔偿申请已超过法定时效。故请求维持辽公刑赔字〔2012〕01号刑事赔偿决定。

复议机关公安部同意辽宁省公安厅的答辩意见并说明称:李洪斌于2004年6月16日刑满释放后,多次上访或邮寄申诉材料,但从未依照法定程序向赔偿义务机关提出国家赔偿请求,其未向赔偿义务机关、复议机关主张辽宁省公安厅刑讯逼供,李洪斌涉嫌刑事犯罪一案未随案移送的其他物品已由辽宁省纪委依法返还。故请求维持公赔复字〔2013〕1号复议决定。

本院赔偿委员会经审理查明:辽宁省纪委在查办一起违法违纪案件过程中,发现涉案证人李洪斌利用伪造的身份证、律师证进行违法活动。2002年5月16日,辽宁省纪委以辽纪函〔2002〕3号案件移交函,将李洪斌涉嫌犯罪一案移交辽宁省公安厅处理。同月25日,辽宁省公安厅以涉嫌犯职务侵占罪为由，对李洪斌采取监视居住强制措施，指定居住在辽宁省武警招待所，李洪斌在监视居住决定书上签字。同月27日，辽宁省公安厅立案。同月29日，辽宁省公安厅将李洪斌在中国银行沈阳市分行租用的C0069号保管箱予以冻结。同月31日，辽宁省公安厅对李洪斌进行询问，李洪斌供认其伪造自己的身份证、西南政法学院毕业证、中国人民警官大学律师事务所工作证、律师执业证以及伪造司法局局长李成义的私人印章等事实，辽宁省公安厅据此将李洪斌存放于上述保管箱内的伪造证件、印章及奥斯公司公章、财务专用章等17件涉案财物予以扣押，李洪斌在扣押物品清单上签字。辽宁省公安厅于2002年6月11日将李洪斌涉嫌犯罪一案移交沈阳市公安局处理，扣押的17件涉案财物随案移送，后上述保管箱交该局继续冻结。同月17日，辽宁省公安厅对李洪斌宣布解除监视居住，沈阳市公安局以涉嫌犯伪造国家机关证件罪对李洪斌予以刑事拘留。同月28日，沈阳市和平区人民检察院对李洪斌批准逮捕。2003年10月17日，沈阳市和平区人民法院作出(2003)和刑初字第627号刑事判决，认定李洪斌利用伪造的辽宁省涉外律师事务所、中国人民警官大学律师事务所律师执业证代理诉讼，其行为构成伪造国家机关证件罪，判处李洪斌有期徒刑二年。李洪斌不服，提出上诉。沈阳市中级人民法院裁定驳回上诉，维持原判。2004年6月16日，李洪斌刑满释放。

李洪斌2007年3月至2010年3月期间共7次到辽宁省公安厅信访，举报瓦房店市公安局、沈阳市公安局违法办案，未涉及要求辽宁省公安厅国家赔偿。2012年8月21日，李洪斌向辽宁省公安厅申请国家赔偿，辽宁省公安厅向辽宁省纪委了解得知，李洪斌涉嫌刑事犯罪一案未被移送的财物已由辽宁省纪委直接返还给李洪斌亲属。2012年10月19日，辽宁省公安厅作出辽公刑赔字〔2012〕01号刑事赔偿决定，认为李洪斌的赔偿申请超过法定时效，不予赔偿。李洪斌不服，向公安部申请复议。2013年1月10日，公安部作出公赔复字〔2013〕1号复议决定，对辽公刑赔字〔2012〕01号刑事赔偿决定予以维持，并认为监视居住不属于法定赔偿范围，辽宁省公安厅扣押的17件财物已经随案移送，其余物品已由辽宁省纪委依法返还，李洪斌称尚有数百件财物被辽宁省公安厅扣押未予返还，其没有证据证实。

另查明：因辽宁省公安厅在侦查李洪斌涉嫌刑事犯罪一案过程中发现

李洪斌存在漏税行为,沈阳市地方税务局稽查局在辽宁省公安厅等单位的配合下,于2002年7月从李洪斌存放于前述银行保管箱的存折提取1217170.50元用于补缴税费。沈阳市公安局在继续侦查李洪斌涉嫌刑事犯罪一案过程中,委托辽宁省公安厅对李洪斌的律师执业证、收取公章的收条等涉案证据进行鉴定。辽宁省公安厅于2002年12月出具刑事技术鉴定书,认定律师执业证上的注册日期和收条落款处的"李洪斌"签名等系李洪斌书写。李洪斌认为上述鉴定结论虚假,但未提供证据予以证明。

上述事实,有辽纪函〔2002〕3号案件移交函、监视居住决定书、刑事案件立案报告表、查询通知书、冻结通知书、2002年5月31日询问笔录、扣押物品清单、调查证据通知书、辽宁省公安厅案件移交函、解除冻结通知书、解除监视居住决定书、拘留证、批准逮捕决定书、沈公治诉〔2002〕第66号起诉意见书、(2003)和刑初字第627号刑事判决书、〔2003〕沈刑(1)终字第239号刑事裁定书、刑满释放证明书、税务机关许可证明、税务处理决定书、李洪斌涉税情况的说明、辽公刑技(文检)〔2002〕209、210、220、224号刑事技术鉴定书,以及关于李洪斌上访情况的说明、辽宁省纪委答复函、辽公刑赔字〔2012〕01号刑事赔偿决定书、公赔复字〔2013〕1号刑事赔偿复议决定书以及质证笔录、谈话笔录等在案佐证。

本院赔偿委员会认为:本案争议的焦点问题为李洪斌2012年8月21日向辽宁省公安厅提出赔偿请求是否超过法定时效。本案中,辽宁省公安厅对李洪斌采取指定居所监视居住和扣押财物的职权行为发生于2002年5月,2002年6月17日李洪斌被辽宁省公安厅解除监视居住,同日被沈阳市公安局刑事拘留,其后李洪斌因犯伪造国家机关证件罪被判处有期徒刑二年于2004年6月16日刑满释放,其请求国家赔偿的时效依法应当自2004年6月17日起算,于2006年6月16日届满。李洪斌虽提出其于2012年8月21日向辽宁省公安厅申请国家赔偿以前多次信访申诉,但未证明其信访申诉内容涉及辽宁省公安厅作为赔偿义务机关的国家赔偿,本案也不存在时效中断的法定事由。李洪斌提出赔偿请求时效应当自2012年11月21日其得知辽宁省纪委案件移交函之日起算的理由不成立。李洪斌于2012年8月21日提出赔偿请求超过法定时效,辽宁省公安厅据此不予赔偿,符合国家赔偿法的规定。

关于李洪斌提出的辽宁省公安厅非法介入李洪斌与他人经济纠纷，实施非法拘禁、违法扣押财产、刑讯逼供和出具虚假刑事鉴定结论等行为，造成李洪斌人身、财产损害，应当承担赔偿责任的主张，经查，李洪斌利用伪造的身份证、律师证进行违法活动，存在犯罪嫌疑，具备刑事诉讼法规定的监视居住条件，辽宁省公安厅对其采取监视居住强制措施符合法律规定，李洪斌主张辽宁省公安厅对其非法拘禁，理由不成立。李洪斌的行为经人民法院生效刑事判决确认构成伪造国家机关证件罪，其未经再审改判无罪而要求刑事赔偿，不符合国家赔偿法关于无罪羁押赔偿的规定。辽宁省公安厅在李洪斌涉嫌刑事犯罪一案移交沈阳市公安局侦查时，将刑事侦查期间扣押的 17 件涉案财物随案移送，符合刑事诉讼法的规定。李洪斌关于辽宁省公安厅扣押数百件财物、刑讯逼供、出具虚假刑事鉴定结论等没有证据支持。由于辽宁省公安厅不存在违法侵权行为，且李洪斌向辽宁省公安厅申请国家赔偿已超过法定时效，故对李洪斌的赔偿请求不应予以支持。

综上，公安部作出的公赔复字〔2013〕1 号复议决定认定事实清楚，适用法律正确，程序合法，依法应予维持。根据《中华人民共和国国家赔偿法》第二十五条第二款、第二十九条、第三十九条，《最高人民法院关于人民法院赔偿委员会审理国家赔偿案件程序的规定》第十九条第（一）项、第二十条之规定，决定如下：

维持中华人民共和国公安部公赔复字〔2013〕1 号刑事赔偿复议决定。

本决定为发生法律效力的决定。

二〇一四年三月一日

重庆市涪陵日兴房地产开发有限公司申请重庆市高级人民法院国家赔偿案

中华人民共和国最高人民法院赔偿委员会
国家赔偿决定书

(2013)法委赔字第3号

赔偿请求人:重庆市涪陵日兴房地产开发有限公司。

法定代表人:傅华荣,该公司执行董事。

委托代理人:罗维淮,重庆维淮律师事务所律师。

赔偿义务机关:重庆市高级人民法院。

法定代表人:钱锋,该院院长。

委托代理人:肖淘,该院干部。

委托代理人:郭晓丽,该院干部。

赔偿请求人重庆市涪陵日兴房地产开发有限公司(以下简称重庆日兴公司)不服重庆市高级人民法院(以下简称重庆高院)2013年4月7日作出的(2012)渝高法赔字第1号国家赔偿决定,向本院赔偿委员会申请作出赔偿决定。本院赔偿委员会依法对本案进行了审理,现已审理终结。

重庆日兴公司向本院赔偿委员会提出的请求为:撤销重庆高院(2012)渝高法赔字第1号国家赔偿决定,请求赔偿债权损失3313万元及相应利息。主要理由是:

(一)原决定认定事实错误。1.重庆瑞信房地产有限公司(以下简称重庆瑞信公司)为了逃避债务与山西晋城市瑞信房地产有限公司(以下简称山西瑞信公司)签订《项目转让协议》,以30万元的价格将其晋城分公司的项目资产转让给山西瑞信公司。协议签订后,双方未依照法律规定向相关部门申报办理转让过户手续、缴纳相应税费,涉案土地并未实际过户。重庆瑞信公司晋城分公司与山西瑞信公司通过变更使用权人的方式变更土地使用权证应属无效,晋城市人民政府批复同意变更亦属违法。涉案房产既未更名也未过户,项目资产仍应归属重庆瑞信公司晋城分公司。原决定认定涉案资产已转让过户,登记在山西瑞信公司名下,并据此认定解除查封行为正确,属于认定事实错误。2. 重庆高院(2003)渝高法执他字第78-5号民事裁定已认定,山西瑞信公司注册资本1000万元系由重庆瑞信公司晋城分公司提供。赔偿请求人代理人赴晋城市调查时,原验资机构亦口头证实马晋昆等股东并未出资。原决定在未举证的情况下,否定山西瑞信公司注册资本1000万元系由重庆瑞信公司晋城分公司提供,亦属认定事实错误。

(二)原决定适用法律错误。本案不应当适用最高人民法院、国土资源部、建设部《关于依法规范人民法院执行和国土资源房地产管理部门协助执行若干问题的通知》第七条的规定,而应当适用最高人民法院《关于人民法院民事执行中查封、扣押、冻结财产的规定》第十七条的规定,即被执行人将其所有的需要办理过户登记的财产出卖给第三人,第三人已经支付部分或者全部价款并实际占有该财产,但尚未办理产权过户登记手续的,人民法院可以查封、扣押、冻结。涉案财产并未办理过户登记手续,因此,重庆高院对涉案财产予以查封是合法的,嗣后予以解除查封应属违法。

重庆高院向本院赔偿委员会答辩认为:该院以查封案外人财产为由解除对涉案财产的查封正确,重庆日兴公司申请国家赔偿的理由不成立。主要理由是:

(一)根据最高人民法院《关于人民法院民事执行中查封、扣押、冻结财产的规定》第二条第二款的规定,未登记的建筑物和土地使用权,依据土地使用权的审批文件和其他相关证据确定权属。涉案土地上的在建工程,由于没有登记,故应依据土地使用权的审批文件确定权属。黄华街E2区的土地使用权证使用人为山西瑞信公司,该院查封的一号楼、五号楼、六号楼的相关建房手续也是山西瑞信公司办理的,在此情形下,如无充分证据证明该涉案财产属重庆瑞信公司及其晋城分公司所有,或者山西瑞信公司对重庆瑞信公司所涉的本案债务须承担相关义务,就不应该执行该涉案财产。

(二)重庆瑞信公司与山西瑞信公司分别具有独立法人人格,应独立承担民事责任。重庆瑞信公司晋城分公司于2000年7月将黄华街E2区项目转让给山西瑞信公司,这一行为是否合法、涉案土地使用权证使用者名称变更是否合法,均应通过诉讼程序予以确认,执行程序无权审查。

(三)重庆高院(2003)渝高法执他字第78-5号裁定并未认定山西瑞信公司1000万元注册资本系由重庆瑞信公司晋城分公司提供。山西瑞信公司资本明细表详细罗列了该公司股东名称、出资额以及出资比例,而该表记载的股东中没有重庆瑞信公司晋城分公司。亦没有相关出资记录或出资汇款划款的有力证据证明山西瑞信公司的注册资本1000万元系由重庆瑞信公司晋城分公司提供。

本院赔偿委员会经审理查明:

1992年7月31日,中国工商银行涪陵地区房地产开发公司(系中国工商银行重庆涪陵分行的原自办企业,后更名为重庆市涪陵日兴房地产开发公司)为甲方,重庆瑞信公司为乙方,签订《房地产开发投资合同》。合同约定:甲方向乙方投入资金总额为1500万元;投资期限从1992年7月31日起至1994年1月31日止,共18个月;甲方投入资金后,不参与乙方开发和管理,不承担亏损、债务、税务和其他任何义务,实行包干分红;投资期届满,甲方享受的红利金为495万元(为投资总额的33%)。1998年12月8日,中国工商银行重庆涪陵分行将重庆市涪陵日兴房地产开发公司转让给重庆市涪陵三兴有限公司,资产、债权与债务一并转让。2000年3月21日,重庆市涪陵日兴房地产开发公司更名为重庆市涪陵日兴房地产开发有限公司,即本案赔偿请求人。

2003年1月16日,重庆日兴公司与重庆瑞信公司签订《还款协议书》,约定由重庆瑞信公司于2003年7月16日前归还所欠重庆日兴公司本金、利息及违约金共计人民币3313万元。2003年6月25日,重庆市公证处作出(2003)渝证内字第7652号《具有强制执行效力的债权文书公证书》,对《还款协议书》予以公证,并赋予强制执行效力。后重庆瑞信公司未如期履行还款义务。2003年8月27日,重庆市公证处作出(2003)渝证内字第8917号

《执行证书》。重庆日兴公司根据该执行证书及(2003)渝证内字第7652号公证书向重庆高院提出强制执行申请。

重庆高院立案后于2003年9月17日作出(2003)渝高法执他字第78号执行通知,责令重庆瑞信公司在2003年9月22日内履行生效公证债权文书所确定的义务,并按民事诉讼法的规定承担双倍迟延履行金,同时告知如逾期不履行,将依法强制执行。

2003年9月25日,重庆高院作出(2003)渝高法执他字第78-3号、第78-4号民事裁定,分别查封山西省晋城市黄华街E2区一号楼、五号楼、六号楼的房屋产权和土地使用权。2003年10月2日,山西瑞信公司向重庆高院提出执行异议,称该院查封的财产已于2000年由重庆瑞信公司转让给该公司,要求解除查封。

2004年9月28日,重庆高院作出(2003)渝高法执他字第78-5号民事裁定,驳回山西瑞信公司的执行异议。该裁定认为:重庆瑞信公司将其所有的财产以项目转让合同的形式转移给山西瑞信公司,其目的是逃避债务,山西瑞信公司称黄华街E2区开发项目属其所有的证据不足以证明其异议成立。在该裁定中,重庆高院在"山西瑞信公司"后面加注了括注,内容为:"该公司的注册资金系重庆瑞信公司晋城分公司出资"。

2005年3月,山西瑞信公司向最高人民法院申诉称:1.重庆日兴公司与重庆瑞信公司均为非金融企业,其借款行为非法,重庆市公证处对该非法债权进行公证,并赋予强制执行效力亦非法。且还款协议书上"纪兵"的签字系伪造。2.重庆高院追加山西瑞信公司为被执行人没有法律依据。3.重庆高院非山西瑞信公司住所地或财产所在地法院,其对山西瑞信公司的执行没有管辖权。4.重庆高院的查封违反了最高人民法院、国土资源部、建设部《关于依法规范人民法院执行和国土资源房地产管理部门协助执行若干问题的通知》及最高人民法院《关于人民法院民事执行中查封、扣押、冻结财产的规定》的相关规定。

2005年5月13日,重庆高院作出(2003)渝高法执他字第78号民事裁定,追加山西瑞信公司为被执行人,在其接受的晋城市黄华街E2区项目资产范围内承担清偿责任。该裁定认为:虽然重庆瑞信公司于2000年7月4日将该项目以30万元的价格转让给山西瑞信公司,但项目转让后重庆瑞信公司晋城分公司仍然继续进行投资建设,并对外支付部分建设工程款,项目开发并未真正由山西瑞信公司进行。因此,山西瑞信公司称黄华街E2区开发项目的资产属其所有证据不足,应追加其为被执行人清偿重庆瑞信公司的债务。

2005年11月17日,最高人民法院以重庆高院查封的重庆瑞信公司的财产早在该院立案执行前已过户并实际登记在案外人山西瑞信公司名下,重庆高院的查封违反了最高人民法院、国土资源部、建设部《关于依法规范人民法院执行和国土资源房地产管理部门协助执行若干问题的通知》第七条的规定为由,指令重庆高院依法解除对案外人所有的房屋产权和土地使用权的查封措施。

2006年1月5日,重庆高院执行法官告知重庆日兴公司当时的委托代理人罗正宇律师,该院将根据最高人民法院的指令解除对涉案房屋的查封。2006年1月9日,重庆日兴公司向重庆高院递交《关于对拟解除晋城黄华街E2区项目财产的查封的意见及请求》。重庆日兴公司在该文中称:"最近你院执行局告知我公司,称根据最高人民法院执行办公室指令,按最高人民法院、国土资源部、建设部'法发〔2004〕5号'《关于依法规范人民法院执行和国土资源房地产管理部门协助执行若干问题的通知》(以下简称《通知》)第七条的规定,将解除对该财产的查封。我公司作为申请人认为,《通知》第七条不适用本案……"

2006年1月20日,重庆高院作出(2003)渝高法执他字第78-10号民事裁定,解除对涉案房屋产权及土地使用权的查封。2006年6月14日,重庆高院以重庆瑞信公司无可供执行财产为由,作出(2003)渝高法执他字第78-11号民事裁定,终结本次执行程序。

2006年10月15日,重庆高院作出(2006)渝高法执监字第68号民事裁定,撤销该院(2003)渝高法执他字第78号和第78-5号裁定书。该裁定认为:我国对房地产管理实行的是登记主义制度,登记是确定房地产权属的主要方式。该院(2003)渝高法执他字第78-5号裁定以项目转让虚假、目的在于逃债为由,否认登记的效力,从而否认山西瑞信公司对登记在其名下的财产权属是错误的。山西瑞信公司要求解除查封的异议成立。法律和相关司法解释对在执行过程中追加被执行人的情形有较为明确的规定,该院

(2003)渝高法执他字第78号裁定以项目转让后,山西瑞信公司对项目开发未实际进行和无充分证据证明该项目属其所有为由,追加山西瑞信公司为本案被执行人,于法无据。至于山西瑞信公司与重庆瑞信公司的转让行为是否合法有效、登记是否有误,以及转让和登记是否损害重庆日兴公司的利益等问题,应当通过诉讼或者其他程序予以解决,在执行过程中对此不能作出评判。

2009年4月,重庆高院集中清理执行积案过程中,发现重庆瑞信公司仍无财产可供执行,于2009年12月10日再次作出终结本次执行程序的裁定。

2012年3月16日,重庆日兴公司以执行违法为由向重庆高院申请国家赔偿。其主张的事由为:重庆高院对涉案房地产解除查封错误、执行中存在拖延情形、对重庆瑞信公司晋城分公司出资给山西瑞信公司的1000万元资产未予执行违法。2013年4月7日,重庆高院作出(2012)渝高法赔字第1号国家赔偿决定。该决定认为:重庆瑞信公司所有的晋城市黄华街E2区一号楼、五号楼、六号楼的土地使用权和房屋产权,早在重庆高院立案执行前,即2001年8月24日已转让过户并实际登记在案外人山西瑞信公司名下。根据最高人民法院、国土资源部、建设部《关于依法规范人民法院执行和国土资源房地产管理部门协助执行若干问题的通知》第七条的规定,重庆高院于2003年9月25日对上述房屋产权和土地使用权实施查封,并于2004年9月28日驳回案外人山西瑞信公司执行异议错误,重庆高院根据最高人民法院指令解除查封并无不当。重庆日兴公司提出山西瑞信公司的注册资本1000万元系重庆瑞信公司晋城分公司提供,但在投入资本明细表中的出资人中没有重庆瑞信公司晋城分公司,也没有相关出资汇款划款证据,无充分证据证明山西瑞信公司的注册资本1000万元由重庆瑞信公司晋城分公司提供。重庆高院在执行中及时采取查封措施,审查执行异议,对查封财产委托评估,依法接受最高人民法院监督,不存在拖延执行情形。综上,重庆日兴公司请求国家赔偿的理由不成立。据此决定:驳回重庆日兴公司的国家赔偿申请。

另查明:重庆瑞信公司成立于1992年7月,系港资企业,因未年检于2003年12月29日被吊销营业执照。重庆瑞信公司晋城分公司隶属重庆瑞信公司,于1997年7月7日获准登记,负责人为马晋昆,营运资金500万元,于2001年11月8日被公告吊销营业执照。

山西瑞信公司成立于1998年12月,法定代表人为马晋昆,注册资本1000万元。晋城市工商行政管理局工商登记档案资料记载的该公司股东名录、投入资本明细表中均没有重庆瑞信公司及其晋城分公司。

又查明:1997年8月22日,黄华街改造工程指挥部与重庆瑞信公司晋城分公司签订《黄华街改造工程开发建设协议书》。1997年12月30日,重庆瑞信公司晋城分公司与山西省晋城市土地管理局签订《国有土地使用权出让合同》。1998年1月19日,重庆瑞信公司晋城分公司取得晋市城国用(98)字第0001号国有土地使用证。

2000年7月4日,重庆瑞信公司与山西瑞信公司就晋城市黄华街E2区工程项目签订《项目转让合同》,约定该项目转让后,山西瑞信公司向重庆瑞信公司支付转让费30万元,项目的产权归山西瑞信公司所有。

2001年6月26日,黄华街改造工程指挥部向晋城市土地局出具《关于山西晋城市瑞信房地产有限公司要求变更土地证名称的证明》称:"黄华街E2区改造工程项目,在开发期间均由山西晋城市瑞信房地产有限公司负责实施,并实际承担了全部债权和债务,根据山西晋城市瑞信房地产有限公司《关于变更土地证名称的申请》……同意将重庆瑞信房地产有限公司晋城分公司土地证更名为山西晋城市瑞信房地产有限公司。"

2001年6月27日,山西瑞信公司向晋城市土地局递交了《关于变更土地证名称的请示》,称:市政府就黄华街项目发出招商引资公告时,山西瑞信公司刚刚组建,有关手续正在办理中,为了及早介入开发项目,经与重庆瑞信公司协商,通过市政府考察后,政府同意邀请重庆瑞信公司来晋城设立分公司,承担黄华街E2区开发项目。所以在办理开发E2区项目的有关手续中都冠用了重庆瑞信公司晋城分公司的名称,但在开发过程中人、财、物投入都是由山西瑞信公司完成的,重庆瑞信公司未注入一分资金……现申请将原来冠用"重庆瑞信房地产有限公司晋城分公司"的土地证名称,更名为"山西晋城瑞信房地产有限公司"。

2001年6月27日,重庆瑞信公司晋城分公司亦向晋城市土地局递交了《关于变更土地证名称的请示》,称:项目开发过程中人、财、物的投入都是由山西瑞信公司完成的。目前该土地项目开发已完成,同意将原冠用重庆瑞信公司晋城分公司的土地证更名为山西瑞信公司。该项目在开发和完成后发生的债权和债务均由山西瑞信公司承担。

2001年8月10日，晋城市人民政府作出晋市土变更字(2001)第16号《关于变更土地使用权人名称的批复》，同意晋城市黄华街E2区改造工程项目土地使用权人的名称由“重庆瑞信房地产有限公司晋城分公司”变更为“晋城市瑞信房地产有限公司”。同月24日，晋城市土地局向山西瑞信公司颁发了晋市城国用〔2001〕字第00030号国有土地使用证。

还查明，涉案一号楼、五号楼的《建筑工程施工许可证》均载明建设单位为山西瑞信公司，合同开工日期分别为2002年3月、2002年11月。六号楼的《建设工程规划许可证》载明建设单位为山西瑞信公司，《建筑工程施工许可证》载明工程名称为“瑞信小区6#住宅楼”，建设地址在黄华街E2区，合同开工日期为2003年9月。

晋城市工商行政管理局存档资料显示，山西瑞信公司2003年3月向工商部门提交的变更登记申请书中申请变更事项之一为，将公司住所由原来的“凤台西街150号”变更为“黄华街E2区(瑞信小区)”。

再查明，晋城市城镇房屋所有权登记发证办公室于2014年2月24日出具一份《情况说明》，内容为：经查已存档案，晋城市黄华街E2区之名称出现在黄华街瑞信小区十三号楼等房产证中，现黄华街并无E2区的称谓。而瑞信小区由山西瑞信公司开发，其中一号楼、五号楼未办理初始登记，六号楼于2011年5月办理了21户初始登记。

上述事实有重庆高院(2003)渝高法执他字第78号执行通知书，(2003)渝高法执他字第78号、第78-3号、第78-4号、第78-5号、第78-10号、第78-11号民事裁定书，(2006)渝高法执监字第68号民事裁定书，(2003)渝高法执他字第78号执行裁定书，最高人民法院(2005)执监字第19-1号函，重庆高院(2012)渝高法赔字第1号国家赔偿决定书等文书；以及《房地产开发投资合同》、《还款协议书》、(2003)渝证内字第7652号公证书、(2003)渝证内字第8917号执行证书、《关于对拟解除晋城黄华街E2区项目财产的查封的意见及请求》、《山西省工商行政管理局吊销公告》、《国有土地使用权出让合同》、晋市城国用(98)字第0001号《国有土地使用证》、《项目转让合同》、重庆瑞信公司晋城分公司《关于变更土地证名称的请示》、山西瑞信公司《关于变更土地证名称的请示》、黄华街改造工程指挥部《关于山西晋城市瑞信房地产有限公司要求变更土地证名称的证明》、晋城市人民政府《关于变更土地使用权人名称的批复》、晋市城国用(2001)字第00030号《国有土地使用证》、《建筑工程施工许可证》、《建设工程规划许可证》、《情况说明》等材料在案佐证。

本院赔偿委员会认为,本案争议焦点为:重庆高院对涉案土地及土地上在建房屋解除查封的行为是否违法。本院赔偿委员会基于上述事实,认定如下:

《中华人民共和国城市房地产管理法》第五十九条规定:“国家实行土地使用权和房屋所有权登记发证制度。”登记是确定城市国有土地和房屋权属的方式,土地使用权证书、房屋所有权证书是权利人拥有土地使用权、房屋所有权的凭证。最高人民法院《关于人民法院民事执行中查封、扣押、冻结财产的规定》第二条第二款规定:“未登记的建筑物和土地使用权,依据土地使用权的审批文件和其他相关证据确定权属。”本案中,重庆高院对上述房屋进行查封时,房屋尚在建。晋城市城镇房屋所有权登记发证办公室出具的《情况说明》亦说明涉案房屋在2011年之前未办理过产权初始登记。因此,在重庆高院执行本案期间,涉案房屋权属应当依据房屋所占土地的权属确定。重庆高院查封时,黄华街E2区的土地使用权证载明的使用人为山西瑞信公司,黄华街E2区一号楼、五号楼、六号楼的相关建房手续亦载明建设单位为山西瑞信公司。

最高人民法院、国土资源部、建设部《关于依法规范人民法院执行和国土资源房地产管理部门协助执行若干问题的通知》第七条规定:“登记在案外人名下的土地使用权、房屋,登记名义人(案外人)书面认可该土地、房屋实际属于被执行人时,执行法院可以采取查封措施。如果登记名义人否认该土地、房屋属于被执行人,而执行法院和申请执行人认为该房屋的产权和土地使用权登记为虚假时,须经当事人另行提起诉讼或者通过其他程序撤销该登记并登记在被执行人名下之后,才可以采取查封措施。”缘此,在山西瑞信公司未书面认可涉案土地及土地上在建房屋实际属于重庆瑞信公司的情况下,重庆高院查封登记在山西瑞信公司名下的土地及土地上在建房屋,没有法律依据。

根据最高人民法院《关于人民法院执行工作若干问题的规定(试行)》第一百二十九条、第一百三十条之规定,最高人民法院发现下级法院在执行中作出的裁定有错误的,有权指令下级法院纠正。经山西瑞信公司申诉,最高人民法院原执行工作办公室审查认为山西瑞信公司的执行异议成立,遂指令重庆高院予以纠正,合法有据。嗣后,重庆高院根据最高人民法院的指令对涉案财产予以解封。重庆高院在作出解封裁定前亦告知重庆日兴公司将根据最高人民法院指令解除对涉案财产的查封,以及解除查封的法律依据。

关于重庆日兴公司主张的根据最高人民法院《关于人民法院民事执行中查封、扣押、冻结财产的规定》第十七条的规定,重庆瑞信公司将涉案财产转让给山西瑞信公司后,并未办理过户登记手续,重庆高院可以查封涉案财产的问题。本院赔偿委员会认为:该条规定的“需要办理过户登记”,“但尚未办理产权过户登记手续”,此种情形下,产权仍然登记在被执行人名下,人民法院可以查封、扣押、冻结。本案中,涉案土地使用权在重庆高院采取查封措施前已实际登记在山西瑞信公司名下,并非仍然登记在重庆瑞信公司晋城分公司名下。因此,本案不属于最高人民法院《关于人民法院民事执行中查封、扣押、冻结财产的规定》第十七条规定的情形,重庆日兴公司该项主张不能成立。

关于重庆日兴公司主张的原项目转让协议违法、晋城市人民政府批复同意变更土地使用权人名称违法的问题。本院赔偿委员会认为:根据最高人民法院、国土资源部、建设部《关于依法规范人民法院执行和国土资源房地产管理部门协助执行若干问题的通知》第七条的规定,如果登记名义人否认该土地、房屋属于被执行人,而执行法院和申请执行人认为该房屋的产权和土地使用权登记为虚假时,须经当事人另行提起诉讼或者通过其他程序撤销该登记并登记在被执行人名下之后,才可以采取查封措施。本案中,登记名义人山西瑞信公司否认该土地、房屋属于重庆瑞信公司,重庆瑞信公司如认为该产权登记为虚假,应另行提起诉讼或者通过其他程序撤销该登记。该争议不属于执行程序中执行权审查及裁决的范围,亦不属于国家赔偿案件的审查范围。重庆日兴公司该项主张不能成立。

关于重庆日兴公司主张的山西瑞信公司注册资本1000万元是由重庆瑞信公司晋城分公司提供的问题。本院赔偿委员会认为:晋城市工商行政管理局存档的山西瑞信公司设立登记资料显示,该公司股东名录及投入资本明细表中没有重庆瑞信公司晋城分公司。在人民法院执行程序中,如存在投资权益事实不清等争议,应当由争议人另行通过其他程序予以解决,此亦不属于执行程序中执行权审查及裁决的范围。因此,重庆高院在(2003)渝高法执他字第78-5号民事裁定中"山西瑞信公司"后面加注括注没有事实依据。该裁定亦已被重庆高院(2006)渝高法执监字第68号民事裁定撤销。重庆日兴公司认为重庆高院不能举出反证否定之前认定系违法的主张,没有法律依据,亦不能成立。

综上,重庆高院对登记在案外人山西瑞信公司名下的土地及土地上在建房屋予以解除查封的行为,不属于国家赔偿法及相关司法解释规定的违法侵权情形。重庆日兴公司申请赔偿的相关事项及理由,缺乏事实和法律依据,不应予以支持。重庆高院(2012)渝高法赔字第1号国家赔偿决定认定事实清楚,适用法律正确,应予维持。根据《中华人民共和国国家赔偿法》第二十四条第三款、第二十九条、第三十八条,最高人民法院《关于适用〈中华人民共和国国家赔偿法〉若干问题的解释(一)》第二条,最高人民法院《关于人民法院赔偿委员会审理国家赔偿案件程序的规定》第十九条第一项、第二十条之规定,本院赔偿委员会决定如下:

维持重庆市高级人民法院(2012)渝高法赔字第1号国家赔偿决定。

本决定为发生法律效力的决定。

二〇一四年五月二十九日

【请示与答复】

人民法院因权属审查不当致错误执行案外人不动产的应当依法给予国家赔偿

——关于广州市羊城房地产有限公司申请广东省茂名市中级人民法院错误执行赔偿一案的请示与答复

徐　超

【答复要点】

人民法院在没有充分理据且未经诉讼程序审理的情况下，推翻不动产产权登记以及已生效民事裁判作出的产权归属认定，裁定驳回案外人异议，嗣后裁定拍卖、过户案外人不动产。对于上述司法行为，不应适用《最高人民法院关于当事人申请财产保全错误造成案外人损失应否承担赔偿责任问题的解释》以及《最高人民法院关于民事、行政诉讼中司法赔偿若干问题的解释》第7条第2项之规定，将损害赔偿责任归于申请执行人，而应认定为错误执行案外人财产的违法行为，由执行法院作为赔偿义务机关履行国家赔偿义务。

一、基本案情

（一）争议房产的情况

恒仕大厦是坐落于广州市东山区越秀中路以东、永胜街以西，1993年经广州市城市规划局和国土局批准，由广州市羊城房地产有限公司（以下简称羊城公司）征用上述地段建设的商住楼。1997～1998年间，羊城公司与广东奥力经济发展有限公司（以下简称奥力公司）签订合同，约定羊城公司将永胜街项目(即恒仕大厦建设项目)转让给奥力公司,并同意奥力公司以广州恒润房地产开发有限公司(以下简称恒润公司)的名义加名该项目。1998年7月至8月间,广州市城市规划局和国土局分别同意上述地段改由羊城公司与恒润公司共同使用。2002年10月,羊城公司与奥力公司签订协议,约定双方同意终止因开发永胜街项目形成的合作关系以及此前双方签订的各种合作协议。项目竣工后,广州市国土资源和房产管理局于2004年6月4日发出登字0003369号房地产权属证明书,将下述涉讼房产登记在羊城公司名下。

(二)民事诉讼、执行情况

何卫矿诉奥力公司民间借贷纠纷一案执行期间,广州市东山区人民法院(已撤销,以下简称原东山区法院)根据申请执行人何卫矿的申请,于2003年8月27日裁定"查封被执行人广东奥力经济发展有限公司所有的以广州市羊城房地产公司名义登记的广州市东山区东华西路永胜街恒仕大厦甲幢南塔1601、1703、1802、1904房"。羊城公司以被查封房产属该公司所有为由提出异议后,原东山区法院经审查,以"恒仕大厦是建设部门经广州市城市规划局和广州市国土局核准由异议人和广州市恒润房地产开发有限公司兴建,而非被执行人。虽然被执行人与异议人对恒仕大厦的加名有过协议,但协议不能对抗行政部门的审批力,故恒仕大厦不是被执行人的财产"为由,裁定撤销查封裁定、解除查封。2004年12月11日,原东山区人民法院以奥力公司无财产可供执行为由,裁定中止该案执行。此后,因何卫矿申请指定执行,广东省高级人民法院(以下简称广东高院)以"在查实被执行人对外享有权益的情况下,执行法院中止该案执行不当"为由,将案件指定至广州铁路运输法院执行。广州铁路运输法院受理后,以查封奥力公司和羊城公司房产的名义查封了恒仕大厦部分房产。羊城公司又提出执行异议。

2003年12月19日,广东省广州市中级人民法院(以下简称广州中院)就梁卓源诉奥力公司、恒润公司及羊城公司借款纠纷一案作出(2003)穗中法民二终字第458号民事判决,认为:"恒仕大厦的建设部门经广州市城市规划局和广州市国土局核准是被上诉人羊城公司和恒润公司而非被上诉人奥力公司。虽然被上诉人奥力公司与被上诉人羊城公司对恒仕大厦的加名有过协议,但协议并不能对抗行政部门的审批效力,故恒仕大厦不是被上诉人奥力公司的财产,被上诉人奥力公司的法定代表人凌新明在没有征得恒仕大厦建设单位同意的情况下，无权在《借据》和《声明》中承诺以恒仕大厦清偿被上诉人奥力公司的债务。因此，上诉人（梁卓源）要求被上诉人羊城公司和恒润公司以恒仕大厦的资产承担补充清偿责任的诉讼请求没有法律依据。”遂判决：由奥力公司偿还借款480万元及利息给梁卓源；驳回梁卓源要求恒润公司、羊城公司对奥力公司所欠债务以恒仕大厦的资产承担补充清偿责任的诉讼请求。2004年2月18日，梁卓源向原东山区法院申请执行。同年4月15日，原东山区法院作出（2004）东法执字第1074号民事裁定，中止执行。

对上述两起执行案件，广东高院于2006年3月2日作出（2006）粤高法执指字第21号、第22号民事裁定，指定广东省茂名市茂港区人民法院（以下简称茂港区法院）执行。茂港区法院以（2006）茂港法指执字第20号、第21号立案执行。同年3月3日，申请执行人何卫矿重新提交《强制执行申请书》，申请对恒仕大厦评估、拍卖。2006年3月15日，茂港区法院作出（2006）茂港法指执字第21－2号民事裁定，查封被执行人奥力公司以羊城公司名义登记的位于广州市东华西路恒仕大厦预售证990113号项下商铺：南塔2层01号铺、北塔2层03号铺及住宅北塔909房、1404房、1405房的产权。上述五套房产经茂港区法院委托评估，评估价格为：不交吉市场价617.09万元，交吉市场价为886.13万元。羊城公司以上述房产是该公司名下合法财产为由，提出异议，请求停止拍卖上述查封房产。茂港区法院以经审计确定奥力公司对恒仕大厦项目投入不少于4000万元的开发资金，广东高院指定广州铁路运输法院执行认定奥力公司所享有的债权权益为由，裁定驳回异议。2006年6月10日，茂港区法院作出（2006）茂港法指执字第21－4号民事裁定，裁定拍卖上述查封的商铺及住宅，并于2006年6月16日将裁定送达给羊城公司。羊城公司向广东高院申诉，广东高院于2006年10月19日向茂港区法院发出（2006）粤高法执督字第355号督办函，要求对被执行人奥力公司与羊城公司签订的《终止永胜街〈项目转让合同〉协议书》是否真实或者该协议是否实际履行的问题进行听证核实后，依法处理。2006年11月6日，茂港区法院召集双方当事人进行听证，并于11月20日作出（2006）茂港法指执字第21－5号民事裁定，认为奥力公司与羊城公司签订的《终止永胜街〈项目转让合同〉协议书》不真实，也未实际履行，裁定不予认定及采纳该协议。2006年11月28日,受茂港区法院委托,广东凯利华拍卖有限公司以不交吉市场价拍卖前述被查封的五套房产,至2007年4月11日全部拍卖完毕,共得款489.3648万元。2007年1月5日至7月10日,茂港区法院分别作出(2006)茂港法指执字第21-6号、第7号、第8号、第9号民事裁定,裁定将上述房屋转移给杜燕萍等4个竞买人所有。

(三)民事侵权赔偿案件情况

羊城公司诉广东新华会计师事务所有限公司、奥力公司侵权赔偿纠纷一案,广州市越秀区人民法院作出(2007)越法民二初字第3569号民事判决,认为:"根据审理查明的事实结合民事侵权赔偿的法律制度来看,被告新华会计公司在行为上是依法接受委托从事审计业务活动,虽然被告新华会计公司作出了不真实的粤新审字(2004)第2050号《专项审计报告》,但被告新华会计公司已及时向委托单位说明被告奥力公司在'恒仕大厦项目'中对原告不享有债权,该答复行为表明被告新华会计公司为避免原告因不实审计报告可能遭受损失而向委托单位作出了更正。此外,原告向被告新华会计公司提出更正意见以及提供新的审计证据后,被告新华会计公司又及时向委托单位作出《关于粤新审字(2004)第2050号〈专项审计报告〉的更正函》,声明:'粤新审字(2004)第2050号《专项审计报告》作废以及对委托事项无法发表审计意见'。被告新华会计公司已将该更正函同时抄报相关部门以及案件当事人,被告新华会计公司发出更正函的目的就是对其作出不真实审计报告的一种自我纠正。原告已取得《关于粤新审字(2004)第2050号〈专项审计报告〉的更正函》,原告因此而知道被告新华会计公司对不真实《专项审计报告》进行了更正,亦知道粤新审字(2004)第2050号《专项审计报告》作废的情况,但原告并没有向本院提供在被告新华会计公司作出不实《专项审计报告》之日起(2004年12月3日)至不实《专项审计报告》声明作废之日(2005年8月17日)止的期间内因不实《专项审计报告》对原告造成实际损失的证据。至于原告在本案请求赔偿的金额问题。原告请求的赔偿金额是司法机关在执行程序中依法定程序查封以及在拍卖评估阶段所产生的市场估价金额,原告在执行程序中提出的执行异议已被执行机关依法裁定驳回,故原告主张的房产损失与被告新华会计公司作出的《专项审计报告》不存在因果关系,且原告主张的赔偿请求亦不属于损害赔偿的范围,故原告主张的赔偿请求理据不足。”遂判决驳回羊城公司的诉讼请求。

二、确认、赔偿案件情况

羊城公司以茂港区法院在执行中拍卖该公司所有的恒仕大厦南塔2层01号铺、北塔2层03号铺及北塔909房、1404房、1405房(以下简称五套房产)的行为违法为由，向广东省茂名市中级人民法院(以下简称茂名中院)提出确认申请。茂名中院于2010年11月26日作出(2010)茂中法确字第2号裁定，驳回羊城公司的确认申请。羊城公司不服，向广东高院提出确认申诉。广东高院经审理于2011年9月5日作出(2011)粤高法确申字第4号裁定，认为“关于茂港区法院的拍卖行为是否违法的问题，经查，涉讼房产经广州市国土资源和房屋管理局审查，确认权属人为羊城公司。羊城公司与奥力公司于2002年10月10日签订的《终止永胜街〈项目转让合同〉协议书》是否属实，应通过诉讼程序予以认定。即使不真实，未经行政诉讼程序，亦不足以推翻广州市国土资源和房屋管理局对涉讼房产的确权。至于奥力公司是否在恒仕大厦有尚未收回的投资，经查，除广东新华会计师事务所有限公司作出的粤新审字(2004)第2050号《专项审计报告》曾认定奥力公司向恒仕大厦投入了不少于4000万元的资金外，目前没有其他证据证据奥力公司在恒仕大厦有尚未收回的投资。但广东新华会计师事务所有限公司已于2005年8月17日作出《更正函》，声明上述《专项审计报告》作废。况且，即使奥力公司有尚未收回的投资，也不意味着其拥有恒仕大厦的产权。因此，未经实体审理，现有证据不足以证明涉讼房产属奥力公司所有，或奥力公司在恒仕大厦有尚未收回的投资而拥有产权。故茂港区法院查封并拍卖羊城公司的涉讼房产缺乏事实和法律依据。”遂裁定确认茂港区法院在执行中查封、拍卖羊城公司所有的恒仕大厦五套房产的行为违法。

羊城公司向赔偿义务机关茂港区法院申请对已拍卖的五套房产中的四套房产(该四套房产拍卖款为451.248万元)予以赔偿。茂港区法院逾期未作出决定。羊城公司遂向茂名中院赔偿委员会申请作出赔偿决定。茂名中院赔偿委员会于2012年8月21日作出(2012)茂中法委赔字第1号决定书，认为：虽然广东高院裁定确认茂港区法院的执行行为违法，但查封、拍卖行为是基于申请执行人何卫矿、梁卓源提供的执行标的物有错误而造成的，根据《最高人民法院关于民事、行政诉讼中司法赔偿若干问题的解释》第7条第2项规定,"根据《国家赔偿法》第17条、第31条的规定,具有下列情形之一的,国家不承担赔偿责任:因申请人提供的执行标的物有错误造成损害的",本案不属于国家赔偿的范围,羊城公司受到的损失可另觅途径解决,遂决定不予赔偿。

羊城公司不服上述决定,向广东高院赔偿委员会申诉。茂港区法院答辩认为:(1)有关合同等大量证据证明恒仕大厦先由奥力公司参与合作开发,后奥力公司接受羊城公司的项目转让独自开发的事实。羊城公司与奥力公司签订的《终止永胜街〈项目转让合同〉协议书》的真实性和是否已实际履行对该执行案中能否执行恒仕大厦的房产起决定性作用。为此,广东高院在指导茂港区法院执行该案中,要求茂港区法院对该协议是否真实和是否已实际履行进行听证核实,如果该协议不真实或未实际履行,则可继续执行奥力公司在恒仕大厦中的房产。而茂港区法院在进行听证后查实,上诉终止协议在形式上没有奥力公司法定代表人的签名或者授权,在内容上属典型的逃避债务、损害第三方合法权益,是一份形式上不成立、内容上违法无效的协议,自始至终没有法律效力。因此,茂港区法院查封、拍卖的恒仕大厦的相关房产,是被执行人奥力公司的财产,相关执行行为有充分理据,符合法定程序,适用法律正确,不存在违法情形,也没有损害赔偿请求人的合法权益。应驳回羊城公司赔偿申请和申诉请求。(2)茂港区法院的执行行为系依申请作出的,即使损害了赔偿请求人的合法权益,也不属于国家赔偿范围,应由赔偿请求人向申请执行人索赔或予以回转。(3)赔偿请求人于2006年6月30日即已收到茂港区法院拍卖裁定,其确认申请已超法定时效。(4)即使茂港区法院要承担责任,也应当仅赔偿拍卖款,羊城公司要求赔偿房产现值及拍卖之日起至今的租金,于法无据。

三、广东高院请示的问题

本案审理过程中,广东高院存在分析意见:

(一)承办合议庭审查意见

广州中院(2003)穗中法民二终字第458号民事判决认定恒仕大厦不是被执行人奥力公司的财产,判决驳回梁卓源要求恒润公司、羊城公司对奥力公司所欠债务以恒仕大厦的资产承担补充清偿责任的诉讼请求。广东高院亦作出(2011)粤高法确申字第4号裁定书,认为依据广州市国土资源和房产管理局作出的登字0003369号《广州市房地产权属证明书》，恒仕大厦登记在羊城公司名下，是羊城公司的合法财产，确认茂港区法院执行拍卖恒仕大厦房产的行为违法。据此，虽然申请执行人提供恒仕大厦给茂港区法院执行，但茂港区法院明知该房产已确权属羊城公司所有而视而不顾，并在执行中对羊城公司的异议审查后，作出裁定否定恒仕大厦属羊城公司所有，并认定羊城公司应对被执行人奥力公司所欠的债务承担连带清偿责任，继而将恒仕大厦房产予以拍卖，属于审查异议和执行行为错误，茂港区法院应对执行错误承担赔偿责任。根据《国家赔偿法》第32条、第36条第5项的规定，因羊城公司未提供充分证据证明茂港区法院有低价拍卖的情形，故赔偿数额为恒仕大厦南塔2层01号铺及北塔住宅909房、1404房、1405房的拍卖款451.248万元。

同时，也注意到查封是由申请执行人提出的。根据《最高人民法院关于当事人申请财产保全错误造成案外人损失应否承担赔偿责任问题的解释》（法释〔2005〕11号），"当事人申请财产保全错误造成案外人损失的，应当依法承担赔偿责任"。茂港区法院在答辩中也称，申请执行人提供错误标的执行造成的损害不属于国家赔偿的范围。另外，《最高人民法院关于人民法院对错误执行造成的直接财产损失应当承担国家赔偿责任的答复》（〔1998〕赔他字第8号）认为，"执行法院未严格审查即执行，应负主要责任；申请执行人提供执行对象错误，应负次要责任"。与本案不同的是，《答复》中申请保全和执行的对象是动产"中药材"，并无产权记载。而本案茂港区法院执行的是房产，有明确的产权记载，且广州市两级法院已裁判确认了产权的归属，产权人羊城公司也提出执行异议，但茂港区法院仍作出裁定坚称产权属被执行人奥力公司所有，并予以拍卖。在此情况下，由申请执行人承担赔偿责任，理据欠充分。

（二）赔偿委员会讨论意见

茂港区法院的拍卖行为，属于审查异议和执行行为错误。倾向于由茂港区法院承担全部赔偿责任。

（三）审判委员会讨论意见

1. 虽然根据《最高人民法院关于民事、行政诉讼中司法赔偿若干问题的解释》（法释〔2000〕27号）第7条规定，因申请执行人提供的执行标的物有错误造成损害的,不属于国家赔偿的范围。但本案茂港区法院明显存在审查异议和执行行为错误,不承担赔偿责任有违法律精神,应由茂港区法院承担赔偿责任。

2.在申请执行人提供执行标的错误的情况下,如何适用《最高人民法院关于当事人申请财产保全错误造成案外人损失应否承担赔偿责任问题的解释》(法释〔2005〕11号),即申请执行人应否承担赔偿责任,如承担赔偿责任,是承担全部还是部分责任,难以把握。

审判委员会的倾向性意见是:由茂港区法院承担全部赔偿责任。因涉及对司法解释的理解和适用,决定请示最高人民法院。

四、最高人民法院答复的意见

2013年9月30日,最高人民法院以(2013)赔他字第6号函答复广东高院:

你院(2012)粤高法委赔申字第28号《关于广州市羊城房地产有限公司申请茂名市茂港区人民法院违法查封拍卖房产赔偿申诉一案的请示》收悉。经研究,答复如下:

原则同意你院审判委员会倾向性意见。根据你院请示报告认定的事实,本案执行过程中,茂名市茂港区人民法院在没有充分理据且未经诉讼程序审理的情况下,推翻不动产产权登记以及已生效民事判决、裁定作出的产权归属认定,裁定驳回案外人异议,嗣后裁定拍卖、过户案外人所有的不动产,其行为构成错误执行案外人财产,且经你院裁定依法确认,应当承担国家赔偿责任。本案情形不符合《最高人民法院关于民事、行政诉讼中司法赔偿若干问题的解释》第7条第2项以及《最高人民法院关于当事人申请财产保全错误造成案外人损失应否承担赔偿责任问题的解释》之规定,不适用上述司法解释。

五、对最高人民法院答复意见的理解与适用

(一)茂港区法院执行过程中的违法过错较为明显和严重

本案主干事实可以高度概括为:在金钱给付而非特定物给付案件的执行过程中,申请执行人提供登记在他人名下且业经生效民事判决、裁定作出相同产权归属认定的不动产为财产线索,执行法院裁定查封案涉不动产后,不动产所有人以案外人身份提出执行异议,执行法院经审查有关证据,认定案涉不动产应属被执行人财产而非案外人财产,故裁定驳回异议并拍卖、过户案涉不动产。

从茂港区法院涉案执行行为的发生时间来看，本案应当适用1991年《民事诉讼法》及相关司法解释。《最高人民法院关于人民法院执行工作若干问题的规定(试行)》(以下简称《执行工作规定》)第38条第1款规定："被执行人无金钱给付能力的，人民法院有权裁定对被执行人的其他财产采取查封、扣押措施。"换言之，执行被执行人以外人的财产时，必须符合特定条件。例如，《最高人民法院关于人民法院民事执行中查封、扣押、冻结财产的规定》第2条第3款规定："对于第三人占有的动产或者登记在第三人名下的不动产、特定动产及其他财产权，第三人书面确认该财产属于被执行人的，人民法院可以查封、扣押、冻结。"本案中，案外第三人羊城公司自始至终都没有书面确认五套房产属于奥力公司，广东高院(2011)粤高法确申字第4号裁定关于茂港区法院执行行为是否违法问题的其他认识，逻辑层次清晰，理据全面充分。因此，茂港区法院枉顾法律和司法解释规定、行政确权登记、在先生效裁判确认的事实以及审计机构废弃审计结论的情况，基于个别证据效力的审查对案涉五套房产权属作出相反认定，并驳回案外人基于所有权提出的异议，给其造成不可回转的财产损失，执行行为的违法、过错是较为明显和严重的。

而根据下述分析，在不动产执行问题上，不宜给申请执行人设定苛刻责任，故本案申请执行人没有过失或极其轻微的过失。根据损害赔偿法原理，不宜认定由申请执行人分担责任。

(二)1991年《民事诉讼法》设计的被执行人财产查明制度，没有为申请执行人提供财产线索不当设定法律责任

被执行财产查明制度的设计，主要有两种模式：第一种模式是法院主导的司法行政模式；第二种模式是当事人主导的市场化模式。模式不同，法院责任轻重亦不同，进而影响后续国家赔偿责任。我国一直属于前一种模式，只是随着《民事诉讼法》的修改完善，对被执行人科以一定责任，但对申请执行人没有科以法律责任。具体而言：《民事诉讼法》本身没有关于申请执行人提供财产线索的明确规定，《执行工作规定》第28条规定："申请执行人应当向人民法院提供其所了解的被执行人的财产状况或线索。"但是，在法律没有赋予申请执行人享有发现被执行人财产的权利和提供一定措施予以保

障的情况下,要求申请执行人提供被执行人财产现状和线索,尤其是被执行人为规避执行采取各种手段转移、隐藏财产时,无异于缘木求鱼。实践中,申请执行人一般只能提供比较直观的被执行人财产线索,如房地产、机动车辆以及发生过经济往来的银行账户等。但就房地产而言,仅依据被执行人的占有状态,尚无法得知背后的真正权利归属,只有在相关登记簿上查询后才能最终判定。而在当前普通人进行产权登记查询颇受限制的情况下,申请执行人要查明被执行人所占有的不动产权属关系绝非易事。也正是因为整体法律制度的不完善,加之我国法律文化传统中自古以来存在"父母官"情节,在财产调查过程中,对申请执行人难以科以不利后果。即便是《执行文书样式(试行)》样式37"提供被执行人财产状况通知书"允许在申请执行人不能提供有关被执行人的财产状况的证据或线索时,中止执行,但其必备要件还包括法院也未能查找到可供执行的财产。

以上分析反证出,在被执行人财产查明(财产调查)制度上,《民事诉讼法》没有明确要求申请执行人对提供财产线索不当承担法律责任。

(三)在财产调查之后的执行过程中,因为1991年《民事诉讼法》存在制度缺漏,申请执行人和羊城公司的救济途径已经用尽,要求其中任何一方分担责任,都缺乏法律依据

1991年《民事诉讼法》关于执行异议的规定,混同了程序异议和实体异议,存在缺陷。2007年修订的《民事诉讼法》区分了程序异议和实体异议。法释〔2008〕13号,即《最高人民法院关于适用〈中华人民共和国民事诉讼法〉执行程序若干问题的解释》(以下简称《民诉执行解释》)根据修法增加的实体异议规定,详细规定了案外人异议之诉和申请执行人许可之诉的操作问题。根据《民诉执行解释》的相关规定,"案外人异议审查期间,人民法院不得对执行标的进行处分","案外人向人民法院提供充分、有效的担保请求解除对异议标的的查封、扣押、冻结的,人民法院可以准许;申请执行人提供充分、有效的担保请求继续执行的,应当继续执行","因案外人提供担保解除查封、扣押、冻结有错误,致使该标的无法执行的,人民法院可以直接执行担保财产;申请执行人提供担保请求继续执行有错误,给对方造成损失的,应当予以赔偿",在有异议之诉或许可之诉的制度设计下,案外人或申请执行人任何一方没有用尽救济途径,似乎在将来该方申请国家赔偿时,都有

免除因此扩大的那部分损失的合理事由，尽管这一观点也存在争议。但本案毕竟适用1991年《民事诉讼法》，因为当时的法律规定存在缺陷，所以在财产调查之后的执行过程中，申请执行人和羊城公司的救济途径已经用尽，要求其中任何一方分担责任，都缺乏法律依据。

(四)法释〔2005〕11号目的在于填补财产保全错误造成案外人财产损失应如何处理的法律漏洞，本身没有明确“财产申请错误”的判断标准，没有将“财产申请错误”明确区分为“申请人错误”和“法院审查过失”，而本案属于典型的法院审查过失

财产保全错误通常包括两种情形：一是财产保全申请错误；二是财产保全措施错误。不同的错误，一般由不同主体赔偿。对此，1991年《民事诉讼法》第96条规定：“申请人应赔偿被申请人因财产保全所遭受的损失。”相关司法解释对同一问题作出了更加细致的规定，如最高人民法院《关于在经济审判工作中严格执行〈中华人民共和国民事诉讼法〉的若干规定》第19条规定，“因申请错误造成被申请人损失的，由申请人予以赔偿；因人民法院依职权采取保全措施错误造成损失的，由人民法院依法予以赔偿”。但从前述规定来看，对于财产保全错误造成案外人财产损失应如何处理的问题，当时的法律和司法解释均没有明确规定。法释〔2005〕11号的出台，正是为了填补该法律漏洞。

但法释〔2005〕11号并没有明确“财产申请错误”应当如何判断。其执笔人在解读此类文章中指出，①当事人提交申请后，法院应当对保全申请进行审查后才能作出裁定并实施财产保全措施。因此，应当区分申请人错误和法院审查过失。根据我国财产保全制度理论，保全时对财产确权的标准和诉讼确权标准是不同的，前者更加追求效率，不能对受案法院和办案人员科以过重的审查责任，只能按照明确的、外在的、容易把握、容易操作的标准，根据“表面证据”规则开展财产保全。因此，对被申请人占有的动产推定归其所有，登记在其名下的不动产、特定动产等，也推定归其所有，可以查封。但如前文分析指出，在既有法律制度难以保证普通人对他人不动产产

---

① 参见吴兆祥：《解读〈最高人民法院关于当事人申请财产保全错误造成案外人损失应否承担赔偿责任问题的解释〉》，载万鄂湘、张军主编：《强制执行必备法律司法解释解读》，人民法院出版社2008年版，第320～323页。

权调查的情况下,对其科以调查错误的不利后果,有违法律公平精神。因此,如法释〔2005〕11号执笔人指出,对于不动产,法院应该可以通过查询发现错误,如果没有审查发现,导致后续执行错误,那么就属于法院审查过失,属于"财产申请错误"但应当由法院承担全责的情形。

当然,法释〔2005〕11号执笔人也指出可能同时存在申请人错误和法院审查过失。我们认为,对于不动产而言,除非有明显证据证明申请人存在故意,不宜认定同时存在过失。

另外需要说明的是,法释〔2005〕11号明确适用于财产保全,是否适用于执行过程,只能进行解释适用。但是,因为制度内在逻辑不同,财产保全中的财产调查和执行中的财产调查,对审查不当的责任要求是有差异的。执行中,对法院查明财产的要求更高,相应的财产查明不当的责任更重。

(五)法释〔2000〕27号虽将国家免责范围解释为包括"因申请人提供的执行标的物有错误造成损害的"情形,但并没有排除法院因审查过失所应承担的责任;本案亦不同于之前个案答复的关于执行动产不当,法院与申请执行人分担责任的情形。

《最高人民法院关于民事、行政诉讼中司法赔偿若干问题的解释》(法释〔2000〕27号)第6条第2款规定,"因多种原因造成的损害,只赔偿因违法侵权行为所造成的直接损失"。第7条第1、2项规定,"根据《国家赔偿法》第十七条、第三十一条的规定,具有下列情形之一的,国家不承担赔偿责任:(一)因申请人申请保全有错误造成损害的;(二)因申请人提供的执行标的物有错误造成损害的。"对此,我们认为,法释〔2000〕27号虽将国家免责范围解释为包括"因申请人提供的执行标的物有错误造成损害的"情形,但并没有排除法院因审查过失所应承担的责任。而且因为法释〔2005〕11号在后,其中揭示的应将"财产申请错误"明确区分为"申请人错误"和"法院审查过失"的法律精神,应当得到贯彻。如前所述,在申请执行人提供不动产财产线索错误的情况下,除非有明显证据证明申请人存在故意,如串通执法办案人员,不宜认定"申请人错误"和"法院审查过失"同时存在,应认定法院单独过失。另外,本案执行对象是不动产,如前所述,不动产权属判断不同于动产,因此本案不宜按照(1998)赔他字第8号案精神处理。

(作者单位:最高人民法院赔偿委员会办公室)

【附　录】

征稿启事

《国家赔偿办案指南》是最高人民法院赔偿委员会办公室与全国人大常委会法制工作委员会国家法室、最高人民检察院刑事申诉检察厅、公安部法制局、司法部法制司、财政部条法司、国务院法制办政府法制研究中心共同编辑的综合性指导连续出版物，旨在共同促进国家赔偿法的贯彻实施，交流国家赔偿工作经验，加强案例指导与理论研究，促进联动互动。对各级法院赔偿委员会的审判工作，对各级国家机关依法行使职权、办好国家赔偿案件，对法学院校的师生学习、研究国家赔偿法，具有较好的参考和指导作用。

本丛书由法律出版社出版发行，每年出版4辑。丛书设有"政策导航"、"法律法规"、"司法解释"、"司法文件"、"权威解读"、"请示与答复"、"本刊特稿"、"理论研究"、"案例评析"、"调查与分析"、"专题探讨"、"裁判文书选登"与"工作动态"等栏目，及时刊登最新领导讲话，法律、法规、司法解释、司法文件及相应解读，具有指导意义的答复和典型案例评析，优秀理论研究文章，调研分析和考察报告，各地国家赔偿工作动态等内容。现编委会竭诚向全国国家赔偿理论及实务工作者征稿。来稿要求：

一、稿件应属未公开发表的作品。请勿一稿两投。

二、优先发表在本书所涉领域有创见的、高水平的文章，文责自负，来稿采用与否以理论和实务价值为标准。

三、稿件引文应当注明出处，注释体例参见本书"写作体例说明"。

四、编者保留对来稿进行技术性加工处理的权利。文章一经采用，由本书编辑部统一付给稿酬。

五、投稿邮箱：gjpcbazn@163.com。

《国家赔偿办案指南》编委会

写作体例说明

一、正文编码顺序

按"一、(一)1.(1)①第一,其一,"等来安排。

二、法律法规的用法

(1)法律名称前不需要加"中华人民共和国"字样,如不用《中华人民共和国行政诉讼法》,只需为《行政诉讼法》即可;

(2)在专指某法典时,加书名号,其他叙述时不加书名号;

(3)如文中多处出现名称较长的法律法规、规章、司法解释等,可于文前附缩略语表,文内统一使用简称;

(4)引用法条时,应尊重原文的条款号,即原文是汉字的用汉字,原文是阿拉伯数字的用阿拉伯数字;

(5)引用法条时,如和原文毫无差别,加引号;如有差别,不加引号。

三、一般数字的用法

统计数字、时间、物理量(如69%、20世纪80年代、100kg、有期徒刑9年)等均用阿拉伯数字。

四、注释方法

一般原则:

(1)注释采页下注,注释号每页重新起算;

(2)除特殊情况,文中注号置于注处标点外右上角;

(3)引用资料非来自原始出处者,注明"转引自";

(4)引文出自同一资料相邻数页者,注释例:第28页以下;

(5)引注作品重复出现时,需注释完整,不采用"同上注"、"同前注"等;

(6)作者为三人或三人以上的作品,首次引用时应显示全部作者,重复出现时可在第一作者之后加"等"字样。

注释例:

(1)著作类

《马克思恩格斯选集》(第2卷上册),人民出版社1972年版,第35页。

柴成文等:《板门店谈判》,上海人民出版社1989年版,第45~48页。

国务院发展研究中心:《中国农业报告》,中信出版社2001年版,第35页。

(2)期刊类

赵白辰:《建构新经济制度》,载《中国社会科学研究》1993年第2期。

(3)文集类

王民:《价格理论》,载张可主编:《经济学论集》,经济出版社1992年版,第33~39页。

(4)报纸类

王启东:《法制与法治》,载《法制日报》1989年3月2日。

(5)网站类

应松年:《论依法行政》,载 http://www.privatelaw.com.cn/cgi-bin/ztyj/view.asp?id=38,最后访问日期:某年某月某日。

(6)译著类

[德]卡尔·拉伦茨:《德国民法通论》,邵建东译,法律出版社2003年版,第1页。

[澳]依凡·谢瑞尔:《给付行政研究》,尤明青译,载《法商研究》1997年第5期。

(7)外文类

从该语种的通常注释习惯。

五、其他要求

投稿"理论研究"和"专题探讨"栏目的文章,字数以6000~12000字为宜;投稿"案例评析"栏目的文章,字数以4000~8000字为宜。

图书在版编目(CIP)数据

国家赔偿办案指南. 2014年. 第4辑:总第10辑 / 最高人民法院赔偿委员会办公室编. —北京:法律出版社,2015.4(2016.11重印)
ISBN 978-7-5118-6074-3

Ⅰ. ①国… Ⅱ. ①最… Ⅲ. ①国家赔偿法—中国—指南 Ⅳ. ①D922.11-62

中国版本图书馆CIP数据核字(2014)第031404号

国家赔偿办案指南
2014年第4辑(总第10辑)
最高人民法院赔偿委员会办公室 编

编辑统筹 法律应用出版分社
策划编辑 薛 晗
责任编辑 薛 晗 慕雪丹
装帧设计 李 瞻

ⓒ 法律出版社·中国

出版 法律出版社
总发行 中国法律图书有限公司
经销 新华书店
印刷 北京京华虎彩印刷有限公司
责任印制 胡晓雅

开本 720毫米×960毫米 1/16
印张 14.25
字数 210千
版本 2015年4月第1版
印次 2016年11月第3次印刷

法律出版社/北京市丰台区莲花池西里7号(100073)
电子邮件/info@lawpress.com.cn
网址/www.lawpress.com.cn
销售热线/010-63939792/9779
咨询电话/010-63939796

中国法律图书有限公司/北京市丰台区莲花池西里7号(100073)
全国各地中法图分、子公司电话:
第一法律书店/010-63939781/9782
重庆公司/023-65382816/2908
北京分公司/010-62534456
西安分公司/029-85388843
上海公司/021-62071010/1636
深圳公司/0755-83072995

书号:ISBN 978-7-5118-6074-3
定价:68.00元
(如有缺页或倒装,中国法律图书有限公司负责退换)

《国家赔偿办案指南》

全国人大常委会法制工作委员会国家法室、最高人民法院赔偿委员会办公室、
最高人民检察院刑事申诉检察厅、公安部法制局、司法部法制司、财政部条法司、
国务院法制办政府法制研究中心/编

2010年4月29日，第十一届全国人大常委会第十四次会议审议通过了《全国人民代表大会常务委员会关于修改〈中华人民共和国国家赔偿法〉的决定》，并于2010年12月1日起施行。国家赔偿法的实施涉及多个部门，贯彻实施好这部人权保障法，既需要共同深入研究国家赔偿中的理论和实务问题，也需要各部门相互间充分沟通协调。为此，全国人大常委会法制工作委员会国家法室、最高人民法院赔偿委员会办公室等七部委职能部门决定共同编写《国家赔偿办案指南》（丛书）。《指南》的编写，聚集了各部门国家赔偿工作的核心力量，旨在通过这样一个交流沟通的平台，指导各级各部门国家赔偿工作，促进国家赔偿相关部门之间的协调沟通，更好地发挥国家赔偿保障公民、法人和其他组织合法权益，促进国家机关依法行使职权，维护社会公平正义与和谐稳定的功能。

《指南》及时刊登有关国家赔偿的政策和法律法规，司法解释及其理解与适用，有普遍指导意义的请示案件及其答复，重大新型疑难案例评析，国家赔偿理论与实务研究，国家赔偿工作调研报告，地方国家赔偿工作动态等内容，设有“政策导航”、“法律法规”、“司法解释”、“司法文件”、“请示与答复”、“案例评析”、“理论研究”等栏目，每辑25万字左右。《指南》集中反映了七部委对于国家赔偿工作的重要政策、观点、理论研究和实践指导，对各级各部门国家赔偿工作具有权威的指导作用，对从事国家赔偿理论与实践研究的专家学者也具有较强的参考作用。

《国家赔偿办案指南》

征 订 单

年 月 日

单位名称 （发票抬头）		联系人		订购单位章
详细地址 （邮编）		联系电话 （必填）		
定价	每辑定价68元，一年4辑共272元，邮购价290元，4套以上免邮费			
书名		订购套数	书款金额	
《国家赔偿办案指南》（2013年，总第3-6辑）				
《国家赔偿办案指南》（2014年，总第7-10辑）				
《国家赔偿办案指南》（2015年，总第11-14辑）				
《国家赔偿办案指南》（2016年，总第15-18辑）				
总金额（大写）：				
汇款方式	邮局汇款：（ ）	银行汇款：单位（） 个人（）		
个人汇款姓名		★联系电话(务必写清)		

注：1. 此征订回执可根据需要复印。填写时请注意字迹清楚、书写工整。以便及时准确邮寄图书、发票。

2. 请先往出版社汇款，汇款后，请务必将本回执与汇款凭证复印件一同传真至法律出版社（传真号：010-63939779）或者发至2641702055@qq.com

免费咨询电话：4000 617 265

法律出版社联系方式：

发行部：黄亚男 电话：010-63939806，李世强 010-63939830，传真：010-63939779

编辑部：薛晗 电话：010-63939647 慕雪丹 电话：010-63995053

付款方式：

银行汇款：	邮局汇款： 商务客户号111330032（必填）
开户行：工行北京六里桥支行	地 址：北京市丰台区莲花池西里7号
户 名：中国法律图书有限公司	邮 编：100073
账 号： 0200281009020403623	收款人：中国法律图书有限公司